사례중심

소비자행동의 이해

김은희 지음

도서출판 두남

•머 리 말•

세계화와 정보화 등의 사회·경제적 변화는 기업과 소비자행동에 많은 영향을 미치고 있다. 급변하는 환경 속에서 기업은 지속적인 경쟁우위를 갖기 위해 다양한 의사결정을 하고 있다. 이를 위해 기업은 소비자들의 구매의사결정은 어떻게 이루어지는지, 소비자를 둘러싼 개인적· 환경적 영향요인에는 무엇이 있는지와 같은 소비자에 대한 본질적이고 체계적인 이해가 필요하다.

최근 들어 소비자는 개인의 내면 가치를 표현하는 상징적인 소비 단계를 거쳐서, 이제는 어느 정도 타인과 공유하고 함께 나누는 변화된 소비 현상을 보이고 있다. 이와 같은 소비자의 변화는 곧 시장의 변화이기 때문에 소비자를 알고 분석하는 일이야말로 대단히 중요한 일이다. 이를 위해 이 책에서는 소비자행동의 기본 개념과 원리들을 간단히 설명하고, 사례를 통하여 학생들로 하여금 좀 더 쉽게 이해할 수 있도록 하였다.

이 책은 전체 5부 12장으로 구성되어 있다.

제1부는 소비자행동에 관한 기본이해로 1장에서는 소비자행동의 개념, 2장은 마케팅에 있어서 소비자행동의 이해를 위한 마케팅주체와 소비자행동에 관한 연구가 각 장의 내용이다.

제2부는 소비자 정보처리과정의 이해로 3장은 소비자 정보처리과정, 4장은 소비자 지각과 정보처리과정으로 구성되어 있다.

제3부는 소비자 구매의사결정과정의 이해로 5장에서는 관여도와 소비자구매의사결정과의 관계를, 6장에서는 소비자 구매의사결정과정을 각 단계별로 살펴보았다.

제4부는 개인적 영향요인의 이해로 7장 태도와 태도변화, 8장 동기변화, 9장 학습, 10장 개성과 라이프스타일 등 소비자행동의 내적 및 심리적 측면을 살펴보았다.

제5부는 환경적 영향요인의 이해로 11장 가족과 준거집단, 12장 사회계층과 문화로 구성되어 있다.

부족한 부분에 대해서는 깊은 이해를 부탁드리며 책으로 나오기까지 도와주신 오영애교수님, 도서출판 두남 전두표사장님, 이승구상무님을 비롯한 직원분들께 진심으로 감사를 드린다.

2015년 8월
저자

차 례

Part 1 소비자행동에 관한 기본이해

Part 3 소비자 구매의사결정과정의 이해

Chart 10 개성과 라이프스타일 ◎ 239

Part 5 환경적 영향요인의 이해

Chart 11 가족과 준거집단 ◎ 267

Chart 12 사회계층과 문화 · 296

PART 1

소비자행동에 관한 기본이해

chapter

01 소비자행동의 개념

제1절 소비자의 개념

1. 소비자의 의의

소비자란 일상생활에 필요한 유형의 제품뿐만 아니라 무형의 제품을 구매하여 사용하고 소비하는 사람을 일컫는다. 또한 소비자는 '장래 시장의 구성원(H.H.Albus)', '상품이나 서비스를 사적인 용도를 위해 제공받는 사람(Von Hippel)' 그리고 '타인이 공급하는 물품·서비스를 소비생활을 위해 구입·이용하는 자(竹內昭夫)' 등으로 정의되고 있다.

소비자행동연구 분야에서는 소비자를 다음과 같은 광의의 개념으로 정의하고 있다.

첫째, 소비자란 유형의 제품을 구매하여 사용 또는 소비하는 사람뿐만 아니라 무형의 서비스를 구매하고 사용하며 소비하는 사람도 소비자라 한다.

일정한 대가를 지불하고 특정 서비스 혜택을 받는 소비자들은 '서비스라는 무형의 경제적 가치'에 대한 소비자이다. 즉, 병원을 이용한 환자, 공공시설을 이용하는 국민, 미용실을 이용한 고객, 변호사에게 사건을 의뢰한 의뢰자, 공인회계사 사무소를 이용한 고객 등도 모두 소비자의 범주에 속한다.

둘째, 이념이나 아이디어의 수용자도 소비자이다.

정당이나 정치가, 종교단체, 공공기관, 학교, 교육자 등은 이념이나 아이디어, 지식 등에 대한 마케팅 주체이며, 유권자, 신자, 국민, 학생 등은 이들 마케팅 주체의 이념이나 아이디어, 지식 등을 구매하고 이용하는 소비자이다.

셋째, 재화나 서비스를 유상으로 구매하여 사용하는 사람뿐만 아니라 무상으로 사용하는 사람도 소비자의 범주에 속한다.

사람들은 누구나 맑은 공기를 소비하고 있는 소비자이며, 무상으로 재화를 제공받아 사용하는 사람, 봉사활동 등으로 이·미용 서비스를 받는 사람들도 소비자이다.

넷째, 제품이나 서비스를 직접 사용하여 소비하는 사람뿐 아니라 구매 및 소비결정과정에 관여한 의사결정단위를 소비자의 범주에 포함한다. 의사결정단위는 개인, 가족, 단체, 회사 등을 포함한다. 구매행동을 직접 수행하는 구매자뿐 아니라 자신이 직접 구매하지는 않았지만 타인이 구매한 제품을 사용하거나 소비하는 사용자나 구매에 관한 의사결정에 영향을 준 영향력 행사자도 모두 소비자의 범주에 속한다. 산모의 구매행동에 영향을 미치는 태아도 고객으로 인정하고 마케팅을 하는 태아산업도 등장했다.

다섯째, 개인의 욕구충족을 위하여 제품이나 서비스를 구매하는 최종소비자뿐 아니라 재판매나 생산을 목적으로 구매하는 산업사용자나 조직구매자도 소비자이다.

사례 1-1

"우린 달라요!" 쓸로몬을 아시나요?

구약성서에 나오는 지혜로운 왕인 '솔로몬'을 빗댄 신조언데요. '쓸로몬'입니다. 자신 만의 쓸모를 찾아 가치를 부여하는 지혜로운 젊은 소비자를 말합니다.

대학내일20대연구소가 펴낸 '2015 20대 트렌드 리포트'에 나오는 말인데요. 20~30대의 소비트렌드는 보통 10년 후에 사회전체의 트렌드가 된다는 점에서 특히 주목할 필요가 있습니다.

"20~30대 젊은 소비자들이 **'묵직한 소유'를 내려놓고 '가벼운 소비'로** 몰리고 있다" LG 경제연구원이 최근 이런 내용의 보고서를 냈습니다.

지난해 말 한국에 진출한 글로벌 가구공룡인 '이케아 열풍'을 떠올리면 이해가 빠르실 것 같습니다. 이케아의 가장 큰 매력은 가구를 자주 바꿀 수 있다는 건데요. 쓸만한 품질의 제품을 비싸지 않은 가격으로 판매하기 때문입니다.

그러니까 "이 가구 한 번 사시면 최소 10년 이상은 잘 쓰실 수 있습니다" 뭐 이런 홍보멘트는 더 이상 젊은 소비자들에게는 통하지 않는 시대가 됐습니다.

그들에게는 무엇을 소유하는 것, 그 자체가 중요한 게 아니라 특정기간 동안 얼마나 잘 쓰고 잘 즐기느냐가 더 가치 있다고 받아들이는 거죠.

또 다른 특징은 **'공유와 대여'... 그리고 '경험'**입니다.

세계 최대의 숙박시설 공유업체인 에어비앤비(Airbnb)의 창업자 조 게비아는 "지난 백년이 대량생산의 시대였다면 다가오는 백년은 공유의 시대가 될 것"이라고 말했는데요. 청년층 소비자는 특정 물건을 굳이 비싼 비용을 주고 소유하기 보다는 공유나 대여라는 방식을 통해 효율적인 소비를 추구하는 경향이 점차 뚜렷해지고 있습니다.

특히 '카 셰어링'은 공유문화 중에서도 가장 눈에 띄게 확장되고 있습니다. 20대의 경우에는 해외여행 시 숙소도 공유의 대상입니다.

최근에는 기숙사 부족과 비싼 월세 등으로 셰어하우스가 인기를 끌고 있습니다. 그러니까 젊은 세대에게는 소유란 개념이 영구적으로 무언가를 갖는다는 것이 아니라 필요한 기간 동안만 경험하고 체험하는 것으로 바뀌고 있습니다.

출처: CBS 노컷뉴스, 2015.02.26. 기사편집

2. 소비자의 유형

1) 스톤(G. P. Stone)의 분류

① 경제적 소비자: 가격, 품질, 상품의 종류에 민감하고, 구매행동을 합리적으로 하는 소비자이다. 대체로 연령이 낮은 층으로 욕구수준이 높고 성공지향적인 사람이다.

② 개인적 접촉을 중시하는 소비자: 상점 주인이나 판매원의 접객행위 및 태도에 극히 민감하며, 그들과의 친근감을 중요시하는 소비자이다.

③ 윤리적 소비자: 의무·인정·정의감 등을 중시하는 소비자이다.

④ 무관심한 소비자: 재화 구입에 비교적 노력을 기울이지 않는 소비자이다.

2) 우드(W. A. Woods)의 분류

우드는 구매행동 상의 특징에 의해 소비자를 구분하였다.

① 습관적 소비자: 상표충성도(brand loyalty)가 높은 소비자를 말한다. 상표충성도란 동일한 물품·서비스를 반복 구매하는 소비자습관으로 특정상표에 대해 애착심을 나타내는 정도를 의미한다.

② 가격 지향적 소비자: 가격 내지 경제성을 중요시하는 소비자이다.

③ 충동적 소비자: 상품 외형에 민감하면서 상표에 비교적 무관심한 소비자이다.

④ 정서적 소비자: 상품의 이미지나 상품이 갖는 상징에 민감한 소비자이다.

⑤ 새로운 소비자: 심리적으로 불안정한 상태에 있는 소비자이다.

⑥ 합리적 소비자: 상품을 구매할 때 합리적인 동기에 의해 구매하는 소비자이다.

3) 현대소비자

현대사회는 소비의 사회이다. 모든 소비자들은 자신의 자율적인 선택에 따라 자유롭게 상품을 소비한다. 소비자들은 환경 변화에 따라 점차 개성화되어가고 있으며, 소비생활의 질이 향상되고 기술혁신 등에 의해 제품수명주기가 단축되는 등의 변화를 겪기도 하지만 이러한 상품혁명을 통해 생활의 합리화가 가능하게 되었다. 현대소비자는 여러 가지 환경요소들의 변화에 따라 그들의 특성도 변화하고 있다.

우리가 추구하는 미래사회의 소비자는 개인의 이익뿐만 아니라 타인과 사회와 미래의 이익까지 고려하는 공동체적인 행동원리를 지닌 소비자이다. 양적으로 적정한 소비수준, 소규모 고품질지향, 소유보다 사용 중시, 과시적 소비보다 기능적 소비, 양적 풍요보다 질적인 소비, 화폐보다 시간중시, 일회용 사용보다 재사용을 중시하며, 소비자 운동은 물론 공해방지운동, 환경보호 운동 등에 있어서 소비자 책임의식을 강하게 소유한 윤리적인 소비자이다.

사례 1-2

진화하는 소비자, 당신의 이름은 무엇?
컨슈머+새로운 소비 행태=다양한 파생어

인간의 진화에 따라 '호모 하빌리스(도구를 쓰는 사람)' — '호모 에렉투스(선 사람)' — '호모 사피엔스(슬기로운 사람)'로 다른 이름을 붙여왔다. 현대는 소비자가 진화하고 있다. 이에 소비자를 뜻하는 영어 단어 컨슈머(Consumer) 앞에 진화하는 소비 행태를 표현하는 단어들이 합쳐져 다양한 파생어들이 탄생하고 있다.

스토리슈머(이야기·story+consumer)

말 그대로 이야기를 찾고 또 자신과 제품의 이야기를 적극적으로 알리는 소비자이다. 비슷한 상품들이 쏟아져 나오고 제품의 품질이 상향평준화됨에 따라 기업들은 차별화 전략의 하나로 제품에 이야기를 담아내는 스토리텔링 기법을 활용한다. 소비자와 자연스럽게 이야기를 주고받으며 감성적으로 접근, 제품과 브랜드에 대한 충성도를 높이고 더 나아가 기업의 메시지를 확산시키는 역할을 한다.

스마슈머(똑똑한·smart+consumer)

제품을 고를 때 원료와 첨가물 등 성분을 꼼꼼히 확인하는 것은 물론 제조공법에도 관심을 기울이는 소비자로, 웰빙 열풍과 함께 식음료 분야에서 주요한 소비 행태로 떠올랐다. 특히 이들은 자신이 획득한 정보를 SNS와 블로그 등 온라인을 통해 공유함으로써 더욱 큰 영향력을 행사하기 때문에 기업들이 더욱 관심을 기울여야할 대상이기도 하다.

트라이슈머(시도하다·try+consumer)

기업이 제공하는 광고 등의 정보보다는 자신이 직접 체험하길 원하는 능동적·적극적 소비자이다. 신제품 등이 출시되면 먼저 접해보고 이에 대한 평가와 정보를 공유한다. 소비자 여론을 이끄는 경향도 갖고 있어 막강한 소비 세력으로 자리 잡았다.

모디슈머(수정하다·modify+consumer)

제품사용설명서에 명시된 방식을 넘어 자신만의 방법으로 새로운 레시피를 창조하는 소비자다. 특히 모디슈머는 식품과 뷰티업계 등에서 활발하게 나타나는데, 지난해 소비자들의 다양한 레시피 공유로 '비빔면 레시피 대결 이벤트'까지 개최하게 된 팔도의 비빔면이 대표 사례다. 최근 들어 여러 기업에서 모디슈머의 아이디어를 적극 반영해 마케팅에 적용하는 등 기업에서 소비자로의 권력 이동을 이끌었다.

싱글슈머(독신의·single+consumer)

우리나라 인구 4명 중 1명은 혼자 산다는 통계가 나올 정도로 최근 1인 가구 수가 지속해서 늘고 있다. '1인 가구 경제'라는 의미의 솔로이코노미라는 말이 등장하고 더불어 1인 소비자인 싱글슈머를 타깃으로 한 기업 마케팅도 증가하고 있다.

퍼슈머(추적하다·pursue+consumer)

스마슈머에서 한 발 더 나아가 식재료의 원산지까지 따져가며 꼼꼼하게 제품을 선택하는 깐깐한 소비자를 말한다. 단순히 국내산과 수입산을 구분하는 것뿐만 아니라 농축수산물의 생산 지역과 생산자 정보까지 완벽히 파악한다. 이들의 영향으로 최근에는 비타민 제품의 원산지 논란이 불거질 만큼 주요한 소비행태로 자리 잡았다.

X-슈머(경험하다·experience+consumer)

트라이슈머와 비슷한 의미로 보다 합리적인 소비를 위해 제품이나 서비스 구매에 앞서 경험을 추구하는 소비자 집단을 말한다. 주로 패션업계에서 통용되던 단어가 교육업계 등으로 확산되고 있다.

출처: 더피알, 2015.05.06. 기사편집

제2절 소비자행동

1. 소비자행동의 개념

심리학에서의 행동이란 제3자가 보고 알 수 있는, 밖으로 드러난 것만을 의미하고 있으나, 소비자행동연구에서의 행동은 소비자들의 물리적 활동은 물론이고 심리적 의사결정과정도 포함되어 있다.

일반적으로 소비자행동은 시장에서의 소비자 활동을 말하며, 그러한 행동의 성격·이유·방법에 대하여 연구하는 학문 분야가 소비자행동론이다. 따라서 소비자행동이란 제품을 구매하여 사용하거나 소비하기 위한 최종적인 실행행동 뿐만 아니라, 구매결정과 관련하여 발생한 소비자의 내·외적 행동을 모두 포함한다. 즉, 제품을 직접 구매·사용·소비하는 행동 이외에도 구매 결정을 위한 정보 수집 행동, 제품 및 상표를 비교하고 검토하며, 특정 제품이나 상표에 대한 지각·태도·선호도의 형성이나 변화과정에서 발생하는 소비자의 심리적 움직임 모두를 포함한다.

소비자행동의 본질을 자세히 살펴보면 다음과 같다.

첫째, 소비자행동이란 소비자가 제품을 구매하고 사용하는 것과 관련하여 수행하는 의사결정 및 그 실행행동을 의미한다. 따라서 구매결정에 직접 관련되는 제반 물리적 활동, 즉 어떤 제품을 언제, 어디서, 어떻게 구매할 것인가를 결정하기 위하여 정보를 탐색하고, 실제로 점포를 방문하여 제품을 구매하며 대금을 지급하고, 구매한 제품을 사용하거나 소비하는 일련의 물리적 행동도 소비자행동의 범주에 포함한다.

둘째, 소비자가 물리적인 구매 관련 행동을 결정하고 실행하는 과정에서 소비자 내부에서 발생하는 특정 제품에 대한 인식, 학습, 지각의 형성, 그리고 태도와 태도 변화와 같은 인지적 활동도 소비자행동에 포함한다.

셋째, 제품 사용 후 소비자의 인지적 경험이나 평가 결과를 이후 재구매할 때 구매결정에 피드백하는 물리적·심리적 활동도 소비자행동의 범주에 포함한다.

넷째, 소비자의 구매 및 소비에 관한 의사결정과정에서 필연적으로 파생되는 집단적·사회적 행동, 즉 불매운동이나 소비자주권운동과 같은 행동도 소비자행동에 포함된다.

2. 소비자행동의 특성

소비자행동은 개인별, 집단별 또는 세대별로 다양한 상태로 나타난다.

대체로 소비자들은 최선의 구매를 하기 원하지만 소비자로서 항상 객관적이고 타당성이 있으며 합리적인 구매행동을 하는 것은 아니다. 오히려 주관적이고 심리적인 요인과 많은 외적 요인들에 의해 영향을 받게 되어 소비자행동 유형은 다양하고 이해하기 어려운 경우가 많이 발생한다.

W. L. Wilkie는 소비자행동의 특성을 다음과 같이 일곱 가지로 요약하였다.

W. L. Wilkie의 MAPTRIP

① Key Ⅰ: Consumer behavior is motivated.

② Key Ⅱ: Consumer behavior includes many types of activities.

③ Key Ⅲ: Consumer behavior is a process.

④ Key Ⅳ: Consumer behavior varied in timing and complexity.

⑤ Key Ⅴ: Consumer behavior involves different roles.

⑥ Key Ⅵ: Consumer behavior is influenced by external factors.

⑦ Key Ⅶ: Consumer behavior differs for different peoples.

1) 소비자행동은 목표 지향적이며, 의도적이다.

소비자행동은 행위가 이루어지는 순간에 목표를 가장 효율적으로 달성할 수 있다고 판단되는 행동을 추구하게 된다. 따라서 자연발생적인 행위가 아니고 특별한 목적을 위해 수행되는 의도된(motivated) 행동이다. 그러므로 소비자행동에는 의식적이든 무의식적이든 반드시 어떤 동기가 있으며 특정 목적을 달성하기 위한 수단으로 수행된다. 소비자행동을 유발시키는 동기요인의 일반적인 특성은 다음과 같다.

첫째, 긴장이나 불편함을 해소하려는 생리적 욕구뿐만 아니라, 자기표현과 같은 관념적이고 심리적인 욕구도 소비자행동의 동기로 작용한다.

둘째, 소비자행동은 단일 동기보다는 다수의 동기가 복합적으로 작용하여 유발되는 경우가 더 보편적이며, 그 결과 어떤 특정 행동이 수행되면 다수의 목적이 동시에 달성되는 경우가 많다.

2) 소비자행동은 다양한 형태의 수많은 활동을 포함한다.

소비자행동은 직접적인 구매행동 이외에도 제품을 탐색하고 평가, 판단, 상담, 계획 및 결정에 관련되는 모든 활동을 포함하기 때문에 매우 다양하고 포괄적이다.

즉, 구매 전 활동으로 제품에 대한 정보를 탐색하고, 구매 계획을 세우며, 친구 또는 친지와 상담을 하기도 한다. 구매 시 활동으로는 점포 방문, 수집된 정보에 대한 대안들을 평가, 판매원과의 상담을 통한 구매 등의 활동이 있다. 또한 구매 후에는 제품 사용, 보관, 구전, 불만 신고 등의 활동을 한다.

3) 소비자행동은 일련의 행동과정을 포함하는 복합적이고 동태적인 개념이다.

소비자행동이란 어떤 시점에서 표출된 정태적 개념이 아니며, 일련의 단계별 행동 및 그 행동의 결정과정을 포괄적으로 의미하는 동태적 개념이다. 특정한 구매 및 소비행동이 실행되고 결정될 때까지 그 과정에서 발생하는 제반의 물리적·인지적 활동을 포괄하는 개념이다.

4) 소비자행동은 구매결정이 이루어지는 시기 또는 기간여하에 따라 그 행태가 다르게 나타난다.

소비자는 구매의사를 결정할 때에 많은 활동이 필요하기 때문에 매우 복잡한 구매결정과정과 다양한 활동을 수행하게 된다. 상황에 따라 구매결정과정을 단순화시키는데 정도의 차이가 있고, 그 결과 구매행동은 상이한 행태로 나타난다. 즉, 충분한 시간적 여유가 있는 경우와 반대되는 경우의 정보탐색이나 대안평가 등에서 소비자행동에 차이가 난다.

5) 소비자행동은 구매 또는 소비에 관한 의사결정과정에 관련된 모든 행동을 포함한다.

소비자는 구매나 소비를 위한 욕구를 인식하게 된다. 그리고 그 욕구를 해결하기 위한 정보를 수집하고, 대안들을 평가하여 상표를 결정한 후, 제품을 구매하고 사용하는 일련의 의사결정과정이 필요하다. 그러나 소비자 개개인은 하나의 구매 관련 행동이 완성되는 과정에서 이와 같이 상이한 역할 중 일부만을 수행하는 경우도 있으며, 여러 역할 중 단 하나의 역할만 수행한다고 하더라도 소비자행동의 범주에 속한다. 어떤 사람이 제품에 대한 정보를 제공함으로써 타인의 구매행동에 영향을 주었다면 이 사람의 정보제공 행동도 중요한 소비자행동으로 간주된다. 따라서 소비자행동에는 구매와 소비에 관련된 다양한 역할을 실행하는 모든 행동이 포함된다.

6) 소비자행동은 개인 외적 요인에 의해 많은 영향을 받는다.

소비자는 자주적인 사고를 하기는 하지만 개인 외적 요인에 의해 쉽게 영향을 받는다. 개인 외적 요인은 일반적으로 두 가지 형태로 소비자행동에 영향을 미친다.

첫째, 개인 외적 요인이 직접적으로 행동유발 동인으로 작용하는 경우이다. 즉, 청량음료 광고가 갈증의 욕구를 환기시켜 그 욕구를 해소시키기 위하여 즉각적으로 행동을 유발시키는 경우이다.

둘째, 개인 외적 요인이 개인의 의사결정과정에 작용하여 본래의 의도와는 다른 행동을 유발시키는 경우이다. 별로 갈증을 느끼지 않아 음료수를 구매할 의도가 전혀 없는데도 불구하고 친구가 함께 마시기를 권하면 청량음료를 구매하게 되는 경우도 있다. 이때의 청량음료 구매는 갈증해소가 목적이 아니라 친교를 위한 수단으로 구매된 것이다. 실제로 많은 소비자들이 자신의 어떤 가치나 신념과 일치하지 않는 행동을 하는 경우가 많은데, 이는 개인 외적 요인에 의한 영향 때문으로 볼 수 있다.

7) 소비자행동은 행동주체에 따라 상이한 양상을 보인다.

어떤 소비자는 고가품만 선호하고, 또 어떤 소비자는 할인제품이 아니면 구매하지 않으려고 한다. 정보의 원천으로 구전광고를 선호하는 소비자가 있는 반면, 구전광고를 전혀 신뢰하지 않는 소비자도 있다. 또한, 어떤 소비자는 구매환경이 좋은 백화점과 같은 고급 소매점에서만 제품을 구매하지만, 이와는 달리 재래시장을 선호하여 단골이 되는 소비자도 있다. 이처럼 소비자행동은 개개인에 따라 상이하게 나타나는 경우가 많다.

사례 1-3

소비자가 과연 '합리적 구매'할까

소비자는 합리적인 선택을 통해 이성적인 구매행위를 하고 있을까?

미국의 온라인 과학매체 라이브사이언스닷컴은 21일 다양한 소비자-마케팅 연구 사례를 모아 소비자는 자신의 욕구를 명확히 알고 합리적인 소비를 하는 것처럼 보이지만 실상은 판매상들의 다양한 '트릭'에 넘어가 비합리적인 소비활동을 하고 있다고 지적했다.

최근 나온 한 연구는 가게에서 그 물품이 어떻게 전시되느냐에 따라 구매 때 느끼는 행복감이 달라진다는 점을 보여준다. 즉, 다른 제품보다 더 낫다고 소개된 제품이 그 제품의 본질적인 품질과 상관없이 소비자에게 더 큰 만족감을 준다는 것.

고려대 윤성아 교수와 스탠퍼드대 이타마 사이먼슨 교수는 소비자연구저널(Journal of Consumer Research) 8월호에 실은 연구논문에서 "다른 펜보다 더 우월하다고 소개된 제품군에서 선택된 펜이 그렇지 않은 그룹에서 선택된 펜들보다 소비자들에게 더 긍정적인 필기 경험과 구매의지를 제공했다"고 말했다.

고전적으로 판매자가 소비자의 지갑을 열게 하는 가장 손쉬운 방법이 '세일'이었다. 그러나 사실 소비자들은 세일 가격에 대해서는 매우 무지한 편이다.

특히 조금만 복잡한 계산 문제가 끼어들면 소비자들은 대부분 제대로 대처하지 못한다. 예를 들어보자. 원래 가격에서 20%가 할인되고, 추가로 25%가 더 깎인 다면 대체 얼마를 할인받을 수 있을까? 많은 사람들이 45%라고 답하겠지만 정답은 40%다. 지난해 마이애미대와 미네소타대가 조사한 대학생들 중 85% 가량도 45%라고 답했었다.

출처: 연합뉴스, 2008.07.22. 기사편집

제3절 소비자행동 모델

1. 소비자행동의 변수

소비자행동은 인간이 행하는 수많은 행위들 중 한 형태이다. 따라서 인간의 행동양식에 대해 여러 측면에서 연구하고 있는 심리학, 사회학, 사회심리학, 인류학 및 경제학 등 행동과학분야에서 밝힌 여러 개념과 연구결과들을 도입하였고, 이러한 개념과 연구결과들을 소비자행동을 설명하고 예측하는데 있어서 적절한 형태로 수정하려는 노력이 이루어져왔다.

행동과학에서의 인간 행동은 '환경요인의 자극에 대한 행동주체의 반응'으로 본다. 따라서 환경요인의 특성과 이에 반응하는 행동주체의 개인적 특성에 따라 인간의 행동양식은 다양한 형태로 나타난다고 한다. K. Lewin은 이러한 관계를 인간행동(B: Behavior)은 행동주체의 개인적 요인(P: Person)과 환경적 요인(E: Environment)과의 함수관계에 있다고 하여 [B=f(P·E)]라는 인간행동 함수식으로 표현하고 있다.

$$B = f(P \cdot E)$$

B : Behavior (행동)
P : Person (개인)
E : Environment (환경)
F : Function (함수)관계임을 표시함

그림 1-1 K. Lewin의 인간행동 함수식

소비자행동분야에서는 소비자행동에 영향을 주는 제반 환경적 요인을 소비자행동의 자극변수(또는 투입변수)로 보고 있고, 소비자의 개인 내적요인을 소비자행동에서의 매개변수라고 하며, 이들 자극변수와 매개변수의 함수관계로 나타나는 다양한 형태의 행동반응을 소비자행동의 반응변수라고 한다. 소비자행동 연구에서는 이들 세 변수간의 관계가 핵심과제로서 많은 연구가 이루어지고 있다.

1) 소비자행동의 자극변수(stimulus variables)

소비자들은 무수히 많은 외적 요인에 의해 끊임없이 영향을 받고, 이에 대응하여 반응을 보인다. 제품이나 광고 등 외부적 환경 하에서 소비자의 반응을 유발시키는 개인 외적 요인을 소비자행동에의 자극(또는 투입) 변수라 한다. 예를 들어, 인터넷 광고를 보고 새로운 제품을 인식하게 되고, 점포에 잘 진열된 제품을 보고 충동구매를 한다거나, 친구가 새로 산 가방을 보고 자신도 갖고 싶다는 욕망을 느끼게 된다면, '인터넷광고', '점포 내의 진열상태', '가방을 구입한 친구'는 모두 소비자에게 특정의 반응을 유발시킨 하나의 자극변수로 작용한 것이다.

이러한 자극변수에는 기업의 마케팅 관련 요인들 즉, 제품, 광고, 가격, 점포 내 제품진열 상태, 점포의 위치, 판매원뿐만 아니라, 타인, 가족, 준거집단, 사회계층과 같은 사회·문화적요인, 기타 환경적 요인인 타인의 행동이나 태도, 경제상황이나 정치상황 등 많은 요인들이 포함된다. 또한 소비자는 이들 자극변수의 내용, 질, 양, 심도 등의 차이에 따라 행동반응형태에서 차이를 보인다.

2) 소비자행동의 매개변수(intervening variables)

외부로부터의 자극내용을 수용하고 해석하여 최종반응 행태를 결정짓는데 작용하는 개인의 내적인 요인을 행동의 매개변수 또는 결정변수라 한다. 매개변수는 소비자행동 연구에 있어서 중요한 역할을 한다. 왜냐하면 소비자들이 동일한 자극 변수에 노출되었더라도 같은 반응을 보이지는 않기 때문이다. 같은 시간에 같은 장소에서 동일한 TV광고를 보았더라도 동일한 반응을 보이지는 않는다. 매개변수에는 개인의 욕구, 동기, 태도, 학습, 지각, 신념 등과 같은 심리적 요인들이 포함된다.

소비자들은 그들의 욕구와 필요, 지각구조, 경험 및 학습의 내용과 정도가 서로 다르기 때문에 같은 자극변수에 노출되더라도 다른 반응행동을 하게 된다. 자극변수와 반응변수의 중간과정인 매개변수는 인간 내부의 심리적 과정이므로 그 구조나 과정이 명백히 관찰되기 어려운 특징을 보인다.

3) 소비자행동의 반응변수(response variables)

소비자행동은 자극변수에 의해서 개시되고, 매개변수의 중개를 통해서 완성·표출되는 소비자의 심리적·신체적 변화를 말하며, 이와 같이 최종적으로 생성되는 변화의 행태를 반응변수라고 한다. 반응변수는 외부에서 직접 관찰할 수 있는 표현적 행동, 즉 특정제품 및 상표의 선택, 상점방문, 판매원 상담, 구매 그리고 사용과 같은 가시적인 행동뿐만 아니라, 새로운 지식의 획득, 신념이나 제품에 관한 태도의 변화, 구매의도의 변화, 구매 후 만족·불만족의 감정과 같은 소비자의 내면적·심리적 변화도 반응변수에 포함된다.

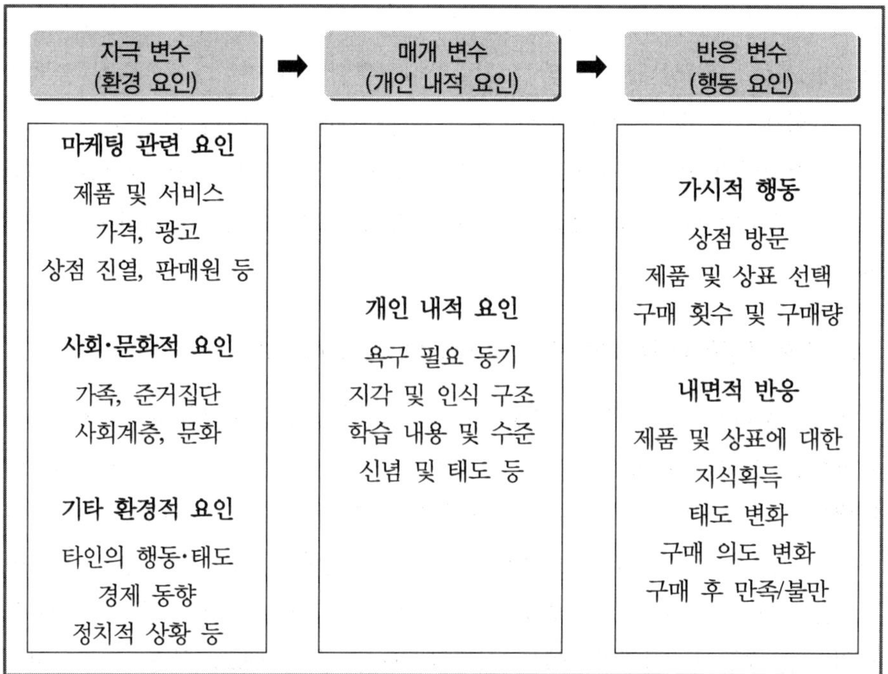

그림 1-2 정태적 관점에서 본 소비자행동 변수간의 관계

4) 투입변수간의 상호작용

이상에서 살펴본 세 변수의 구성요소와 정태적 관점에서 본 세 변수간의 관계가 현실적으로 [자극변수→매개변수→반응변수]로 이어지는 일방적인 관계가 항상 성립되는 것은 아니다. 오히려 이 세 변수들은 상호작용을 하는 관계에 있기 때문에 소비자행동을 이해하기 위해서는 이들 변수간의 상호관계를 이해하는 것이 매우 중요하다.

일반적으로 심리학자들은 여기서 매개변수로 부르고 있는 개인 내적 요인을 원인변수로 보고, 이들이 개인행동(결과변수)에 미치는 영향에 대해서 주로 관심을 보이지만, 이들과는 달리 행동과학자들은 인간의 환경(자극변수)이 그들의 행동에 미치는 영향에 관해서 더 많은 관심을 보인다. 한편 최근에 이르러 심리학이나 사회심리학 분야에서는 역으로 개인의 행동이 그의 신념이나 태도에 미치는 영향, 즉[행동→태도]간의 역 인과관계에 관해서도 많은 관심을 보이고 있다.

2. 소비자행동 모델 이론

모델은 어떤 현상에 영향을 미치는 요인들의 상호관계를 나타낸 것으로써 그 현상을 단순화시켜서 표현한 것이다. 실제 소비자들의 행동은 수많은 요인들에 의해 결정되며 또한 이들의 상호작용은 이런 행동을 복잡하게 만들기 때문에 소비자행동을 이론적으로 설명하기 위해서는 가능한 몇 개의 변수를 이용하여 간단하게 표현하는 것이 필요하다. 따라서 소비자행동모델은 소비자행동과 관련한 여러 가지 변수들 간의 관계를 표시한 것으로써, 변수들 간의 관계와 소비자행동이 어떻게 이루어지고, 어떻게 영향을 주고받는지를 나타내고 있어야 한다.

소비자행동 모델은 크게 전통적 모델과 현대적 모델로 구분할 수 있다.

1) 전통적 소비자행동 모델

소비자행동의 전통적 모델은 인간의 소비행위를 특정한 관점에서 설명하고 있다. 즉, 소비자행동의 특정 측면에 대한 체계적인 견해나 신념을 서술적 이론(verbal theory)형식으로 표현하고 있다.

(1) Pavlov의 학습모델(Pavlovian learning model)

파블로프(Ivan Pavlov)가 조건반사를 발견한 이래 인간을 포함한 수많은 동물실험의 결과, 인간도 다른 유기체와 마찬가지로 무엇을 인지하고 배우는 것은 일종의 연상과정이며, 대부분의 인간반응은 연상에 의한다는 주장이 제기되었다. 실험심리학자들에 의해 인간의 학습·망각·판별력과 같은 현상이 연구된 결과, '자극-반응'모델을 기초로 오늘날 인간행동의 통합모델이 제시되었다.

(2) Freud의 정신분석모델(Freudian psychoanalytic model)

프로이드(Sigmund Freud)가 인간행동을 설명하기 위하여 제시한 모델로 인간의 복잡한 심리적 측면을 중요시하고 있으며, 이는 마케팅활동에 필요한 인간의 구매동기를 분석하는데 유용하게 활용되고 있다.

프로이드는 인간의 심리를 본능적 자아(id), 자아(ego), 초자아(super ego)로 구분하고 이 세 개의 상반된 힘이 행동을 지배한다고 하였다.

(3) Beblen의 사회심리모델(Beblenian socila model)

베블렌(Beblen)은 인간을 사회적 동물로 인식하고 인간의 행동은 자신이 속한 문화나 가치관, 관습, 행위규범에 준하여 나타나고 그들이 속해 있는 준거집단의 영향력에 의해 행동이 다르게 나타난다고 한다.

베블렌은 그의 저서 「유한계급론」(The Theory of the Leisure Class)에서 유한계급에 속하는 사람들의 소비습관을 상세히 분석하고 그들의 구매행위가 내적 욕구나 만족을 위해서가 아니라 자신의 위신(presitige)을 과시하기 위한 것이었으며, 타계층의 사람들도 이러한 과시소비를 모방한다고 주장하였다.

(4) Marshall의 경제모델(Marshallian economic model)

마샬은 소비자를 지극히 합리적인 경제인으로 가정하고, 소비자행동에서도 소비자 자신의 효용극대화를 위한 합리적이고 완벽한 의사결정으로 최대 효용을 제공해주는 구매를 한다고 보았다.

사례 1-4

소비자의 마음을 움직이는 이론 중 '프로이드의 리비도론'과 '융의 원형론'

1. 프로이드의 리비도론

- 맥주를 한 손에 들고 미소 짓는 비키니 미녀 -

음식점이나 술집 등에 붙어 있는 포스터에서 자주 볼 수 있는 것이 한 손에 맥주를 든 미소 짓고 있는 비키니 미녀 혹은 섹시한 여성과 알코올이 함께 있는 것을 자주 보게 된다. '프로이드의 리비도론'으로 설명이 되는데 이러한 영상은 프로이드가 주장한 무의식의 성적 원시적 욕구에 따라 구매의욕을 자극한다.

프로이드는 성적인 욕망은 사춘기가 되어서 처음으로 일어나는 것이 아니라 태어났을 때부터 가지고 있는 것이어서 그것이 성애 이외의 기능에 의존하고 있기 때문에 성욕이라고는 확실히 모른다고 하였다. 성적인 욕망은 사춘기에 처음 일어나는 것이 아니라 태어났을 때부터 가지고 있는 것으로서 유일하게 사람을 움직이게 하는 심리적 에너지라고 주장하였다. 이러한 성적 원시적 욕구의 기능에 의해 비키니의 미녀와 함께 선전하고 있는 제품이 무의식 가운데 결합되어 강하게 기억에 남겨진다.

2. 융의 원형론

- 엄마손이 약손 -

분석 심리학의 원조인 융은 인간의 무의식을 개인적 무의식과 보편적 무의식으로 분류하였다. 보편적 무의식에는 시대나 민족, 문화를 초월해서 볼 수 있는 인류 공통의 천성적인 것이 존재하고 있다고 하였다. 이 영역에는 원형이라는 어떤 종류의 패턴이 존재하고 원형의 창조된 이미지가 모두의 내적 경험에서 보편적인 의미를 준다는 것이다. 이것을 '융의 원형론'이라고 한다. 이렇게 원형을 자극함으로써 소비자를 무의식중에 움직이게 하는 것이다. 예를 들면, TV CF에서 요리를 하고 있는 어머니의 모습을 자주 등장시키는 것은 확실히 그 원형이 되는 '따뜻한 어머니상'을 제품과 함께 묶어 주는 것으로서 그 요리의 맛이 '어머니의 따뜻함'과 결합된다. 또한 벌레 물린 곳이나 상처에 바르는 약의 CF에서도 똑같이 어머니의 따뜻함과 제품이 되는 그 약의 좋은 점을 묶어 두고 있는 것이다.

이와 같이 인류에게 공통된 보편적인 무의식을 제품과 연결하여 구매로 이어지게 만들려는 CF도 있다.

출처: 오영애, 소비자행동론, 청목출판사, 2010. p.42.

2) 현대적 소비자행동 모델

소비자행동의 현대적 모델은 전통적 모델의 연구 성과를 바탕으로 소비자행동의 여러 측면, 즉, 심리학·사회학·경제학·사회심리학에서의 제 요인들을 체계적으로 통합하여, 소비자행동을 특정 측면이 아닌 전체적인 측면에서 개발된 모델이다. 포괄적 행동모델, 통합적 모델, 다변수 모델 등으로 불리고 있다.

현대적인 모델은 관찰이 불가능한 소비자의 내면을 암흑상자(black-box)로 표시한 모델을 기본으로 하고 있다.

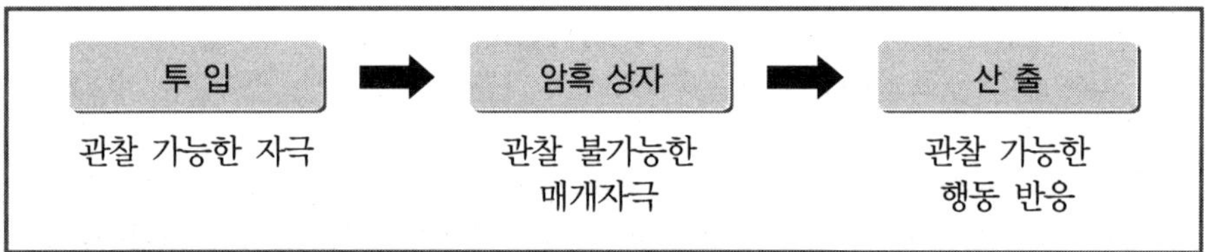

그림 1-3 암흑상자(black-box) 모델

(1) Howard-Sheth모델

Howard-Sheth모델은 인간의 행동은 욕구와 추진력으로써 시작된다고 보고, 시간의 경과에 따른 소비자의 상품선택행위를 설명하고 있다.

이 모델은 투입요소와 산출요소, 외적변수와 내적변수의 4부분의 영역으로 구성되어 있다.

이 모델은 몇 개의 한계점이 있음에도 불구하고 발견적 힘이 강하므로 소비자행동의 탐색 연구에 많은 공헌을 하였으며 여러 주제를 결합하는 통합력이 높다는 점도 이 모델이 지닌 특성이다.

표 1-1 Howard-Sheth 모델

투입 변수	• 제품 요인(제품의 품질이나 가격 등) • 기타 사회적 환경요인
산출 변수	• 주의, 이해, 태도, 의도 및 구매행동 * 소비자의 행동이 반드시 구매행동으로 나타나는 것은 아니며, 새로운 것에 대한 호기심이나 주의의 환기, 이해의 증진, 태도의 변화, 구매의도의 형성과 같은 형태로 나타난다.
내적 변수	• 소비자가 의사결정을 할 때 작용한다고 추정되는 심리적 변수들
외적 변수	• 구매 관련 상황요인(소비자의 재정상태, 구매의 중요성, 개성, 구매의 긴박성 등) • 사회적 환경요인(사회계층, 문화적 관습 등)

(2) Nicosia 모델

니코시아(Nicasia)가 개발한 소비자행동모델은 기업과 잠재적 소비자 간의 관계에 초점을 맞추어 개발되었다. 기업은 마케팅 메시지를 통하여 소비자와 의사소통을 하며 소비자는 구매반응을 통하여 기업과 의사소통을 한다는 측면에서 이 모델은 기업과 소비자 간의 상호작용과정을 기술한 모델이다.

이 모델에서는 소비자 의사결정과정을 4개의 영역으로 구분하고 있으며, 기업은 새로운 제품이나 상표를 제시하고, 소비자는 그 제품이나 상표에 대해 아무런 태도도 형성되어 있지 않다는 것을 전제로 하고 있다.

표 1-2 Nicosia 모델

제 1영역	기업의 메시지에 기초한 소비자 태도
제 2영역	정보에 대한 탐색과정과 비교·평가
제 3영역	구매 행위
제 4영역	피드백

제1영역: 기업의 메시지에 기초한 소비자 태도

기업이 소비자에게 제품에 관한 메시지를 보내는 단계로 여기에는 기업의 속성이나 소비자의 특성이 영향을 미친다는 것이다.

◎ **제2영역: 탐색 및 평가**

관련된 정보에 대한 탐색과정과 특정 상표를 다른 여러 상표와 비교·평가하는 과정이다. 이 단계로부터의 산출은 해당 기업의 상표를 구입하려는 동기가 활성화되는 것이다. 평가결과에 따라서 해당기업의 상표를 거부할 수도 있다

◎ **제3영역: 구매행위**

소비자동기가 유발되어 특정 상표를 실제로 구매하거나 구매를 포기하는 행위로 나타난다.

◎ **제4영역: 피드백**

구매경험으로부터 나오는 중요한 2가지 형태의 피드백을 표시하고 있다. 그 하나는 매출실적의 형태로 제시되는 피드백으로 기업에게 주어지는 것이고 다른 하나는 만족 및 불만족의 경험형태로 이루어지는 것으로 소비자에 대한 피드백이다.

(3) EBM 모델

Engel, Blackwell, & Miniard는 제4차 EKB모델을 개정하였다. 이들은 고관여 모델과 저관여 모델로 구분하지 않고 다시 단일 모델로 통합하였는데, 소비자의 구매행동은 고관여형과 저관여형 이외에도 다양성 추구형, 습관성 반복 구매형 등 그 유형이 다양하여 이들을 설명하기 위해서는 단일모델이 오히려 합리적이라고 하였다.

① 모델의 구성요소

◎ **자극의 투입**: 제품, 상표, 가격, 광고 등 마케팅 주체 측의 자극뿐만 아니라, 기후·유행·친구의 구전 등 제반 환경요인도 소비자에게는 하나의 정보로서 투입된다.

◎ **정보처리**: 투입된 자극을 소비자가 해석하고 처리하는 과정을 노출단계, 주의단계, 이해/지각단계, 동의/수용단계, 보유단계의 다섯 단계로 구분하여 설명한다.

◎ **의사결정과정**: 소비자의 구매 의사결정과정을 문제인식, 정보탐색, 대안

평가, 구매, 구매 후 평가 등 다섯 단계로 구분하고 있다.

- **의사결정의 영향요인**: 구매결정의 영향요인으로 동기, 라이프스타일, 성격과 같은 개인적 특성과 문화, 준거집단, 가족과 같은 사회적 요인 및 구매결정의 긴박성, 점포 내의 분위기 등과 같은 상황적 요인을 들고 있다.

② EBM모델의 특성

- 소비자의 특정구매행동이 '어떻게' 형성되는가에 초점을 맞춘 행동과정 모델이다.
- 여러 행동과학분야에서 이미 실증된 연구결과를 기초로 하여 소비자의 구매의사결정행동을 설명하고 있다.
- 포괄적 의사결정모형의 성격을 띠고 있다.
- 인간행동에 관한 여러 연구 분야에서 이미 부분적으로 실증된 변수들의 관계를 통합·모형화했기 때문에 소비자행동에 대한 설명력이 매우 높다.

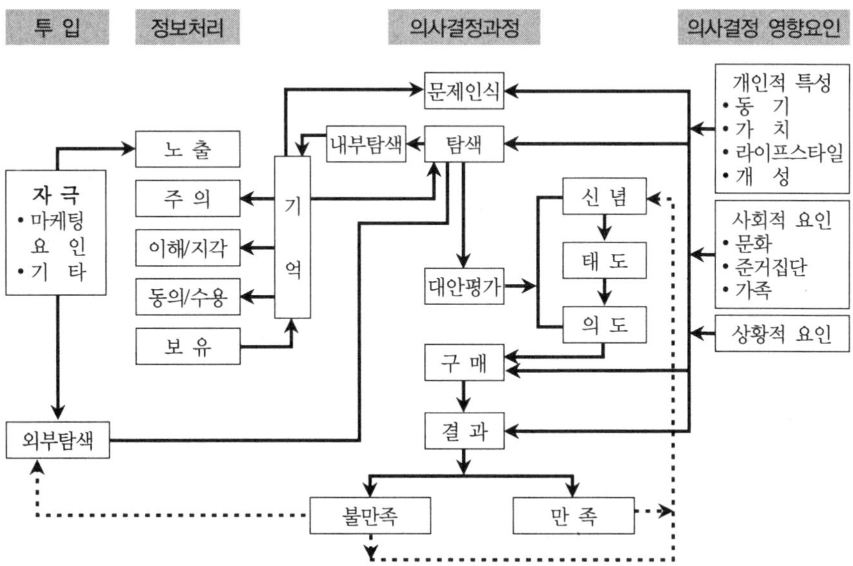

출처: James F. Engel, Roger D. Blackwell, and Paul W. Miniard(1986), Consumer Behavior, 5th ed., Hinsdile, Ⅲ.: The Dryden Press, 1986, p.35.

그림 1-4 EBM모델

사례 1-5

진화하는 전문가적 소비자 '리서슈머(researsumer)'

마케팅과 소비자행동 연구에서는 소비자가 어떤 구매를 중요하게 생각하고 그 구매 상품에 관심을 두는 정도를 '관여'라고 합니다.

예를 들면 맥주에 관심이 없는 소비자는 모든 맥주는 맛이 비슷하다고 생각하고 아무 맥주나 구입하지만 맥주 애호가들은 여러 가지 맥주들을 접하며 자신들의 선호 맥주 리스트 만들고 맥주 동호회를 참석해 맥주 품평회를 열기도 합니다.

이처럼 관여도가 높은 구매에서 소비자들은 더욱 자신의 지식과 취향을 중요시하며 보다 현명해지고자 합니다. 이는 인터넷을 통해 제품 서비스에 대한 다양한 정보가 실시간으로 공개되고 전달되는 환경과 만나 가능하게 되는 것인데요, 이를 활용하여 소비자들은 정보를 습득하여 현명해지는 것에서 그치지 않고 새로운 정보를 생산하기도 합니다.

이러한 전문가적 성향을 지닌 소비자를 우리는 리서슈머라고 부릅니다. **리서슈머(Researsumer)란 '리서처(researcher)'와 '컨슈머(consumer)'의 합성어**로 자신이 관심 있는 소비 분야에 대해서 지속적으로 연구하고 탐색하는 전문가적 소비자들을 의미합니다.

리서슈머의 초기에는 기존의 정보를 바탕으로 취미활동 혹은 기업의 서포터즈 혜택을 목적으로 인터넷 세상의 여론을 조성하기 위해 시작했지만 활동을 하면 할수록 많은 정보를 가진 전문가가 되어 갑니다.

예를 들면 커피를 좋아하는 리서슈머는 다양한 커피원두를 구입하고 맛보며 상품에 따른 향과 산도 등에 대해 분석하여 합리적인 가격에 더 좋은 커피 원두를 구입합니다. 여기에서 멈추지 않고 자신이 알고 있는 커피 원두에 관한 전문적 지식을 전파, 공유하여 다른 일반 소비자들에게도 커피 원두에 대해 알려주고자 합니다.

수동적인 소비에서 탈피한다는 점은 자신의 만족을 위해 제조사의 생산에 관여하는 소비자인 '프로슈머'와 같을 수 있지만 리서슈머는 해당 제품과 서비스에 대한 정확한 사실 분석에 따른 정보를 자신과 같은 소비자와 공유한다는 점에서 차이를 보입니다.

이렇듯 전문가적 지식을 공유하고자 하는 리서슈머는 다양한 방면에서 긍정적인 영향을 주고 있습니다. 제품 서비스의 기능 및 사용방법을 쉬운 용어로 설명해 주거나 숨겨진 장점을 찾아내 공유해 줌으로써 같은 제품서비스를 이용하는 소비자에게는 고급 정보를, 제품 서비스의 해당 기업에게는 홍보 기능을 제공합니다.

또한 리서슈머 역시 상품과 서비스를 접하는 일반 소비자와 같은 동일한 소비자라는 '순수성'과 장기적 사용 경험을 통한 '전문성'을 겸비함으로써, 제품·서비스에 대한 여론을 창출하는 '오피니언 리더' 역할을 합니다. 특히 제품의 특성과 함께 기업이 보지 못하는 사용자의 니즈를 정확히 파악하고 있기 때문에 '고객이 원하는 혁신'을 만들어 내기도 합니다.

출처: 시선뉴스, 2015.06.08. 기사편집

chapter 02 마케팅주체와 소비자행동 연구

제1절 기업과 소비자행동 연구

1. 마케팅전략과 소비자행동

인간은 자신의 욕구를 충족시키기 위하여 끊임없이 재화와 용역을 구매하고 소비하면서 생활해 나간다. 인간의 이러한 경제활동으로 인하여 기업의 마케팅활동 대상은 소비자이다. 따라서 소비자에 대한 지식이나 정보는 마케팅 성공의 필수적 사항인 것이다. 오늘날 기업이 마케팅전략을 실행 및 통제하는 모든 과정에서 소비자에 대한 지식과 정보가 활용되고 있다. 기업은 장기적인 성장기반을 구축하고 효율적인 마케팅 전략 수립을 위하여 소비자에 대한 이해와 연구를 토대로 마케팅 프로그램을 개발하여야 한다.

최근 사회적으로 관심이 집중되고 있는 기업의 사회적 책임에도 소비자행동에 대한 연구가 중요한 역할을 한다. 따라서 기업이 성공적인 마케팅활동을 하기 위해서는 미래 소비자의 트렌드를 전망하고 시대 흐름에 따른 소비자 변화에 대응하는 마케팅 전략이 필요하다.

	마케팅 프로그램 개발과정			
	시장 기회분석 ➡	시장 세분화 ➡	제품 포지셔닝 ➡	마케팅 믹스 결정
필요한 소비자 정 보	• 미충족 욕구 확인 • 라이프스타일 변화에 따른 새로운 욕구 확인 등	• 인구통계적 특성 • 사이코 그래픽 특성 등	• 소비자 선호도 • 경쟁상표에 대한 소비자 지각 • 기존 제품에 대한 불만족 요인 등	• 가격/품질에 대한 지각 • 가격탄력성 • 매체관습/성향 • 점포선호도 등

그림 2-1 마케팅프로그램 개발과정별 필요한 소비자 정보

사례 2-1

기획부터 제품 출시까지 고객의 니즈를 반영해라
소주시장 판을 바꾼 '순하리'… 대박 비결 보니

롯데주류는 2013년 10월부터 약 1년간 약 4400명의 소비자를 대상으로 설문조사를 실시했다. 그 결과 '소비자들이 소주 특유의 향과 맛에 대해 느끼는 만족도가 낮다'는 점과 '향과 맛이 우수한 과실주에 대한 가격 만족도가 떨어진다'는 점을 확인했다. 이를 통해 상대적으로 저렴한 소주 가격으로 과실주의 풍미를 즐길 수 있는 제품 개발에 돌입한 결과 유자맛이 가장 목 넘김이 좋고 단맛과 향이 오래 유지될 수 있음을 확인했다. 또 시트러스(감귤류) 계열이 주는 특유의 상큼함이 고객들이 원하는 니즈에 가장 부합하는 맛이라는 결론을 내렸다. 그 결과, '순하리 처음처럼 유자'가 출시됐다는 게 회사측 설명이다.

순하리는 소주와 같은 부담 없는 가격에 풍부한 과실의 맛을 원하는 고객들을 만족시키겠다는 것이 목표였다. 그런데 새로운 패키지를 적용할 경우 가격이 올라가 당초 기획의도에 맞지 않는다고 판단, 최종 소주병을 사용하기로 결정했다.

가장 뒤늦게 출시하게 된 하이트진로는 더 낮은 도수를 강점으로 꼽았다.

하이트진로 관계자는 "도수가 타사보다 가장 낮은 13도이고 자몽과 소주의 조합을 맞출 때 자몽의 달콤함에 더 집중을 했기 때문에 여성들이 마시기 더 편하다"고 설명했다.

한편 3사 관계자들은 주류시장의 저도화 바람을 타고 '리큐르' 열풍이 이어질 것으로 전망했다.주류업계의 한 관계자는 "소주와 맥주가 양분하던 국내 주류시장에서 리큐르가 한 부류를 차지할 것"이라면서 "제품 퀄리티와 공급안정화를 위해 계속 노력하겠다"고 밝혔다.

출처: 뉴시스, 2015.06.28. 기사편집

2. 시장기회분석과 소비자행동

시장기회분석이란 마케팅주체인 기업이 제품의 기존 시장을 확대하거나 신제품을 위한 신시장을 개척하려고 할 때, 시장의 확대 및 진출 가능성이 어느 정도인지 분석하는 것이다. 소비자의 미충족 욕구 및 라이프스타일에 따른 새로운 욕구를 파악함으로써 분석이 가능하다. 소비자를 만족시키기 위해서는 소비자가 무엇을 원하며, 어떤 이유로 원하는지를 알아야 한다.

이러한 소비자의 미충족 욕구를 확인하기 위해서는 여러 가지 지표들이 이용된다. 즉, 판매추세, 시장변동추세, 소득수준의 변화, 소비자의 기호 및 라이프스타일의 변화 등과 같은 소비자행동 변수를 조사하고 이에 대한 연구를 통하여 파악할 수 있다.

이와 같은 소비자행동에 관한 연구는 기업들이 시장을 한정하고, 브랜드에 대한 위협과 기회를 확인하는데 도움을 줄 수 있다.

3. 시장세분화 및 표적시장선정과 소비자행동

소비자 개개인의 행동양식은 소비자의 개성에 따라 상당히 다른 양상을 보인다. 그러나 어떤 면에서는 상당히 동질적인 특성을 보이는 집단이 있다. 이렇듯 전체시장을 동질적인 특성을 보이는 몇 개의 소비자집단으로 나눈 것을 '시장세분화'라 하고 나누어진 부분을 '세분시장'이라고 한다.

마케터가 시장을 세분화하지 않고 전체시장을 표적으로 하여 마케팅 전략을 구사할 경우, 욕구가 충족되지 않는 소비자가 존재할 수 있다. 그러므로 마케터는 세분화된 시장의 집단별 특성을 파악하고, 각 세분시장에 적합한 마케팅 프로그램을 개발하여 실행해야 한다. 시장세분화 변수로는 지리적 변수와 인구 통계적 변수, 심리 분석적 변수, 행동적 변수 등이 있다.

표적시장은 세분화된 시장에서 가장 효율적으로 마케팅을 할 수 있는 하위시장을 선정하는 것이다. 세분된 시장마다 적합한 프로그램을 개발하여 집중적 또는 차별적 마케팅을 할 수도 있다. 이러한 표적시장에서 성공하기 위해서는 소비자행동에 관한 충분한 정보수집 분석과 이해가 필요하다.

표 2-1 소비재시장의 세분화 변수

인구 통계적 변수	연령, 성별, 소득, 직업, 가족 수명 주기 등
지리적 변수	위치, 도시 규모, 기후 등
심리 분석적 변수	사회 계층, 라이프 스타일, 개성 등
행동적 변수	사용량, 사용 상황, 편익, 충성도 등

출처: 오영애(공저), 마케팅의 이해, 2007, p.124.

사례 2-2

'콕' 집어서 공략하라 세분화로 적중도 높이는 '핀셋 마케팅' … 비용 대비 효과

핀셋마케팅은 쉽게 이야기하면 '극세분화 마케팅', 혹은 '현미경 마케팅'이라고 볼 수 있다. 핀셋마케팅의 대표적인 사례는 백화점에서 VVIP를 상대로 라운지를 운영하거나 이들에게 발송되는 DM을 통해 그들만의 할인이나 이익을 만드는 것이다. 1년 동안 방문한 고객이 500만 명이라면 그 중 1000명만을 뽑아서 하는 마케팅인 셈이다.

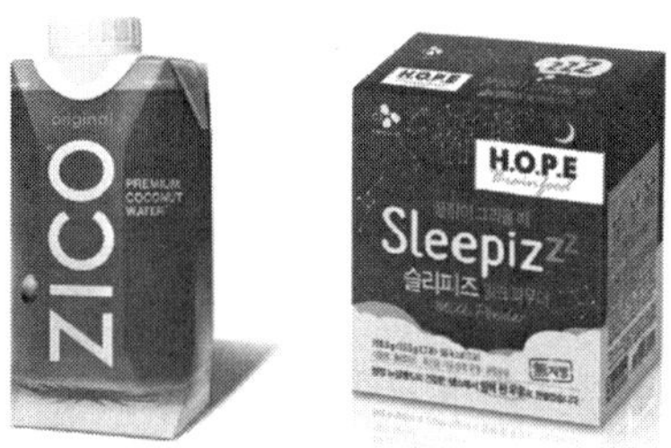

식품 슬리피즈 사진: 코카콜라, CJ제일제당
〈핀셋마케팅의 대표적 사례로 볼 수 있는 코카콜라의 '지코 오리지널'(왼쪽)과 CJ제일제당의 숙면보조〉

그렇다면 기업들이 핀셋마케팅에 나서는 이유는 무엇일까.

마케팅 전문가인 엠코어컴퍼니 대표는 "정보와 광고의 홍수 속에서 소비자들은 본인이 관심 있는 분야만 선택해 볼 가능성이 높다"며 "불특정 다수를 통한 광고는 노출은 많이 되지만 비용대비 효과가 떨어진다. 하지만 핀셋마케팅처럼 특정 타깃을 대상으로 하는 맞춤형마케팅은 해당 분야에 관심 있는 사람들에게 노출되기 때문에 전환율이 높아 비용대비 효과가 크다. 최근 기업들이 선호하는 이유"라고 설명했다.

범상규 교수는 핀셋마케팅 효과가 단지 희소성에만 국한되는 것이 아니라 "자신이 정확히 무엇을 원하는 지 애매할 경우, 전문가인 기업의 마케터가 선택의 폭을 좁혀 주게 돼 의사결정에 손쉽게 이르도록 만들어 준다"며 "이때 소비자들은 마케터가 제공하는 정보가 새로운 트렌드일 것이라는 기대감을 갖게 돼 정보 수용도 높아지게 된다"고 분석했다.

출처: 더피알, 2015.06.26. 기사편집

4. 마케팅 믹스와 소비자행동

마케팅 믹스는 4P로 제품(product), 가격(price), 유통경로(place) 그리고 촉진활동(promotion)의 요소로 구성된다. 마케팅 믹스란 표적시장과 관련하여 마케터가 통제할 수 있는 마케팅관리 요소의 조합 혹은 그들에 대한 노력수준이라고 할 수 있다. 표적시장에서의 성공여부는 적용할 마케팅 믹스의 내용에 달려 있으므로 마케팅 믹스의 결정은 매우 중요한 관리영역이다.

마케팅 믹스 요소 내지 관리 요소를 결정하기 위해서는 시장의 경제적, 사회문화적, 기술적, 정치·법률적, 경쟁적 특성과 같은 거시적 환경요인은 물론이고 소비자들의 욕구, 기호, 태도, 라이프스타일과 같은 미시적 요인에 대한 분석이 선행되어야 한다. 왜냐하면 마케팅 믹스를 효율적으로 달성하기 위해서는 표적시장의 소비자활동을 이해하는 것이 중요하기 때문이다. 표적시장의 소비자들이 원하는 것이 무엇이며(Product), 지불하기를 원하거나 또는 지불 가능한 가격(Price) 수준은 어느 정도인가, 가격수준이나 가격변화에 대해 어떠한 반응을 보일 것인가 등에 대한 충분한 이해를 통하여 적정한 마케팅 믹스를 결정하여야 한다. 또한 고객이 어떤 점포를 선호하고 있으며 그들의 쇼핑 습성은 어떠한가?(Place), 고객이 가장 신뢰하는 광고 매체는 무엇이며 누구와 커뮤니케이션을 하고 정보는 어디에서 얻는가?(Promotion) 이러한 문제들에 대하여 충분히 조사하고, 연구 분석하여 적정한 마케팅 믹스 계획을 수립하여야 한다.

5. 총괄 마케팅계획수립과 소비자행동

소비자행동에 관한 모든 지식이나 정보는 마케팅활동에 유용하지만 특히 총괄 마케팅계획수립에 필요하다.

소비자행동연구에서는 여러 상황 하에서 소비자행동을 가능한 한 정확하게 예측할 수 있도록 소비자행동의 결정변수에 대하여 조사연구를 해왔다. 그 결과 소비자 구매의도 및 구매행동은 제품, 상표 등에 대한 소비자 지각, 신념, 태도와 관련이 있는 것으로 연구되었고, 심층조사를 통하여 그들의 구매행동을 예측할 수 있게 되었다. 아울러 미래의 소비자행동을 예측할 수 있는 가능성은 마케팅담당자로 하여금 보다 신뢰성이 있는 마케팅계획수립을 가능하게 하였다. 또한 소비자의 구매의도는 시장수요의 잠재력을 나타내기 때문에 기업은 소비자의 구매의도를 파악하여 수요를 예측할 수 있으므로, 신뢰성 있는 마케팅활동의 총괄계획을 수립할 수 있다.

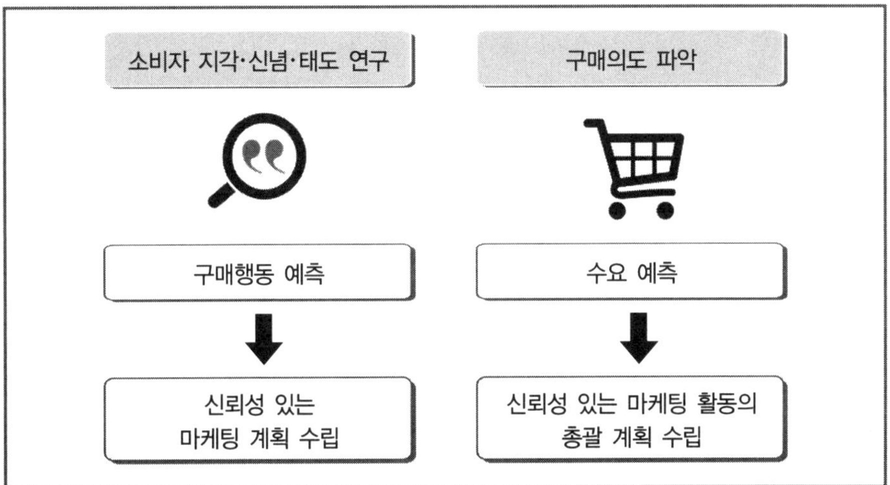

그림 2-2 마케팅 계획 수립

사례 2-3

"남들과는 달라!" 이색 마케팅 봇물

최근 유통업계에서 컬러·무인항공기·이색원료 등을 활용한 이색 마케팅을 선보이는 브랜드들이 증가하고 있다.

15일 하이트진로에 따르면 참이슬은 국내 대표 소주인 '참이슬 클래식'의 정통성 강화를 위해 레드 컬러를 강조한 '레드 마케팅'을 기획했다. 고객들에게 꾸준히 '빨간 참이슬'로 불려왔던 점을 고려해 병뚜껑을 빨간 색으로 바꾸는 등 이색 컬러마케팅 전략을 내세운 것이다.

카페베네는 지난 4월 무인항공기 드론을 활용해 이색 마케팅을 선보였다. 강남대로와 이화여대에서 라인프렌즈 캐릭터인 '브라운'이 카페베네

눈꽃빙수를 먹는 이미지를 붙인 드론을 상공에 띄운 것이다. 20~30대 유동 인구가 많은 지역에서 이벤트를 진행해 다양한 SNS를 통해 영상이 공유되며 화제를 모았다.

코카콜라는 자신만의 독특한 취향을 추구하는 소비자들을 위한 '핀셋마케팅'으로 소비자 공략에 나섰다. 코카콜라는 코코넛이라는 이색 원료를 활용한 '프리미엄 코코넛음료 지코(ZICO) 오리지널'을 출시했다. 전해질이 풍부한 음료를 원하는 피트니스족의 니즈에 초점을 맞춰 99.9%의 코코넛워터를 농축과정 없이 그대로 담아냈다.

출처: 세계닷컴, 2015.05.15. 기사편집

제2절 비영리조직과 소비자행동

1. 비영리조직

많은 비영리조직들 즉, 종교단체, 자선단체, 교육기관, 박물관, 병원 등도 고객 지향적 마케팅 컨셉트(customer-oriented marketing concept)를 도입하여, 기업의 마케팅 활동과 동일한 방법으로 그들의 경영성과를 높이려하고 있다.

비영리조직도 기업과 마찬가지로 대중으로부터 긍정적인 신뢰(good-will)를 받기 위하여, 이들의 사회적 욕구와 필요를 충족시킬 수 있어야 한다. 따라서 소비자의 의사결정 과정에 대한 충분한 이해는 비영리기관의 경영성과를 제고하는 수단이 된다.

고객을 많이 확보하기 위하여 표적집단을 선정하고 선정된 집단의 욕구를 확인하여 그들의 욕구를 가장 잘 충족시켜 줄 수 있는 서비스나 이념을 개발하고 개발된 서비스나 이념에 대하여 표적집단을 대상으로 PR을 하거나 홍보를 하여 마케팅활동을 하고 있다.

대학들은 대학의 고객인 우수한 학생들을 유치하기 위하여 차별화된 교육프로그램의 개발, 다양한 학생복지 프로그램이나 장학금제도의 확대, 외국대학과 학점제를 이용한 학점 획득 등 여러 가지 마케팅전략을 구사하고 있다.

자선단체들도 방송매체나 브로셔 같은 인쇄매체 등의 여러 가지 매체를 이용하여 마케팅활동을 하고 있다.

그러나 비영리조직이 이와 같은 기관 마케팅을 효율적으로 수행하기 위해서는 기업과 마찬가지로 잠재 고객의 행동양식과 그들의 의사결정에 대한 충분한 이해와 연구가 반드시 선행되어야 한다. 따라서 소비자행동에 대한 제 이론과 연구결과는 기업에서와 마찬가지로 이들 비영리조직의 마케팅 활동에도 동일하게 응용될 수 있으며, 이들의 효율적인 마케팅관리에 크게 기여할 수 있다.

사례 2-4

"환자 마음까지 힐링하라" 병원업계, 맞춤형서비스로 고객유치나서

힐링음악, 이슬람 기도실, 호텔급 발렛파킹 등 병원들의 이색 서비스 치료

장기적인 불황을 타개하기 위해 병원들마다 차별화된 맞춤형 서비스를 펼치며 고객 잡기에 나섰다. 첨단의료기술을 갖추는 것은 물론 병원의 특징과 분위기에 맞는 힐링음악을 선곡해 제공하는 음악전문 컨설팅사의 서비스를 도입하거나 중국, 중동, 러시아 등 외국인 관광객을 유치하기 위한 노력도 활발하다.

◎ 선별된 '힐링음악'으로 환자들의 몸과 마음 지킨다.

최근에는 전문 컨설턴트가 각 병원과 환자 특성을 고려해 선곡한 맞춤 음악을 주기적으로 제공하는 서비스를 도입해 환자들의 심리적 안정을 도울 수 있게 됐다.

◎ 러시아 코디네이터, 이슬람 기도실 등, 한류 의료관광객 모신다.

글로벌 의료시스템이 잘 구축된 국내 의료업계는 이미 몇 해 전부터 중국을 중심으로 외국인 환자가 크게 늘고 있는 상황이다. 최근에는 중동, 러시아에서 찾는 환자도 큰 폭으로 증가하고 있다. 대학병원들은 이 같은 추세에 맞춰 해당 국가의 언어 능통자를 코디네이터로 배치하고, 환자 수가 많은 중동 러시아 중국 등 국가의 의사 면허를 보유한 의사도 투입했다.

◎ 호텔급 발렛파킹, 이제 대학병원에서 누린다.

여의도성모병원의 경우 지난 2010년 5월부터 발렛파킹을 도입, 내원하는 모든 고객들에게 무료로 제공하고 있다.

출처: 국민일보, 2015.01.13. 기사편집

2. 정부 및 공공단체

1) 정부의 공공서비스 정책

정부는 사회 대중에게 각종 서비스를 제공하기 위하여 대중교통정책, 도시계획, 위락시설 및 각종 사회복지시설 운영에 관하여 다양한 정책들을 결정하고 시행한다. 정책기관의 공공서비스 제공은 서비스를 제공받는 소비자나 사용자를 정확하게 이해함으로써 효과적인 성과를 거둘 수 있다. 즉, 국민들의 편의를 위하여 시행하게 되는 의료제도·공해 및 환경정책·교통정책 등의 공공정책을 결정할 때에도 소비자행동에 대한 이해로부터 시작 된다.

2) 환경 및 소비자보호정책

자유경제 체제 하에서의 기업은 소비자들이 충분한 정보를 제공받고 이를 바탕으로 자유롭게 제품을 선택할 수 있도록 소비자권리를 보호해야만 한다. 따라서 독점금지법, 소비자보호법, 제품피해보상법 등이 제정되어 소비자로 하여금 자신의 권리를 보호받고 정당한 권리행사를 할 수 있도록 하여야 한다. 이러한 법률을 제정할 때에는 사전에 소비자에 대한 충분한 연구가 실행되어야 한다.

3) 소비억제 마케팅정책

자원낭비 방지, 소비자의 건강보호 등을 위한 정책을 결정하고 시행하기 위하여 정부나 공공단체에서는 특정제품이나 서비스의 사용억제를 권유 또는 규제를 해야 할 경우가 있다. 위해제품의 판매금지, 사치성 상품이나 외제상품 소비억제, 약물남용방지 등을 위한 규제 및 정책수립을 위해서 소비자들의 욕구, 태도, 습관 등에 대한 연구가 필요하다.

제3절 소비자와 소비자행동연구

1. 소비자의 합리적 행동에 대한 요구 증대

소비자행동은 우리의 일상생활과 밀접한 관련이 있기 때문에 사회 속에서 담당하고 있는 역할이 매우 크다. 소비자가 어떤 제품을 어떻게 구매해서 어떤 방법으로 사용하는가에 따라 자신의 복지는 물론 가족의 복지도 크게 영향을 받는다. 따라서 소비자는 주어진 소득으로 자신 및 가족의 욕구충족을 최대화할 수 있는 구매행위를 수행해야 하고, 기업의 다양한 마케팅 활동에 현명하게 대처하는 방법도 터득해야 한다. 그리고 합리적인 구매행동을 생활화하기 위해 구매결정의 타당성 평가 및 문제점의 해결방법도 알아야 한다.

또한 소비자의 구매 및 소비행동은 기업에 이윤을 제공하고, 고용인들에게 일자리를 마련해주고, 소득을 얻게 해줌으로써 결과적으로 고용수준, 실업구조 등 한 나라의 전반적인 경제 구조와 직결된다. 아울러 소비자들의 무계획한 과소비행동은 자원낭비, 환경오염, 사회계층간의 위화감 조성 등을 유발시켜 건전한 사회풍토를 조성하는 데 위해요인으로 작용하기 때문에 사회복지증진을 위해서도 소비자들의 합리적인 행동이 절실히 요구된다.

소비자는 그들의 구매 관련 행동을 합리적으로 수행하기 위하여 소비자행동의 동인과 환경 요인의 자극에 대한 행동반응 유형에 대하여 충분한 관심과 이해가 있어야 한다. 그러므로 소비자행동 연구는 소비자들에게 필요한 지식과 정보를 제공해 줌으로써 소비자들의 합리적인 구매 및 소비행동에 기여할 수 있다는 점에서 그 유용성을 찾을 수 있다.

2. 소비자를 위한 소비자행동 연구

1) 제품 및 시장 메커니즘에 대한 지식과 정보 축적

이미 앞에서 살펴본 바와 같이, 소비자들의 행동이 우리 사회에서 담당하고 있는 역할 비중은 대단히 크고 중요한데 반해서, 실제 소비자들의 행동은 상당히 충동적이고 비합리적인 측면이 많다. 대부분의 사람들이 일상생활 속에서 빈번하게 행동경험을 쌓고 있으면서도 습관적으로 행동하고 있는 행동영역이 바로 이 소비자 관련 행동영역이다. 따라서 현실세계에서 보면 소비자들의 행동은 비교적 비계획적이고, 비합리적인 측면이 많이 노출되고 있다. 그러므로 제품 및 시장 메커니즘에 대한 지식과 정보 축적이 필요하다.

2) 충동구매와 쇼핑 중독증 예방

실제로 많은 소비자들이 충동구매로 인해 불필요한 제품을 구매한 후, 후회와 불쾌감을 경험하고 있다. 최근에는 심지어 현대인의 질병이라고 불리어지는 소위 '쇼핑증후군(shopaholics)'에 걸려 무절제한 소비행각을 벌이고 있는 소비자들이 점차로 많아져 큰 사회문제로 지적되고 있다. 쇼핑 중독증은 쇼핑병에 걸린 쇼핑광을 일컫는 말로써 쇼핑 그 자체에 탐닉하는 증세를 말한다.

3) 삶의 질 향상을 위한 합리적 구매행동의 생활화

소비자는 그들의 구매관련 행동을 합리적으로 수행하기 위하여 소비자행동의 동인과 환경요인의 자극에 대한 행동반응 유형에 대하여 충분한 관심과 이해가 있어야 한다.

소비자행동 연구는 소비자들에게 필요한 지식과 정보를 제공해줌으로써 소비자들의 합리적인 구매 및 소비행동에 기여할 수 있다는 점에서 그 유용성을 찾을 수 있다.

사례 2-5

탐앤탐스 친환경그린캠페인
가치소비 추구하는 이들의 필수품 '에코컵' 득템하자

손잡이가 달린 투명한 잼병 형태의 컵 에코핸들드링킹자는 감각적이고 아기자기한 것을 좋아하는 소비자들의 SNS에서 종종 만날 수 있는 아이템이다. 디자인뿐만 아니라 일회용품 줄이기 일환으로 제공되는 이 컵의 '득템'후기가 이어지고 있다.

단순한 경제적 이득을 넘어서 제품이 주는 가치를 함께 구매하는 소비 경향이 확산되고 있다. 조금 비싸더라도 수익금의 일부가 좋은 일에 기부되는 제품을 선택하는 소비자가 늘어나고 있는 것.

커피전문점 탐앤탐스가 지난해 12월부터 진행하고 있는 '친환경그린캠페인'도 이러한 가치소비와 맞물려 높은 호응을 얻고 있다. 친환경그린캠페인은 음료 주문 시 일회용컵이 아닌 '에코핸들드링킹자(이하 에코컵)'에 음료를 제공하는 것으로, 이 에코컵은 음료를 다 마신 후 소비자에게 증정된다. 또한 캠페인 음료가 아니더라도 모든 제조 음료 주문 시 2000원만 추가하면 에코컵에 담은 음료를 받을 수 있다.

일회용컵을 줄이는 친환경캠페인이지만 아기자기한 느낌의 디자인으로 제품 그 자체도 인기가 많다. 집에서도 카페 분위기를 원하는 여성 소비자들 중에선 에코컵을 찾아 매장 몇 군데를 돌았다는 후기도 이어지고 있다.

출처: 더피알, 2015.07.15. 기사편집

3. 소비자교육

1) 소비자교육의 의의

소비자교육은 소비자들이 소비자로서의 지위와 역할, 권리와 책임을 자각하도록 유도하며, 구매 및 소비활동을 합리적으로 영위하는데 필요한 소비자 지식을 습득하게 하고, 소비자로서의 기능과 태도를 함양시켜 소비자능력을 증진시키는 일련의 교육활동이다.

또한 소비자로 하여금 자신들의 부(富)를 극대화시킬 수 있도록 상품구매 및 소비능력 향상에 필요한 정보를 획득·이용·평가하는 방법과 현재의 가치관과 라이프스타일 속에서 합리적으로 구매하고 소비할 수 있도록 가르치는 것이다.

소비자교육을 자세히 정리하면 다음과 같다.

첫째, 소비자가 합리적으로 재화와 서비스를 구매할 수 있도록 능력을 증진시켜주며, 필요(needs)와 욕구(wants)를 구별할 수 있는 현명한 소비자가 되도록 한다.

둘째, 소비자보호 및 피해구제기관과 소비자보호 관련법규를 인지시킨다.

셋째, 광고와 기업의 판매촉진 활동을 이성적으로 평가할 수 있도록 한다.

넷째, 대량생산·대량판매, 기술의 급격한 발달로 인한 새롭고 복잡한 상품의 출현, 기업의 다양한 판촉전략 등에 대처할 수 있는 능력을 기른다.

다섯째, 저소득층 소비자, 신체장애 소비자, 기타 소외된 소비자 등 특수계층 소비자들도 소비자 서비스를 적극적으로 이용할 수 있도록 한다.

여섯째, 소비자문제의 발견 및 해결방안을 강구할 수 있도록 한다.

일곱째, 자신과 가족에 대한 책임감에서부터 지역사회에 대한 사회적 책임의 차원으로 인식을 전환할 수 있도록 한다.

2) 소비자교육의 유형

소비자교육은 가정, 학교, 사회를 중심으로 이루어지는데, 가정소비자교육에서는 아동소비자, 학교소비자교육에서는 청소년소비자, 그리고 사회소비자교육에서는 성인소비자를 대상으로 하고 있다. 소비자교육은 생애주기에 따라 가정과 학교 그리고 사회의 차원에서 이루어지면서 유기적으로 연결되는 형태가 되어야 한다.

자녀들은 가정에서 부모들의 소비생활을 관찰하고, 부모로부터 교육을 받거나 소비생활에 관하여 부모와의 대화를 통해서 소비자교육이 자연스럽게 이루어지고 있다. 주로 자녀의 용돈관리와 구매행동 지도가 중요한 부분을 차지하고 있으며, 어린 시절 소비자로서의 경험은 일생동안 영향을 미치기 때문에, 자녀들의 효율적인 화폐 사용을 위해 부모들의 올바른 교육이 필요하다.

학교에서 실시하는 소비자교육은 일정한 교육과정과 교재를 통한 제도교육 하에서 이루어지는 교육이므로 다른 소비자교육방법에 비해 단계적이며 체계적으로 이루어지며, 이는 청소년들의 올바른 소비문화를 형성시키고 합리적 소비생활을 영위해 나갈 수 있는 소비자능력을 제고시킨다는 인간교육에 그 목표를 두고 있다.

사회소비자교육은 성인들을 대상으로 사회적·경제적 상황에 대응할 수 있는 소비자 능력을 제고시키기 위한 소비자 교육이라고 할 수 있다. 소비자의 '재사회화' 과정이라는 측면에서 학교에서 학습하지 못했던 사회변화로 야기된 새로운 소비생활에의 적응, 그리고 실제 생활에 필요한 소비자정보의 제공과 이를 활용할 수 있는 소비자능력을 개발하여 자아욕구를 충족시킬 수 있는 내용을 중심으로 실시된다는 관점에서 중요하다.

사례 2-6

고1 필수사회 '시장과 금융' 꼭 배운다

어릴적 돈관리 습관 평생 간다…새 교육과정 '금융' 강화

초·중·고교 금융교육 어떻게 바뀌나

구분	과목	현행	개정안
초등	사회	합리적인 소비	삭제(금융교육 없음)
중등	사회	합리적 선택, 자산관리	신용관리 추가
고등	통합사회	시장경제(금융 내용 없음)	시장과 금융(금융자산, 금융관리) 추가
	기술가정	금융 내용 없음	재무계획 추가

*개정안은 2018년 개정 교육과정을 위한 시안, 자료=한국교육과정평가원

2018학년도부터 고등학교 필수교과인 통합사회에 '시장과 금융'이라는 제목으로 된 별도 금융단원이 신설될 전망이다. 중학교 사회교과에도 신용관리 교육이 추가된다. 6일 한국교육과정평가원에 따르면 교육부는 최근 이 같은 내용을 담은 교과별 교육과정 개정 시안을 마련하고 이달 말 공청회를 거쳐 오는 9월 새 교육과정을 확정할 예정이다. 새 교육과정은 현재 중학교 1학년생들이 고등학교 1학년이 되는 2018년부

터 적용될 예정이다.

글로벌 금융위기 이후 금융교육을 확대하는 미국과 영국 등 선진국 추세에 맞춰 우리나라 초·중·고교 교육과정에서도 필수과목 중심으로 금융교육 확충이 필요하다는 학계와 금융권 요구가 잇따른 데 따른 것이다.

시안에 따르면 고등학교 1학년 학생들이 의무적으로 이수해야 하는 통합사회 과목에는 '시장과 금융'이라는 별도 단원이 신설된다. 이 단원은 금융자산의 특징, 자산관리의 설계 등이 포함된다. 현행 고등학교 통합사회 '인구와 인구문제' 단원에서 부분적으로 다루고 있는 '생애주기별 금융생활 설계' 역시 '시장과 금융'으로 자리를 옮겨 금융교육을 체계화한다.

중학교 사회교과 내 금융교육 내용도 현행 합리적 선택과 자산관리에 신용관리가 추가된다. 선택과목인 고등학교 실물경제에서도 현행 교육과정에는 빠져 있던 '금융소비자보호제도'와 '연금' 단원이 신설된다.

하지만 초등학교 사회 중 '합리적 소비'라는 기존 교육 내용이 개정 시안에서는 통째로 빠지는 등 일부 학년에서 금융교육이 후퇴해 논란이 일고 있다.

개정 시안에 따라 고등학교 필수과목인 통합사회에서 금융교육 단원이 별도로 신설됐지만 해당 교육시간이 2시간에 불과하다는 점도 한계로 지적된다.

출처: 매일경제, 2015.07.06. 기사편집

PART 2

소비자 정보처리과정의 이해

chapter

03 소비자 정보처리과정

제1절 소비자 정보처리과정의 의의와 특성

1. 정보처리과정의 의의

소비자의 정보처리과정이란 소비자가 자극물(제품, 기업, 점포, 패키지, 광고, 판매원 등)에 노출되고, 주의를 기울이며, 자극 내의 정보를 해석하고, 정보를 수용하며 기억하는 과정을 말한다.

소비자는 자극에 대하여 반응하면서 이들 자극 중 일부를 선택하여 자신에게 유용한 정보로 가공하여 저장한다. 이에 따라 현재 직면하고 있는 문제뿐만 아니라 앞으로 발생할 수도 있는 새로운 의사결정 상황에 이들 정보를 활용할 수 있게 된다. 또한, 소비자의 인지적 과정은 환경으로부터의 외적 자극이나 정서적 반응과 같은 내적 자극 요인에 의해서 시작되는데, 욕구와 관련된 정보에 노출되면 소비자는 자신의 관심사, 가치관 그리고 지식을 기준으로 그 의미를 해석하고자 한다. 해석 과정에서는 물리적·사회적 환경의 측면뿐만 아니라 개인의 행동이나 심리상태 측면에서도 중요하게 여겨지는 속성을 기준으로 그 의미를 이해하려고 한다.

일반적으로 소비자의 정보처리과정은 다음과 같이 노출, 주의, 이해, 수용, 보유 및 기억의 다섯 단계 활동과정으로 구분한다.

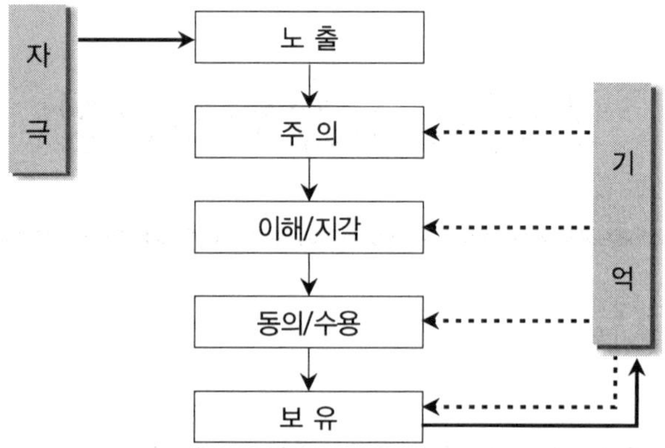

출처: James F. Engel, Roger D. Blackwell, and Paul W.Miniard, Consumer Behavior(1986), 5th ed., The Dryden Press, p.197.

그림 3-1 소비자 정보처리과정

2. 정보처리과정의 특성

소비자 정보처리 모델에 의하면 마케팅주체가 제공하는 정보나 자극은 소비자에게 노출되어 소비자의 기억 속에 의미 있는 어떤 것으로 보유되기까지 다섯 단계의 정보처리과정을 거치게 된다. 그리고 그 정보가 어떤 것이든 이들 다섯 단계의 과정을 원활하게 통과해야만 비로소 정보로서 효과를 나타내게 된다. 가령 광고 메시지가 소비자에게 제대로 노출되지 않았다거나, 노출은 되었다 하더라도 주의를 끌지 못했다거나, 또는 광고메시지가 소비자에 의해 마케팅주체의 의도와는 상반되게 해석되는 등 정보처리과정의 어느 한 단계에서라도 문제가 발생하게 되면 사실상 광고효과는 제대로 발생하지 못한다.

마케팅주체가 제공하는 정보는 소비자의 내부에서 다섯 단계의 처리과정을 모두 원활하게 거쳐야 하기 때문에 항상 마케팅주체가 의도하는 대로 결과를 기대하기란 사실상 어려운 문제다. 1,800개의 T.V 상품광고를 대상으로 조사한 연구보고서에 의하면 광고에 노출된 사람들 중 광고된 상품명을 기억하는 사람은 겨우 16%에 불과한 것으로 나타났다. 따라서 마케팅주체가 정보활동의 효과를 높이기 위해서는 소비자의 정보처리행동에 영향을 미치는 요인들에 대하여 깊이 이해하는 일이 무엇보다도 중요하다.

정보처리 행동에 관한 일반적인 특성은 다음과 같다.

첫째, 소비자의 정보처리 능력은 무한하지 않고 제한적이다. 따라서 많은 정보를 동시에 처리할 수 없으며, 그 결과 선별적인 처리를 하게 된다. 또한 일반적으로 최적의 처리결과를 산출하지 않으며, 만족할 만한 수준에서 처리를 종결시키려는 경향이 있다.

둘째, 소비자의 정보의 처리는 전적으로 소비자의 마음속에서 이루어지므로, 정보처리의 전 과정에 걸쳐서 소비자의 지각 및 인식구조와 소비자의 사고능력에 영향을 주는 "기억"의 역할이 매우 중요하다. 즉, 소비자의 기억고에 보유되어 있는 기존의 지식과 경험은 정보처리의 전 과정에 걸쳐 지대한 영향을 미치게 된다.

셋째, 소비자의 정보처리는 다분히 상황중심적이다. 상황에 따라 정보에 대한 소비자의 지각이 달라지고 정보처리과정이 상이해진다. 정보처리의 기본 목적이 외적세계에 대응하기 위한 방안에 있기 때문에 정보처리과정은 상황에 따라 상당히 신축성이 있고 상황적응적인 특성이 있다.

사례 3-1

입구엔 채소, 고가상품은 눈높이에…
지갑을 여는 '슈퍼마켓 진열대 법칙'

쇼핑카트는 아이를 태워도 공간이 남을 정도의 크기다. 크면 많이 담는 법이다. 나초칩 옆에는 치즈를 두고, 맥주 근처에 안주거리를 둔다. '1+1' 묶음판매, 동시구매시 할인도 전략이다. 진열대 복도 끝은 수퍼마켓 전략의 핵심이다. 가장 눈에 잘 띄는 이곳은 전략상품을 위한 최고의 '목'이다. 느린 음악도 숨은 전략이다. 느린 음악을 듣고 있으면 걸음도 느려지고 상품을 보는 시간도 길어진다. 그만큼 장바구니도 무거워지기 마련이다.

이밖에도 마진이 높은 비싼 상품은 진열대 눈높이에 위치하고 저렴한 상품은 맨 꼭대기나 맨 아래 위치한다. 아이들이 좋아하는 상품들은 물론 아이들 눈높이에 있다.

과일이나 채소 등은 입구 바로 앞에 위치한다. 사람들이 식품을 가장 먼저 보고 사는 경향이 있기 때문이다.

계산대는 항상 뭔가 바삐 움직이고 있지만 실은 교묘하게 고객을 기다리게 만든다. 줄을 서서 기다리면서 빼놓고 사지 않은 물건이 없는지 다시 한 번 생각하게 만들기 위해서다.

출처: 해럴드경제, 2015.06.22. 기사편집

제2절 소비자 정보처리과정

1. 노출

1) 노출의 의의

노출(exposure)이란 어떤 자극이 소비자에게 투입되면 에너지가 소비자의 오감(시각, 청각, 후각, 촉각, 미각) 중 어떤 감각기관과 접촉하여 감각등록기가 환기 또는 활성화되어 소비자가 그 자극요인에 물리적으로 접근하게 되는 현상을 말한다.

이러한 자극은 소비자에게 노출되어야만 정보처리행동이 시작되는데, 정보가 소비자에게 필요하고 유용한 것이라 하더라도 소비자에게 노출되지 못하면 무용지물이 된다. 아울러 노출 여부와 정도는 소비자에 따라 차이를 보이지만 마케터는 가능한 한 많은 소비자에게 정보를 노출시킴으로써 소비자들이 이 정보에 주의하도록 해야 한다.

2) 노출의 유형

(1) 의도적 노출

목적지향적 노출이라고도 하며, 특정한 목적을 갖고 정보탐색을 위해 어떤 자극에 스스로를 노출시키는 것이다. 주로 외적 정보탐색을 하여 의도적으로 정보에 접근하는 것이다. 어떤 제품을 구매하기 위하여 관련 인터넷 사이트, 신문, 잡지, 브로셔 등에서 정보를 탐색할 때는 해당자극에 대해 의도적인 노출을 하게 되는 것이다.

(2) 우연적 노출

소비자의 의지와는 상관없이 우연적으로 오감을 통하여 감지되는 자극을 말한다. 길을 가다가 보게 되는 옥외 광고나 지하철 벽에 부착된 광고 등 소비자가 원치 않더라도 매일 수많은 자극과 정보에 노출 되고 있다.

(3) 선택적 노출

자신에게 필요없거나 관심이 없는 정보는 의식을 하지 않고, 자신에게 필요한 정보는 의식적으로 노출시키는 것이다. 냉장고나 에어컨 등과 같은 가전제품에는 주부들이 선택적 노출을 주로 하고 신형휴대전화는 청소년들이 선택적 노출을 주로 한다.

2. 주의

1) 주의의 의의

주의(attention)란 유입된 자극 중에서 일부를 선별하여 특정 자극에 정보처리능력을 집중 시키는 단계이다.

끊임없이 많은 정보에 노출되고 있는 소비자에게 있어서, 정보처리능력에는 한계가 있기 때문에 노출되는 모든 자극에 주의를 기울이지 못한다. 그러므로 선택된 특정 자극에만 정보처리 능력을 할당하고 집중하게 되는데 이것을 선택적 주의(selective attention)라고 한다. 마케터가 제공한 자극이나 정보가 소비자에게 노출되었다 하더라도 주의를 끌지 못 하면 무의미하기 때문에 주의를 끌기 위한 마케팅전략이 필요하다. 한 예로 광고에 접한 소비자들로 하여금 궁금증을 유발시켜 관심을 갖도록 시리즈 형식으로 광고를 하는 티저광고를 들 수 있다.

사례 3-2

궁금을 관심으로! 맞춰보는 재미 솔솔한 티저광고가 다시 뜬다.

2000년 3월 봄바람보다 더 사람들의 마음을 설레게 한 사건이 있었다. 일명 "선영아 사랑해" 사건. 육교와 지하철역의 현수막부터 버스, 지하철에도 포스터가 붙었다. 하얀 포스터에 쓰여진 단 여섯 글자는 사람들의 호기심을 자극하기에 충분했고 엄청난 추측과 열풍을 불러일으켰다. 프로포즈다, 이벤트다, 스토킹이다, 광고다, 선영이가 사람이 아니다와 같은 여러 소문과 추측 속에 약 10일 후 4월 3일 오픈한 여성 포털 사이트 마이클럽이 이 벽보의 주인공임이 밝혀지고 마이클럽 홈페이지는 트래픽 과다로 마비가 될 정도였다.

최근에는 이런 티저광고들이 다시 소비자의 관심을 끌고 있다. 용산 화상경마장 오픈을 앞두고 한국마사회가 내놓은 2015년 광고 캠페인이 바로 그것. 아무 설명 없이 '마! 주말엔 그러는 거 아니야!' 라고 하던 티저광고가 드디어 베일을 벗으며 모습을 드러냈다. 우리 일상에서 쉽게 볼 수 있는 가정집. 지루함을 견디지 못하는 아이들의 시무룩한 표정과 주말까지 가사 일에 지친 주부의 원망 섞인 시선이 느껴지지 않는지 쇼파에 누워 코를 골고 잠이든 아빠. 이때 말 가면을 쓴 의문에 남자가 벽을 뚫고 나와 당근을 흔들며 호통을 친다.

"마! 자고 또 자고 자고 또 자고 주말엔 그러는 거 아니야!" 이 광고는 바로 한국마사회의 렛츠런파크를 소재로한 '마! 주말엔 그러는 거 아니야!' 캠페인이다. 주말마다 자고 또 자는 아빠들, 간데 또 가는 연인들에게 일침을 가하며 새로운 주말 놀이터인 렛츠런파크로 놀러오라는 메시지를 전달한다. "주말에 놀러오라"는 점잖은 표현 대신 "주말엔 그러는 거 아니야" 라는 강력한 티저 메시지를 통해 재미를 유발하였다.

출처: 나우뉴스, 2015.05.22. 기사편집

2) 주의의 유형

(1) 계획적 주의(planned attention)

소비자가 의식적으로 특정 자극에 관심을 보이는 현상이다. 소비자가 쇼핑이나 구매에 필요한 정보를 얻기 위하여 의도적으로 정보탐색을 함으로써 노출을 시도하고 노출된 정보를 주의 깊게 관찰하는 목적지향적 주의현상이다.

(2) 무의식적 주의(involuntary attention)

외부자극이 강렬해서 무의식적으로 그 자극에 관심을 보이게 되는 현상이다. 어떤 갑작스런 상황이나 자극에 의해 의식적이지 않은 채로 관심을 갖게 되는 관심 표출 현상이다.

(3) 자발적 주의(spontaneous attention)

주의를 기울이는 행동이 의식적이긴 하지만 목적지향적은 아닌 주의의 유형으로서 새롭고 신기한 자극이 주어졌을 때, 자연적인 호기심으로 인해 발생하는 관심 표출 현상이다.

3) 주의의 특성

(1) 선택성

소비자가 여러 자극 중에서 관심이 있거나 자신의 목표나 가치와 일치하는 특정 자극에 우선적으로 주위를 기울이는 것이다.

(2) 집중성

소비자의 인지 능력 한계로 특정한 한 가지 일에만 주의를 기울일 수 있는 것을 말하는 것으로 정보에 주어지는 노력의 강도를 말한다.

사례 3-3

"극장의 강점, 광고에 적극 활용"

스크린 광고의 특성은 노출되는 상황의 특수성을 반영하는 다양한 자극 요인으로 설명될 수 있다. 극장의 물리적, 기술적, 환경적 요인들이 타 미디어 광고에 비해 스크린 광고가 긍정적인 효과를 지니는 역할을 한다. 극장의 강점이라 하면 대표적으로 높은 해상도, 큰 스크린화면, 풍부한 색감, 우수한 사운드 시스템, 편안한 좌석, 조용하고 어두운 분위기 등을 들 수 있다.

스크린 광고는 타 미디어에 비해 임팩트가 높은 수단으로 간주된다. 때문에 소비자의 광고몰입을 유도하고 광고 메시지를 통한 설득적인 메시지의 노출로 인해 광고에 대한 주목률과 기억측면에서 광고 제작 시 의도했던 설득효과를 충분히 기대할 수 있

을 것으로 보인다. 뿐만 아니라 스크린 광고의 소비자가 갖는 특수성으로 인해 타킷 마케팅에 있어서 구매력 있는 젊은 층을 공략하는 기업이나 조직들은 그간 타 매체에서 접촉하는 데 어려움을 겪었던 것에 비해 쉽게 다가갈 수 있다는 장점 역시 가지고 있다.

출처: 매일경제, 2015.03.02. 기사편집

3. 이해 및 지각

이해(comprehension)는 유입된 정보의 내용을 조직화하고 그 정보의 의미를 해석하는 것이다. 소비자가 어떤 자극에 주의를 집중하게 되면 그 자극(정보)을 어떻게 이해하고 해석하느냐에 따라 태도와 행동 방향이 다르게 결정된다. 일단 자극이 소비자에게 의미 있는 정보로 해석이 되면 다음 의사결정 때 활용할 것인가에 대한 것을 결정하게 된다.

이해는 유입된 정보의 내용을 조직화하는 지각적 조직과 그 정보의 의미를 해석하는 지각적 해석의 유형으로 분류한다.

사례 3-4

우리가 몰랐던 22평 편의점 '진열의 비밀'

편의점은 점포 면적이 작기 때문에 공간의 효율성을 높이고 상품 판매를 극대화하기 위해 다양한 진열 전략을 구사해야 한다.

① 음료와 유음료가 매장 맨 안쪽에 진열

편의점에서 음료와 유음료(우유와 유제품을 주원료로 한 음료)는 담배를 제외하고 매출이 가장 높은 상품군이다. 소비자 수요가 가장 높은 상품군인만큼 동선을 길게 해 고객이 냉장고로 이동하는 동안 다른 상품들을 둘러볼 수 있도록 한 것이다. ATM(현금인출기)을 가급적 매장 안쪽에 위치시키는 것도 같은 이유다.

② 한눈에 모든 상품을 다 볼 수 있도록

편의점의 진열대(곤도라)는 아래로 갈수록 단의 폭을 크게 하여 굳이 허리를 숙이거나 앉지 않아도 모든 상품을 잘 인식할 수 있도록 했다. 가격표를 꽂는 '프라이스 레일'도 약 20도 눕혀져 있어 고객이 선 상태에서도 상품들의 가격을 한 눈에 확인할 수 있도록 하고 있다.

③ 연관 구매 법칙

편의점을 이용하는 고객 대다수는 즉시 소비를 위한 목적성 구매가 많은 만큼 매장 내에 머무는 시간이 1분에서 1분30초로 매우 짧다. 따라서 카테고리별로 연관도가 높은 상품들을 가까운 곳에 진열하여 쉽고 빠르게 구매할 수 있도록 한다.

④ 상품 진열의 기본 원칙은 '트라이앵글'

편의점에선 기본적으로 가볍고 작은 상품이 위에, 무겁고 부피가 큰 상품이 아래에 진열된다.

⑤ 카운터 앞 유휴 공간을 활용한 상품 진열

세븐일레븐은 카운터 앞면 유휴 공간에 소형 매대(카운터 선반)를 설치해 껌, 사탕 등 크기가 작고 가격이 저렴한 상품(일명 잔돈 지우개 상품)들을 집중 진열하고 있다. 진열의 효율을 높일 뿐만 아니라 매출 극대화를 꾀하는 것이다. 이는 500원 이하 소형 상품 진열을 통해 상품을 계산할 때 추가 구매를 유도하는 효과도 있다.

출처: 스포츠 동아, 2015.06.02. 기사편집

4. 수용

지각된 자극을 가치 있는 정보로 인지하는 단계로 즉, 지각된 자극의 메시지가 소비자에게 의미 있는 유용한 정보로 해석되어 그 내용과 의미가 이해되면 소비자는 해석된 정보에 대해 앞으로의 의사결정상황에서 이를 활용할 수 있는 가능성을 결정한다. 이때 지각된 자극의 메시지가 하나의 가치 있는 정보로서, 지각주체의 신념·가치·태도 등이 형성되는 인지체계 속에 수용되는 과정을 말한다.

수용(acceptance)이란 기존의 인지내용을 재확인시키거나 수정 또는 변경시킴을 의미한다. 수용된 정보는 특정시점에 기억에서 인출되어 구매의사결정에 직접 이용될 수 있기에 향후 소비자의 구매행동에 영향을 미칠 확률이 매우 높다.

그러나 자극 메시지가 모두 인지체계 속에 수용되는 것은 아니다. 어떤 자극메시지가 완벽하게 이해되었다 하더라도 지각주체가 그 자극메시지에 동의하지 않으면 결코 인지체계에 영향을 끼치지 못한다. 이렇게 지각된 자극이 거부되는 경우의 정보는 기억에 저장되지 않는다.

지각된 자극에 대한 지각주체의 인지적 반응은 일반적으로 세 가지 유형이 있다.

- **동의**: 정보메시지의 의미에 대한 찬성과 승인의 긍정적 반응으로서 이때에만 인지체계 속에 수용되어 신념, 가치, 태도 등에 영향을 미침
- **거부**: 정보메시지의 주장에 대한 부정적 반응
- **정보원 불신**: 메시지 원천에 대한 부정적 반응

사례 3-5

글꼴만 봐도 "아, 그 기업" 폰트 마케팅 뜬다.

"방금 저 광고, 글씨체가 낯익은데?"

정사각형 틀에 맞춘 듯한 굵고 뭉툭한 검은 글씨. 1970년대 이발소 간판을 연상시키는 '한나체'는 음식 배달 애플리케이션(앱) '배달의민족'을 운영하는 스타트업 '우아한형제들'이 개발한 글씨체(폰트)다. 버스나 정류장의 옥외광고에서 '오늘 먹을 치킨을 내일로 미루지 말라'는 등의 카피와 함께 눈길을 끌었다.

스타트업 우아한형제들이 자체 개발한 '배달의민족' 글씨체는 대기업 마케팅과 지상파 TV 방송 등 주변에서 쉽게 찾아볼 수 있다. 위 사진 왼쪽부터 이마트, 샤니, 알바몬, SBS '매직아이'에 적용된 모습. 우아한형제들 제공

기업의 자체 폰트가 이모티콘과 캐릭터 사업 외에 새로운 콘텐츠 마케팅 영역으로 떠올랐다. 단순히 메시지를 전달할 뿐만 아니라 대중에게 널리 사용됨으로써 그만큼

기업 이미지를 효과적으로 전파할 수 있는 아이콘이 되기 때문이다.

네이버는 2008년부터 매년 새로운 글꼴을 만들어 무료로 배포하는 '나눔글꼴' 사업을 진행해 왔다. '한글한글 아름답게'라는 캠페인과 한글 간판 프로젝트 등을 통해 폰트를 적극적으로 마케팅에 활용하고 있다. 현대카드도 2003년 '유앤아이(You and I)' 폰트를 개발하고 M카드 알파벳 시리즈에 적용해 가입자들 사이에서 큰 호응을 얻었다. '인터파크 고딕체(인터파크)'나 '다음글꼴(다음)' '아리따 돋움(아모레퍼시픽)' 등 자체 개발 폰트에 기업명이나 브랜드 이름을 붙여 공개하는 사례도 늘고 있다.

우아한형제들 디자인팀은 20대 자취생과 회사에서 배달 주문을 도맡아 하는 막내급 사원들을 타깃층으로 겨냥했다. 복고 문화가 한창 떠오르는 '홍대앞' 분위기를 살려 '1970년대 간판스타일'을 표방하는 지금의 한나체가 만들어졌다. 대중에 자주 노출되는 폰트는 광고 효과와 이어진다는 것이 우아한형제들 측의 설명이다.

출처: 동아일보, 2015.05.22.

5. 보유 및 기억

보유(retention)는 수용된 자극메시지를 기억 속에 저장하는 과정으로서 기억 속에 보유되어도 반복학습 되지 않으면 망각되기 쉽다. 반복학습을 통하여 장기기억 속에 저장하게 된 정보는 필요한 시점에 다시 인출되어 구매의사결정의 기초자료로 활용된다.

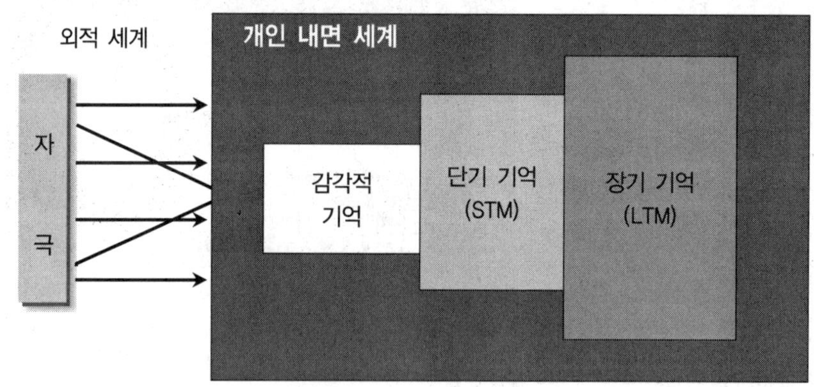

출처: William L. Wilkie(1994), Consumer Behavior, 3rd., N.Y.: John Wiley & Son. p.206.

그림 3-2 기억(memory) 시스템

1) 감각기억(Sensory Memory)

감각기억은 감각등록기(sensory register)로 불리기도 하는데, 외부로부터 입력된 정보를 오감을 통해 처음 보관하는 곳이다.

감각기억은 감각기관을 통해 현실세계의 자극이 본래 모습 그대로 잠시 보존되는 것으로, 감각기억 시스템은 수용능력이 매우 커서 눈, 코, 입 등 감각기관을 통해 많은 자극을 감지하고 기억할 수 있다. 그러나 기억의 지속시간은 매우 짧아 불과 몇 분의 1초밖에 되지 않음으로 다음 단계인 단기기억으로 이전되지 않은 정보는 곧 망각된다. 감각기억은 유입된 정보들 중에서 일부 정보만을 선택적으로 받아들이며, 이들 정보 중에서 다시 관심을 끄는 일부 정보만을 단기기억에서 처리할 수 있도록 통제하는 기능을 담당한다.

2) 단기기억(Short-Term Memory: STM)

단기기억은 정보처리가 이루어지는 동안 유입된 정보가 일시적으로 저장되는 장소이다. 단기기억은 정보를 잠시 보관하는 역할뿐만 아니라 장기기억 속에 저장되어 있는 관련 정보를 인출하여 이들 정보를 분류·종합·해석하여 실제 사용할 수 있는 정보로 만드는 역할을 한다. 따라서 정보의 단기 보유뿐만 아니라 정보를 이용 가능하도록 적절히 운용한다하여 운용기억(working memory) 또는 작업 공간(work space)이라고도 한다.

인간의 단기기억고는 그 수용능력이 제한되어 있어 동시에 많은 양을 수용하지 못한다. 그렇지만 어떤 시점에서 처리할 수 있는 정보의 양이 5개 내지 9개의 정보단위(chunk)라고 할 때, 관련 있는 정보들을 하나의 정보단위로 묶을 수 있으면, 단기기억의 정보처리능력은 증가될 수 있다. 여기서 정보단위(chunk)란 서로 관련성이 있으며 의미를 가진 정보들의 묶음을 말한다.

그리고 단기기억에 저장된 정보는 예행연습(rehearsal)되거나 반복해서 학습되지 않는 한 이내 망각되기가 쉽다. 그러므로 제품, 상표명, 광고 등은 소비자들이 일단 단기기억고에 쉽게 보유할 수 있도록 하고 경쟁제품과 식별이 가능한 특징을 만드는 것이 중요하다. 또한 소비자의 단기기억 속에서 쉽게 망각되지 않도록 단기기억을 강화시켜 장기기억고로 이전시키는 전략이 필요하다.

3) 장기기억(Long-Term Memory: LTM)

장기기억이란 지각된 정보가 인지체계 속에 완전히 수용되어 지속적인 지식이나 정보로 저장되는 상태이다.

인간의 장기기억고의 수용능력은 무제한적이며 영구적인 기억으로서 시각·청각코드 등의 다양한 코드형태로 기억된다. 장기기억은 평상시에는 의식으로부터 단절되어 있다가 정보처리가 이루어질 때 정보처리와 관련된 정보가 의식수준으로 인출되어 정보처리가 이루어진다. 일반적으로 특정 정보에 대한 관심이 높을수록, 그 정보를 처리하기 쉬울수록, 맨 처음이나 맨 마지막에 제시된 정보일수록 장기기억에 저장될 가능성이 높아진다.

장기기억은 영원히 정보를 저장한다는 의미에서 '영구기억(permanent memory)'이라고도 한다.

기업이 소비자의 정보 인출을 높일 수 있는 전략을 살펴보면 다음과 같다.

첫째, 인출 단서를 활용한 재인 효과를 유도한다.

재인은 자극에 노출되었을 때 그 자극에 노출되었던 경험 및 단서를 통해 그 자극을 알아차리는 것이다.

둘째, 묶음명의 인출이 각 구성 요인의 인출보다 기억해 내기 쉽다.

셋째, 묶음명과 이의 구성 요인 중 하나가 강하게 연결되어 있을 경우 다른 구성 요인의 인출은 방해를 받게 된다. 즉, 화장지를 구입할 때 화장지를 크리넥스로 부르게 됨으로써 다른 상표의 인출에 방해가 되는 경우이다.

사례 3-6

'흥얼흥얼' CM송 뜨니 제품도 뜬다

2012년 5월 샘표식품 마케팅부에 비상이 걸렸다. 천연조미료 '연두'의 TV광고를 내보내기 보름 전 심의에서 '광고 불가' 판정을 받았기 때문이다. 동요 <우리 모두 다 같이>를 개사했는데, '동요의 상업적 이용'이 문제가 됐다. 광고를 재촬영해 편집하기에는 시간이 빠듯했다. 샘표는 CM송 제작자들을 찾아다녔고, 3일 만에 급조한 CM송이 "연두해~요, 연두해~요, 요리할 땐 모두 연두해~요"다.

CM송은 특정한 소리나 멜로디를 노출시켜 제품이나 브랜드를 각인시키는 소닉 브랜딩(sonic branding)의 일종이다. 짧은 시간에 소비자의 눈과 귀를 사로잡고, 세월이 흘러도 무의식중에 흥얼거리는 걸 보면 CM송만큼 강렬한 광고 효과도 없다. '새우깡'이나 '부라보콘' '맛동산' 등 장수 제품은 CM송으로 유명한 경우가 많다.

농심 관계자는 "간결한 리듬과 반복적인 멜로디로 누구나 쉽게 기억할 수 있도록 만드는 게 핵심"이라며 "'쫄깃쫄깃~ 오동통통'처럼 CM송에 제품 특징을 간결하게 표현하는 것도 노하우"라고 말했다.

출처: 경향신문, 2015.03.08. 기사편집

chapter 04

소비자 지각과 정보처리과정

제1절 지각의 일반적 원리

1. 지각의 의의

지각(perception)이란 입력된 정보를 처리하는 일련의 과정으로서 여러 감각기관을 통해 두뇌로 유입된 자극을 개인의 주관적 기준으로 해석하고 이해하는 과정으로 외적 세계를 보는 시각이다. 즉, 지각이란 개인의 외적·물리적 세계에 존재하는 제반 현상, 사건 또는 자극들을 감지하고 판별하여 의미를 부여하는 과정이다.

사람들은 외적 세계의 객관적 현실을 주관적 현실로 변화시켜 자기방식대로 보고 느끼기 때문에 동일한 현상에 대한 해석과 평가가 저마다 다르다. 개인마다 지각체계가 다르기 때문에 두 사람이 동일한 조건 하에서 동일한 자극에 노출되었다고 하더라도 자극을 식별, 선택, 조직화, 이해하는 과정에 따라 그 반응이 달라질 수 있다. 마케팅담당자들이 지각개념을 중요하게 생각하는 이유는 소비자들의 태도 및 행동의 형성과정에서 지각이 수행하는 역할이 대단히 중요하기 때문이다.

사례 4-1

오감마케팅: 오감으로 느끼게 하라

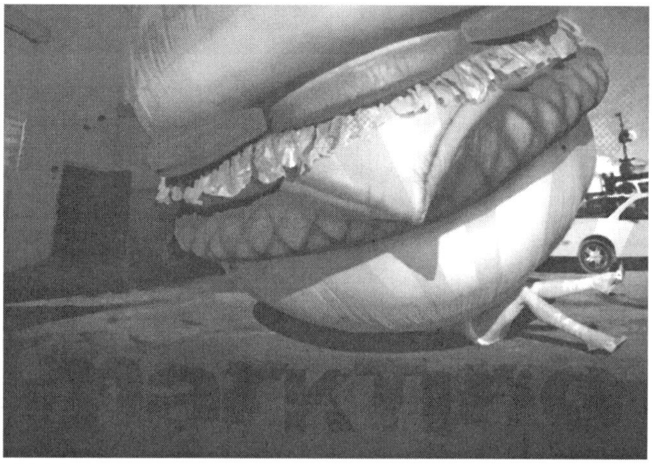

'오감(五感)브랜딩'이란 시각, 청각, 후각, 촉각, 미각의 다섯 가지 감각을 브랜딩 활동에 모두 응용해야 한다는 개념이다. 자동차에도 적용을 하려 노력들을 한다. 그런데 자동차에서 가장 문제가 되는 게 미각을 이용한 브랜딩이다. 시각은 눈에 보이는 모든 디자인적인 요소로 바로 작동이 된다. 청각을 활용해 자동차 브랜드를 차별화할 방법도 많다.

문을 여닫을 때의 소리부터, 경음기, 방향 신호등을 켰을 때의 소리 등 실제로 특색 있는 자기 브랜드만의 소리를 내려 모든 자동차 기업들이 노력을 하고 있다고 한다. 후각도 자동차가 공간을 전제하고 있기 때문에 당연히 브랜드 성격을 담은 향기를 넣을 수 있다. 자동키부터 손잡이, 핸들, 가죽시트 등 자동차의 많은 부분과 신체의 일부분이 닿고 밀착되기 마련이니 당연히 자신만의 독특한 촉감을 만들어내는 게 가능하고 중요하지 않을 수 없다.

미각은 자동차와는 거리가 있지 않느냐고 생각할 수 있다. 일본의 자동차 메이커인 마쯔다는 2000년에 'Zoom Zoom(줌줌)'이라는 의성어와 의태어를 겸하는 단어를 새로운 슬로건으로 발표했다. 자동차 기업들은 슬로건을 자주 바꾸기로 유명한데, 마쯔다는 지금까지 줌줌을 쓰고 있다. 줌줌의 뜻에 대해서 마쯔다는 'Emotion Of Motion', 곧 주행하는 '움직임 속에서 느끼는 감정'이란 표현을 썼다. 모터쇼매장에 있는 음료자판기 안에 'Zoom Zoom Concentrated' 브랜드를 단 음료들이 들어차 있었다. 넓은 모터쇼 무대를 다니느라 힘든 참관객들에게 제공되는 시원한 음료에서 줌줌이 지향하는 의미를 알 수 있을 것 같았다. 마쯔다 줌줌 음료의 예에서 보듯이 꼭 자동차 안에서 그것을 구현할 필요는 없다.

닛산자동차는 향기에 집중해 'The Vert Oriental'이란 향수의 향기로 올해 1월 디트로이트 모터쇼에서 자신들 매장을 채우겠다고 발표했다. 모터쇼에 이어 닛산자동차의 모든 매장을 같은 향기를 느낄 수 있게 하고, 이 향수를 닛산의 제품군 중 하나로 판매까지 할 계획이라고 했다. 닛산의 향수는 녹차향이 난다고 한다.

가상(Virtual)의 세계가 발달할수록 실제 몸으로 경험하는 것의 가치가 올라간다.

추상적인 개념일수록 실체로 구현해 어떤 감각으로든지 느끼게 해줘야 한다. 계속 나의 서비스는 브랜드는 어떤 맛, 냄새, 촉감, 외형, 소리여야 하는지 궁리하고 시험해보자.

출처: 매일경제, 2013.04.08. 기사편집

2. 지각에 영향을 미치는 요인

1) 욕구

사물을 지각하는 과정에서 개인의 잠재적 욕구는 가장 중요한 영향요인의 하나이다. 사람들은 사물의 실체에 근거를 두기 보다는 자신의 감정이나 욕구에 기인한 소망적사고(wishful thinking)에 의해 사물을 판단하는 경향이 있기 때문이다.

배고픔을 느낄 때는 평소에 잘 먹지 않는 음식도 식욕을 자극하며, 이는 음식뿐만 아니라 어떤 상품이든지 구매하려는 욕구로 발전하기도 한다. 또한 소비자욕구는 개인의 지각에 영향을 받기도 하여, 음식을 보기 전에는 배고픔에 대하여 지각하지 못하였는데, 음식을 보면서 갑자기 배고픔을 지각하고 음식을 먹고 싶어 한다.

2) 기대

지각은 개인이 지니고 있는 어떤 고정관념이나 기대 등에 의해서도 영향을 받는다. 자신이 원하는 방향으로 지각하는 경향이 있다. 이러한 기대에 부응하는 것은 과거의 경험이나 친숙성 또는 사전에 조건화된 상황에 따라 영향을 받는다.

3) 고정관념

지각은 어떤 고정관념 등에 의해서도 영향을 받는다. 커피의 카페인 때문에 밤에 잠이 안 온다는 사람들을 대상으로 실험을 하였다. 그 커피에는 카페인 성분이 없었는데도 커피를 마신 후 잠을 못 잤다고 했으며, 우유에 카페인을 넣어 마신 사람들은 잠을 잘 잤다고 한다. 이것은 카페인 때문에 잠이 안 온다는 고정관념에 의해 지각이 영향을 받았기 때문이다.

4) 자극의 특성

자극의 강도, 모호성, 첫인상 등 자극 자체의 특성도 지각에 상당한 영향을 미친다. 자극의 강도가 낮아서 절대 식역 수준에 미달되면 예민하지 않은 사람들은 아예 그 자극을 감지하지도 못한다. 여기서 절대 식역이란 보통 사람들이 자극을 자각하는데 필요한 자극에너지의 최소치를 말한다.

자극이 모호할수록 소비자가 상상력을 동원하여 나름대로 해석해야 할 부분이 많아지기 때문에 자극의 실상이 정확하게 지각될 가능성이 낮아진다. 그러므로 실상에 근접한 소비자 지각을 유발시키기 위해서는 "자극의 명료성"이라는 선행요인이 필수적이다. 정보나 자극은 가능한 한 쉬운 용어와 능동문형태로 사용하는 것이 소비자 지각을 정확하게 할 수 있다.

5) 자극의 상황적 특성

자극이 주어지는 시간적·공간적 상황에 따라 지각에 차이가 있다. 판매원이 거스름돈을 잘못 계산하여 주었을 때, 계산대 앞이 붐비는 상황이었다면 판매원이 실수했다고 생각하겠지만, 붐비지 않은 상황이었다면 판매원의 계산능력을 의심하거나 판매원의 고의적 행동으로 지각할 가능성이 있다. 또한 배고픈 사람은 식당의 간판을 더 쉽게 찾고 지각한다.

사례 4-2

드레스 색깔 논란, 색각의 차이 때문?
'싸이코패스' 레고 색깔 사진도 관심

평범한 드레스의 색깔 논란이 전세계 온라인을 뜨겁게 달구고 있는 가운데, 레고 색깔로 공격적 성향을 알아보는 사진이 새삼 화제다.

드레스 사진은 26일 텀블러에 #whiteandgold, #BlueAndBlack, #TheDress 라는 해시태그들과 함께 처음 등장했다.

네티즌들은 드레스에 대해 "예쁜 파란색 드레스"라고 댓글을 남겼지만 이후 "흰색과 금색 드레스다"라는 반박 댓글을 통해 온라인상에는 때 아닌 드레스 색깔 논쟁이 일고 있다. 해외 뿐 아니라 우리나라에서도 드레스 색깔 논란이 이어졌다.

논쟁이 계속되자 포토샵 개발사인 어도비(Adobe)사는 공식 계정을 통해 드레스의 색깔을 컬러 스포이드로 찍어 웹 컬러 번호까지 제시하며 "이 드레스는 파란색과 검은색이다"라고 발표했다.

또한 IT전문 매체 마셔블도 SNS를 통해 "미안하지만 흰색/금색 팀 여러분. 이것은 검은색과 피란색 드레스입니다"라며 해당 드레스를 판매 중인 사이트의 링크를 걸기도 했다.

그러나 드레스 색깔 논란은 개인의 색채감각, 즉 색각(色覺, color vision) 차이를 보여주는 것이란 분석 결과가 밝혀졌다. 색각이란 색채를 구별하여 인식하는 능력이다. 원리는 망막에는 두 종류의 '시세포'가 존재한다. 어두운 곳에서 희미한 빛을 감지하는 막대세포와 밝은 곳에서 색을 감지하는 원추세포(cone cell)가 있다.

색을 감별하는 원추세포는 세 종류인데 각각 적색, 녹색, 청색을 감지해 색을 구별한다. 우리의 뇌는 이 세 가지 원추세포가 감지한 자극을 통해 색을 구분하고 느끼게 되는데, 이 과정에서 개인차가 벌어진다는 것이다.

이처럼 드레스 색깔 논란이 이어지자 몇 년 전 관심을 끌었던 '레고(Lego) 색깔' 사진도 다시 주목받고 있다. 맨 밑에 조그맣게 표시되어 있는 레고 색깔이 회색으로 보인다면 중립적인 성향이 강한 사람. 노랑, 황토색으로 보이면 공격적 성향이 강한 사람이다. 그러나 빨간색으로 보인다면 매우 공격적인 성향의 사람이다. 또한 움직이는 빨간색처럼 보이면 싸이코패스를 뜻하는 것으로 알려졌다.

출처: 스포츠조선, 2015.02.27. 기사편집

사례 4-3

'흰금VS파검 드레스' 논란 뒤 해외 사진 '같은 차 3대 크기 다 달라'

착시현상이 발생하는 이유는 인간의 뇌가 '경험'에 의존하기 때문이다. 비슷한 예로 아래와 같이 3대의 차가 놓여진 사진을 들 수 있다. 맨 앞에 놓인 차는 맨 뒤에 주차된 차에 비해 거대해 보이지만, 실제로는 모두 같은 크기의 차다. 배경과 함께 대상을 인식하는 과정에서 뇌가 착각을 일으키는 것이다.

출처: 뉴스1코리아, 2015.05.09. 기사편집

3. 지각적 조직화의 일반원리

지각적 조직화(perceptual organization)란 지각대상의 구성요소들을 하나로 결합시켜 그 전체에 의미를 부여하는 과정이다.

1) 형상과 배경의 원리(figure and ground)

소비자가 특정 자극에 대해 무엇을 형상과 배경으로 지각하느냐에 따라 소비자마다 다르게 지각하게 되는 경향을 말한다. 그림을 보면, 대부분의 장면들은 형상과 배경으로 구성되어 있다. 형상은 물체로서 나타나며, 공간에서 특별한 위치를 점유하고 있으나, 배경은 일정한 형태를 갖추지 못하고 대부분 대상물 뒤에 있는 구조물일 뿐이다. 그러나 형상과 배경의 구분은 보는 사람이 어느 것에 관심을 기울이고 보는지에 따라 달라질 수 있다. 동일한 형상이라도 어느 부분을 형상으로 보고 어느 부분을 배경으로 보는가에 따라 소비자의 지각이 달라지는 것이다. 지각의 직접 대상인 자극은 '형상(figure)'을 형성하고, 주변상황은 '배경(ground)'의 역할을 담당한다. 마케팅 담당자는 제품광고에서 모델이나 음악 등이 형상이 되고 제품이 배경으로 지각되는 현상이 되지 않도록 해야 한다. 모델이나 음악이 형상이 되는 경우에 소비자들은 무슨 제품의 광고였는지 기억하지 못하는 경우가 생긴다.

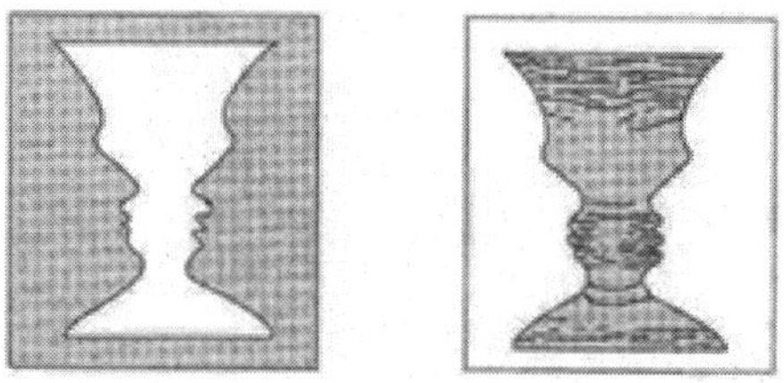

출처: Assael, Henry(1992),Consumer Behavior and Marketing Action,4th ed, Boston, PWS-KENT Pub, p.147.

그림 4-1 형상과 배경

사례 4-4

수입차는 왜 연예인 모델을 안쓰나?

최근 자동차 광고시장에 유명 연예인이 등장하는 경우가 국산차에만 집중되는 경향이 두드러지고 있다. 하지만 수입차에서는 좀처럼 연예인이 출연한 광고를 보기 어렵다. 현재 수입차 중 TV광고에 연예인을 모델로 쓰는 곳은 김태희를 발탁한 도요타가 유일하다. 왜 그럴까.

전문가들은 자동차 자체가 대표적인 고관여 제품(고가여서 구매 의사결정이 복잡한 제품)이어서 연예인 모델을 잘 쓰지 않는 편에 속하고, 특히 수입차는 프리미엄 전략에 따라 광고모델이 아닌 자동차에 집중하기 때문이라고 풀이한다.

광고에 연예인을 쓰면 제품보다 연예인이 소비자에게 각인될 수 있고 자칫 연예인의 예상치 못한 부정적인 이미지가 제품에 영향을 미칠 수 있다는 설명이다.
이 때문에 우리나라 수입차 시장의 70%를 차지하는 프리미엄급 독일 메이커들은 아예 연예인 광고모델을 원칙적으로 쓰지 않는다는 입장이다. 메르세데스-벤츠 코리아 관계자는 "이미 브랜드 인지도가 형성되어 있기 때문에 유명 모델을 통해 브랜드 인지도를 높일 필요가 없다"고 말했다.

출처: 매일경제, 2013.08.26. 기사편집

2) 동류화(Similarity)

소비자들은 외형상으로 유사한 것들은 같은 집단에 속하거나 상호 밀접히 관련되어 있는 것으로 지각하는 경향이 있다.

[그림 4-2]의 예에서 8개의 정사각형과 4개의 원들은 그것들의 유사성 때문에 3개의 집합으로 집단화되어 보인다. 정형적 이미지(stereotype)를 갖는 것은 유사성에 의해 정보가 집단화된 결과라고 할 수 있다. 예를 들어, 출퇴근 시 교통정리를 도와주시는 제복입은 모범기사를 보면 경찰관으로 인식하는 경우이다.

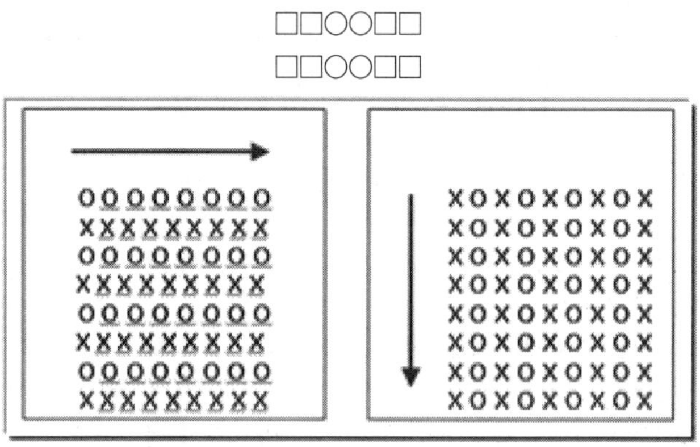

자료: Assael, Henry(1992), Consumer Behavior and Marketing Action,4th ed, Boston, PWS-KENT Pub, p.147.

그림 4-2 동류화의 예

3) 근접성(Proximity)

근접성이란 소비자가 가까운 자극들을 집단화시키는 것을 말한다. 즉, 지리적으로 근접해 있거나 시간적으로 근접해서 발생한 것들에 대해 상호 관련시켜 지각하는 경향을 말한다.

소비자들이 어떤 광고에 노출되었을 때 이 자극요인을 감지하고 해석하는 과정에서 근접해 있거나 근접해서 발생한 다른 요인들과 연계시킬 가능성이 매우 높다. 많은 광고들이 근접성의 원리를 이용하여 제품을 그것과 근접한 호의적인 상징이나 이미지와 연상시키고 있다.

실제로 미국의 코카콜라 회사는 뉴스시간 대에는 절대로 광고를 하지 않는다고 한다. 혹시라도 나쁜 소식 후에 광고가 나가면 제품 이미지에 좋지 않은 가능성이 있기 때문이다.

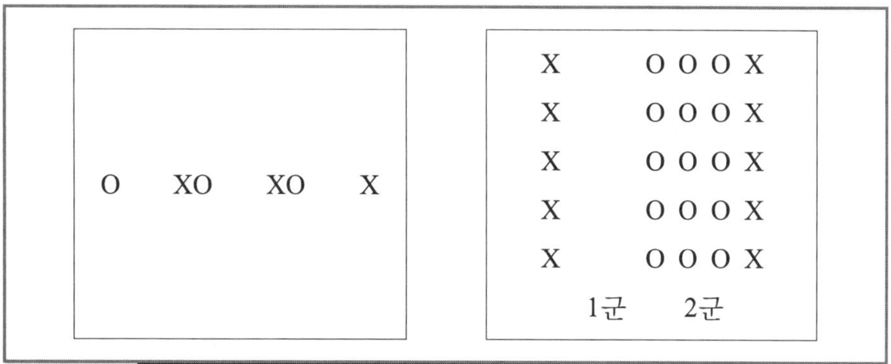

그림 4-3 근접성의 예

4) 완결성(Closure)

완결성이란 자극물이 불완전할 때 잘못된 요소를 고치거나 빈 것을 채우려는 지각자의 성향이다. 즉, 소비자들은 지각대상이 불안전한 형태로 주어지면 나름대로 어떤 형태로 완결시켜 지각하는 경향을 말한다. 소비자는 불완전한 광고메시지에 노출되면 스스로 불완전한 메시지를 완성하고자 한다. 시험 결과, 불완전한 자극이 완전한 자극에 비해 소비자들의 관심과 흥미를 보다 많이 유발시켰을 뿐만 아니라 광고 후에도 소비자들의 기억도가 더 높았다. 즉 소비자에게 완전한 광고와 불완전한 광고를 제시했을 때 불완전한 광고가 더 잘 회상되었다.

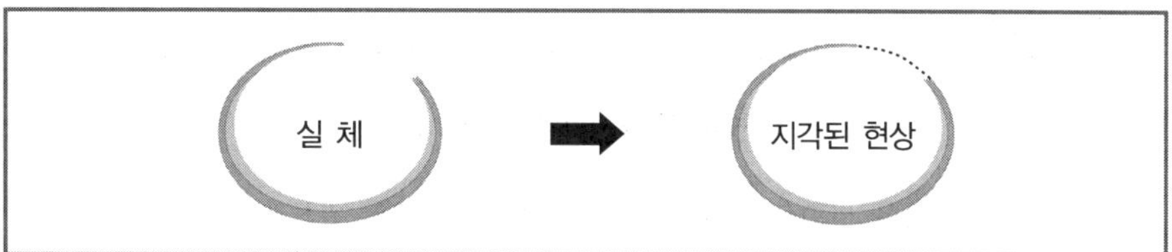

그림 4-4 완결성의 예

5) 연속성(Continuation)

소비자가 특정 자극들을 연결시켜 방향성을 갖게 하는 경향을 말한다. 소비자들은 맨 처음에 주어지는 자극의 방향을 기점으로 선이나 원을 형성하는 요인들을 동일한 집단으로 지각하는 경향이 있는데 이것을 연속성의 원리 또는 집단화의 원리라고도 한다. 연속성의 원리에 의하면 판매 메시지의 기본흐름은 상표확인에서부터 소비자에게 주는 혜택, 나아가 해당 상표의 구매암시까지 연속적으로 나아가야 된다. 소매점에서 연속성의 원리를 적용하면, 진열대 간에 제품의 유형이 너무 크게 차이가 나면 안되고 적당히 연속적으로 진열되어야 한다.

그림 4-5 연속성의 예

6) 기타

이 외에도 소비자가 자극 및 대상 등에 대해 가능한 한 단순한 형태로 지각하려는 단순성(simplicity)의 원리, 같은 방향으로 움직이는 요소는 동일 집단으로 지각하려는 공동체(commom fate)원리, 그리고 정상적이고 조화된 형태를 선호하는 균형성(symmetry)의 원리 등이 있다.

사례 4-5

완결성을 이용한 광고

마케팅담당자들은 완결성의 원리를 이용하여 소비자들의 관심과 흥미를 유발시키는 광고를 한다. 즉 표제에서 질문을 던지고 소비자로 하여금 해답을 구하게 하거나, 공고문안의 뒷부분을 생략하고 그 부분을 소비자로 하여금 상상하게 하는 방법들이 이에 속한다.

예를 들면, 제품 특징을 설명한 후, "현명한 주부라면..." 하고서 광고 문안을 끝맺음으로써 "당연히 이 제품을 선택해야 한다"는 식으로 문안을 완결지어 주지 않고 소비자로 하여금 스스로 이 문안을 완결시켜 보다 확실하게 이해하도록 하는 방법이다.

마케팅담당자들이 이와 같은 방법을 많이 이용하는 이유는 불완전한 자극이 완전한 자극에 비해 소비자들의 관심과 흥미를 보다 많이 유발시킬 뿐만 아니라 광고 후에도 소비자들의 기억도가 더 높은 것으로 판명되었기 때문이다.

양주 회사 Jin&Beam에서는 이러한 완결성의 원리를 이용하여 광고를 완결시키려는 소비자 지각을 이용하여 소비자들의 관심과 흥미를 유발시켰다. 광고에는 ingle ells라는 문구가 있는데, 무언가 빠진 듯한 완성되지 않는 뜻이 없는 글자이다. 이 단어 앞에 Jin&Beam의 J와 B를 넣어 Jingle Bells라는 단어를 완성하고 크리스마스 분위기를 상상하며 제품을 구입하도록 유도하는 광고이다.

출처: 오영애, 소비자행동론, 청목출판사, 2010. p.105. 재인용

제2절 소비자 정보처리과정에서 지각의 영향

1. 노출단계에서의 영향

소비자 지각을 형성시키는 기초요인의 자극은 환경자극과 마케팅자극으로 구분할 수 있다. 모든 자극이 누구에게나 노출되는 것은 아니며, 자극성격이나 개인의 특성 등에 따라 노출여부나 노출정도는 다르게 나타난다.

노출에 영향을 미치는 일반적인 요인들은 다음과 같다.

1) 식역수준(threshold level)

식역이란 소비자가 특정 오감을 통해 감지할 수 있는 강도의 크기를 말한다. 심리학이나 생리학에서 의식의 경계를 표시하는 용어로서 문턱, 한계점, 발단 등을 의미한다. 아울러 자극에 대해 반응이 시작되는 자극점이라고 할 수 있다.

(1) 절대적 식역(absolute threshold)

인간은 오감을 통하여 외적자극을 감지한다. 그러나 자극의 강도가 너무

높거나 너무 낮으면 그 자극을 감지할 수 없다.

절대적 식역이란 보통의 사람들이 자극을 지각하는데 필요한 자극에너지의 최소치이다. 일정한 자극이 지속적으로 주어지면 그 자극에 익숙해지고 감각이 둔해져 그 자극에 의해서 더 이상 영향을 받지 않게 되는데, 이는 그 자극에 대한 절대 식역 수준이 시간의 변화에 따라 높아진 결과이다. 옥외광고 카피가 아무리 좋아도 글자가 너무 작아서 지나다니는 사람이 읽을 수 없다면 소용이 없을 것이다.

마케팅담당자는 이러한 식역개념을 이용하여 제품설계, 포장설계, 제품 진열 및 광고 등에 유용한 전략으로 이용할 수 있다.

표 4-1 절대적 식역수준

시각	맑은 날 밤 50km 떨어진 곳의 촛불의 빛
청각	조용한 가운데 6m 거리에서의 손목시계 소리
미각	8L의 물에 녹아있는 설탕 한 스푼의 맛
후각	3개의 방이 있는 아파트에서의 향수 한 방울의 냄새
촉각	1cm 높이에서 뺨 위로 떨어지는 별의 날개에 대한 감촉

출처: E. Galanter(1962), "Contemporary Psychophsics", in New Directions in Psychology, eds., net al., New York: Holt, Rinehart & Winston.

(2) 차별적 식역(differential threshold)

차별적 식역은 한계식역이라고도 하며, 이는 자극이 변화했을 때 사람들이 거의 감지할 수 없는 범위 내에서의 최소치 변화를 말한다. 차별적 식역은 자극변화의 감지를 가능하게 하는 자극변화의 한계치로서 '두 자극 간에 겨우 알아차릴 수 있는 차이(JND: Just Noticeable Difference)'라고 하며 이 개념은 웨버의 법칙으로 공식화 되었다. 독일의 과학자 Ernst Weber에 의하면 자극 간의 변화차이를 지각할 수 있는 사람들의 식역수준은 맨 처음 주어진 자극의 강도에 의해 가장 큰 영향을 받는다고 하였다. 즉, 최초의 자극 수준이 높으면 높을수록 다음 자극의 변화 폭이 커야만 그 변화 차를 쉽게 감지할 수 있다는 것이다.

$$K = \Delta I / I,\ 즉,\ \Delta I = K \cdot I$$

I :원래의 자극수준,
$\triangle I$:알아차릴 수 있는 변화의 양,
K :변화가 감지될 수 있는 증가율 또는 감소율

판매촉진을 위한 가격의 변화 폭을 결정함에 있어 한계식역 개념을 유용하게 이용할 수 있다. 할인판매를 실시하려는 경우, 가격이 최소한 변화감지가능한계치(JND)수준은 인하되어야하며, 그렇지 않으면 사실상 할인판매의 효과를 기대하기 어렵다. 원가절감을 위해 품질수준을 낮추려 하거나, 경쟁력 신장을 위해 품질개선을 도모하려 할 때, 과연 어느 정도의 제품(품질)변경이 최적인가를 결정함에 있어서도 한계식역 개념을 유용하게 이용할 수 있다. 제품의 포장 및 규격에 변화를 주려고 할 때에도 한계식역 개념을 활용함으로써, 변화에 대한 소비자의 지각을 보장함과 동시에 원가합리화도 추구할 수 있다.

사례 4-6

'추억의 빙과류' 한 입 먹으니 없네

여름철을 맞아 빙과업체들이 '추억의 빙과' 판매에 나서고 있다. 문제는 크기를 슬그머니 줄이고, 가격이 제각각이어서 소비자에게 혼란을 일으키고 있다는 것이다.

1970~1980년대 나온 빙과 중에는 장수 인기 상품이 많다. 해마다 '메로나'는 1억3000만개, '비비빅'은 1억2000만개, '빠삐코'는 1억개 이상, '아맛나'와 '돼지바'는 5000만개씩 팔린다. 국민이 1년에 한두 개는 사먹는 셈이다.

제품 용량은 10년 전에 비해 20%가량 줄었다. 롯데푸드는 '아맛나'를 2005년 85㎖에서 2007년 80㎖로, 2011년 70㎖로 줄였다. '돼지바'도 70㎖까지 작아졌다. 빙그레는 '비비빅'을 2011년 80㎖에서 지난해 5월 75㎖로, '메로나'는 같은 기간 85㎖에서 80㎖로 줄였다. 롯데제과는 2009년 85㎖이던 '죠스바'와 '스크류바'를 2013년 7월 75㎖로 줄여 생산했다.

출처: 경향신문, 2014.06.17. 기사편집

2) 시나브로 지각(Subliminal Perception)

시나브로 지각이란 감지할 수 없는 한계수준 미만의 자극 강도임에도 소비자가 감지하게 되는 지각을 말한다. 투사되는 시각적 자극이나 매우 낮은 소리로 스쳐 지나가는 청각적 자극 등과 같이 소비자들의 통상적인 지각활동에 의해서는 쉽게 식별되지 않는 자극이다. 무자극과는 달리 식역수준 이하의 자극(시나브로 자극)에 의한 무의식 속에서의 지각이다.

시나브로 지각에 대한 문제는 1956년 James Vicary에 의해 처음 제기되었다. 그는 소비자가 과연 무의식 속에서도 광고에 의해 설득될 수 있는가를 실험하기 위해 시나브로 투사법(subliminal projection)을 사용하여 광고효과를 측정하였다. Vicary는 미국 뉴저지의 한 극장에서 '피크닉'이라는 영화필름에 "Hungry? Eat Pop Corn", "Drink Coca Cola."라는 문구를 삽입하여, 1/300초씩 5초 간격으로 6주일 동안 투사하였다. 이영화의 관람객은 45,000명 정도였는데 실험 기간 중 Pop Corn 매출 57.7% 증가하였고 Cola는 18.1% 증가하였다. 1/300초 동안 순간적인 노출은 분명히 식역이하의 자극수준이다. Vicary는 이 실험을 통하여, 소비자는 지극히 순간적인 시나브로 광고에 의해서도 무의식 속에서 설득될 수 있다고 발표하였다.

그러나 T.E. Moore는 "시나브로 자극은 설혹 지각된다 하더라도 그 강도가 미미해서 행동에까지 영향을 미칠 것으로 기대하기는 어려우며, 역시 강도 높은 자극이 훨씬 효과적"이라는 주장을 하였다.

3) 선택적 노출(selective exposure)

소비자들은 자신의 마음에 드는 메시지에 대해서는 주의를 기울이지만, 자신이 원하지 않는 정보에의 노출은 스스로 회피하고, 원하는 정보에만 의식적으로 노출하려는 성향이 있다. J.F.Engel은 신차구매자에 대한 연구에서, 사람들은 자신이 구매한 차종에 대한 광고에 대하여 보다 큰 관심과 회상수준을 나타내는 것으로 밝혔다. 또한 이미 구매한 자동차에 결함이 있다는 신문보도를 접한 소비자는 그 신문기사를 자세히 읽으려 하지 않음으로써 자기가 애용하는 자동차에 있을지도 모르는 결함에 대해 회피하는 선택적 노출을 한다.

이처럼 대부분의 소비자들은 단골상점을 주로 방문하고, 좋아하는 TV프로그램만 선별하여 시청하며, 광고메시지도 소비자의 욕구와 필요에 따라 선택적으로 노출한다.

사례 4-7

미생 덕에 뜬 '착한 PPL'…기업들 함박 웃음

전날 과음한 오 과장이 숙취 해소를 위해 컨디션 헛개수를 벌컥벌컥 마신다. 회사에서 커피를 타 마시는 안영이 옆에는 동서식품 인스턴트커피인 맥심 박스가 자리해 있다. 장 그래가 복사하려고 뜯는 A4용지 박스 상단에는 더블에이(Double A) 글씨가 선명하다.

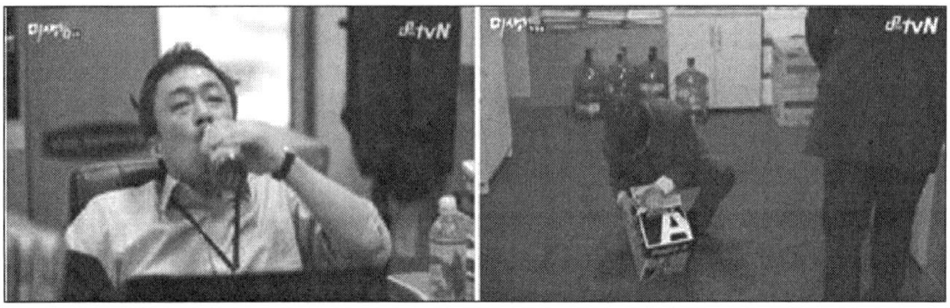

종영 이후에도 끊임없이 화제가 되고 있는 tvN 드라마 '미생'의 간접광고(PPL: Products in placement)방법이다. '미생'은 실제 회사 비품으로 자주 쓰는 커피, 음료수, 복사용지 등을 PPL로 받아 드라마에 녹여낸 덕에 '숨은 PPL', '착한 PPL'로 극찬을 받았다. 이처럼 최근 드라마 흐름을 깨지 않는 자연스러운 PPL에 성공한 기업들이 제품 인지도와 매출 상승, 두 마리 토끼를 모두 잡아 함박웃음을 짓고 있다. 24일 유통업계에 따르면 '미생'에 등장한 CJ헬스케어의 '컨디션 헛개수'는 겉포장에 미생 주인공의 모습을 담은 마케팅까지 진행하면서 10월, 11월 매출이 전년 동월 대비 모두 두자릿수 성장했다.

업계 한 관계자는 "PPL은 드라마의 친숙한 이미지가 자연스럽게 제품에 묻어날 때 가장 큰 효과를 볼 수 있다"며 "하지만 드라마 내용과 동떨어지거나 과할 정도로 티가 나는 PPL은 역효과가 나는 경우도 있다"고 분석했다.

출처: 아시아경제, 2014.12.24. 기사편집

2. 주의단계에서의 영향

소비자들은 자신의 욕구와 흥미에 부합하는 자극에 대해서는 많은 관심을 갖지만, 관심이 없는 주제에 대해서는 주의를 기울이지 않는다.

선택적 주의(selective attention)에 영향을 미치는 요인은 다음과 같다.

1) 소비자 개인의 특성

(1) 욕구

소비자들은 그의 활성화된 욕구와 관련이 있는 자극에 대해서는 즉각적인 관심을 보이고 주의를 기울이지만, 그렇지 않은 자극엔 무관심하다. 따라서 소비자의 잠재된 욕구를 활성화시키는 일을 선행해야 한다.

욕구는 생리적 욕구뿐만 아니라 정보나 지식 등에 대한 욕구도 포함된다. 즉, 건강을 위해 자전거를 구매하려는 소비자의 경우에는 다른 소비자들에 비해 자전거광고에 보다 많은 주의를 기울이게 된다.

(2) 태도

선택적 주의는 인지적 일관성을 유지하려는 소비자 개개인의 태도에 의해서도 영향을 받는다. 사람들은 노출된 정보 중 기존 신념에 상반되는 정보는 의식적으로 회피함으로써 선택적 주의를 통해 그들의 인지적 일관성을 유지하게 된다.

2) 자극의 특성

(1) 자극의 크기(size)

상표·표찰·광고 등과 같은 자극의 크기가 클수록 소비자의 주의와 관심을 끌 수 있다. 크기가 작은 것보다 큰 자극이 소비자의 주의를 집중시키는데 더 효과적일 가능성이 크다.

(2) 색상(color)

판매촉진메시지를 전달하는 포스터의 색상, 진열대에 놓인 제품의 포장과 표찰의 색상 등은 소비자의 주의를 집중시키는 중요한 역할을 한다. 일반적으로 소비자의 주의를 끄는데 흑백광고보다 유색광고가 더 효과적이라는 것은 이미 입증된 사실이다. 그러나 대비효과(contrast effect)에 기초한 자극의 현출성(prominence) 때문에 같이 게재된 광고가 모두 칼라인 경우에는 흑백광고의 주목율이 높을 수 있다.

(3) 강도(intensity)

자극의 강도가 높을수록 주의를 환기·집중시키는데 효과적이다. 높은 음향, 강렬한 빛깔 등은 신속하게 사람들의 주의를 끌 수 있다.

(4) 대조(contrast)

대비를 활용하여도 쉽게 소비자의 주의를 유도할 수 있다. 주위 배경과 대조되는 자극을 제시하면 소비자들은 지각적 갈등을 느끼게 되고 이를 해소하기 위해 주의를 집중하게 된다. 방송광고의 경우 음량의 변화를 통해 적당히 대비시킴으로써 주의 수준을 향상시킬 수 있다.

(5) 위치(position)

점포 내 제품의 진열위치, 인쇄매체에서 광고가 게재되어 있는 위치, 광고 내의 메시지의 배열 등은 모두 소비자의 주의환기 및 집중에 영향을 준다. 진열대의 위측 선반에 진열된 제품이 아래 측 선반에 놓인 제품보다 고객의 주의를 끌 수 있다. 이 때문에 마케팅담당자들은 자사제품을 눈의 위치(golden line)에 진열함으로써 판매증대를 도모하려 한다.

그림 4-6 제품진열대 위치와 효과

(6) 활동성(movement)

정적인 자극에 비해 동적인 자극이 주의를 더 많이 끌 수 있다. 벽에 부착된 포스터보다는 회전식이나 전광식 표시판이 소비자들의 주목율이 높으며, 동영상이나 모빌과 같이 움직이는 물체도 소비자들의 주의를 끌 수 있다.

(7) 기타

자극은 형태, 색상, 소재 등 어떤 측면에서든 그것이 독특하거나 비정상적인 경우 훨씬 쉽게 소비자들의 호기심을 유발시켜서 주의를 기울이게 할 수 있다

사례 4-8

붐비는 장소에서도 하나의 대화에 집중할 수 있는 비밀은?

뇌과학으로 본 '칵테일파티 효과'

칵테일파티 효과 cocktail party effect?

1953년 콜린 체리Colin Cherry라는 사람에 의해 이름 붙여졌다. 인간은 자신이 원하는 음만을 골라서 들을 수 있는데, 이는 마치 온갖 잡음이 섞인 칵테일파티에서도 자신의 이름을 부르는 소리는 똑똑하게 들을 수 있는 것과 같다 해서 이런 이름이 붙여진 것이다. 그와 반대로 모든 음을 전부 들을 수는 없다.

즉, 인간에게는 자신에게만 의미 있는 정보를 선택적으로 지각할 수 있는 능력이 존재하며 이를 '칵테일파티 효과'로 지칭하는 것이다. 칵테일파티 효과는 현재 심리학과 광고업계에서 가장 널리 통용되는 이론이기도 하다.

인간 두뇌의 놀라운 기능 '칵테일파티 효과'

"우리는 항상 두뇌로 유입되는 많은 정보에 노출되어 있고 무엇에 집중하고, 무엇을 무시할지 선택해야 합니다."

이스라엘 출신 인지신경과학자인 엘라나 지온 골룸빅Elana Zion Golumbic은 신간 <Findings in the Journal Neuron>에서 소위 '칵테일파티 효과'를 소개했다. 우리 뇌가 많은 사람들이 대화하는 방 안에서 어떻게 한 사람의 대화에만 집중하는지 보여주는 매우 유명한 이론이다.

"주변의 모든 소리는 우리의 귀로 들어오지요. 그러므로 분류 작업은 몸 안에서 진행됩니다. 하드웨어보다는 소프트웨어의 작업인 것이지요."

눈이 보고 싶은 것이 있는 방향으로 움직일 수 있는 것과는 달리 귀는 듣고 싶은 소리가 있는 쪽으로 움직일 수 없다. 그러므로 원하는 소리를 걸러내는 작업은 근육세포가 아닌 신경세포의 일인 것이다.

공학자들은 지난 수십 년간 주변 소음을 줄이고 중요한 소리만을 부각하기 위한 노력을 계속해왔다. 그런데 원하는 소리만을 증폭시키는 작업은 쉽지 않다. 하지만 인체는 이러한 작업을 훌륭하게 해내고 있다.

두뇌는 2가지 대화를 각각 다른 위치에 저장하게 된다. 무시되는 대화는 소리를 관장하는 두뇌에 저장되는 반면, 참여하고 있는 대화는 언어를 관장하는 부분에 저장하는 것이다. 그리고 참여하고 있는 대화의 소리는 피실험자의 두뇌에서 더욱 강렬한 소리 신호로 변환되었다.

출처: 브레인 Vol. 41, 2013. 기사편집

3. 이해 및 지각단계에서 영향

1) 지각적 해석

이해는 감지된 자극정보의 해석과정으로 이 단계에서 소비자는 자극의 특징을 분석하고 해석할 뿐만 아니라 이를 조직화함으로써 기억구조에 저장하기 쉬운 형태로 정보를 처리한다. 자극과 정보를 해석하고 이해하는 과정은 지극히 주관적이고, 어떤 자극을 어떻게 해석하는지는 전적으로 개개인의 지각에 의존 한다. 사람들이 자극에 대해서 사실적 해석을 하지 않고 지각적 해석을 하게 되는 것은 저마다 보고, 느끼고, 이해하는 시각이 다르기 때문이다.

지각적 해석 과정 및 기본 원리는 다음과 같다.

(1) 지각적 범주화

지각적 범주화란 정보나 자극을 하나의 논리적인 범주 속에 배치하는 것으로 이미 노출된 정보를 신속하고 효과적으로 처리하는 데 도움을 주며 소비자로 하여금 새로운 정보를 보다 용이하게 인식할 수 있도록 한다. 즉, 소비자가 자신의 기억 속에 이미 형성되어 있는 범주화 스키마를 통해 특정 자극을 분류 및 통합하여 조직화하는 것을 말한다. 범주화 스키마(schema)란 정보나 자극을 조직적 단위로 분류하여 통합하는 가설적 인지구조이며 투입되는 모든 자극을 일정한 범주로 분류하고 조직화하는 기능을 수행한다. 이것에 의해 사람들은 여러 자극물을 단순화시켜 지각하게 된다. 범주화 스키마는 경험과 학습을 통해 개발된 후 개개인의 기억고속에 저장되며 비교적 높은 안정성을 유지한다. 그러나 개인마다 경험과 학습과정이 달라 상당한 개인차를 보이는 특징이 있다.

(2) 지각적 왜곡

지각적 해석이 얼마나 진실에 근접한가 하는 것은 자극의 명료성, 소비자의 과거 경험 및 지각시점의 동기와 관심에 달려있다. 그러나 소비자는 자극을 해석하고 이해하는 과정에 여러가지 영향에 의해서 왜곡과 오해가 발생할 가능성이 높다.

주로 다음과 같은 요인들에 의해 자극이 왜곡되고 있다.

① 겉모양(Physical Appearances)

소비자들은 겉모양이 좋으면 품질도 좋다고 지각하는 경향이 있다. 자동차 구매의사결정에 관한 연구에 의하면 구매자들은 자동차 성능에 관한 판단을 할 능력이 별로 없으며 외관에 의한 구매를 한다고 한다.

② 정형적인 이미지(Stereotypes)

소비자들은 다양한 종류의 자극이 주는 의미에 대하여 마음속에 이미 그림을 그리고 있다. 정형적인 이미지란 어떤 특정상황, 인물 및 사건들이 무엇과 같을 것이라는 기대를 갖는 것이며 이에 영향을 받아 새로운 자극이 궁극적으로 어떻게 지각될 것인가를 결정하게 된다.

③ 신뢰의 원천(Credible Sources)

신뢰하는 발신인으로부터 받는 자극에 대해서는 다른 발신인에게 받는 자극에 비해 더 큰 비중을 두려고 하는 경향이 있다. 치약광고에 치과의사를 출연시킴으로서 전문성으로 더 큰 신뢰를 받는다.

④ 외재적 단서(Extrinsic Cue)

주어진 정보를 소비자가 이해하기 어렵고 정보의 양이 너무 많으면 이로 인하여 지각적 판단이 어려워지게 된다. 이때 소비자들은 외재적 단서로 제품을 구매 선택하는 경향이 있다. 제품의 성능을 나타내는 전문용어는 일반 소비자가 이해하기 어렵다. 이런 경우 소비자는 제품의 성능과 관계없는 디자인, 색상 같은 외재적 단서를 기준으로 구매하는 경우가 있다.

⑤ 첫인상(First Impression)

첫인상은 오래 지속되는 경향이 있다. 소비자는 제품을 사용한 첫인상을 오래 간직한다. 사용해 본 제품이 소비자의 기대에 미치지 못하면 그 제품이 개량되어 좋은 품질로 출시되었다 하더라도 재구매하지 않는다. 반면 사용해 본 제품에 대한 첫인상이 좋으면 상표충성을 보일 확률도 높다.

⑥ 성급한 결론(Jumping to Conclusions)

소비자는 중요성이 적은 정보를 처리할 때나 처리할 정보의 양이 많을 때는 모든 관련 증거를 검토하기도 전에 미리 결론을 도출하는 경향이 있다. 소비자들은 광고메시지의 시작을 듣고 그러한 제한된 정보에 입각하여 광고된 제품이나 서비스에 관한 결론을 도출하기도 한다.

⑦ 후광효과(Halo Effect)

후광효과는 제품의 호의적인 인상이 직접적인 관련이 없는 자극의 해석에도 영향을 미치는 현상을 말한다. 특히 후광효과는 소비자가 과거에 구매하여 사용한 경험이 없는 제품을 평가하는 과정에서 많이 나타난다.

마케팅 담당자는 소비자의 지각적 왜곡현상을 전략적인 활용 방안으로 이용할 수가 있다. 즉, 단순히 제품의 외형적 디자인을 변형시켜 소비자의 지각에 영향을 줄 수 있고, 내용물의 양이 많아 보이게 포장을 디자인할 수도 있으며, 의류 디자인으로 소비자를 날씬하게 보이게도 하고 또는 뚱뚱해 보이게도 할 수 있다. 광고 모델에 따라 제품이미지에 대한 소비자의 지각에 영향을 줄 수도 있다.

(3) 지각적 추정(perceptual inference)

지각적 추정이란 정보에 대한 객관적 분석에 기초하지 않고 지각적 해석에 기초하여 개발된 신념이다. 즉, 특정요인으로 다른 요인을 추정하는 것이다. 이런 소비자의 지각적 추정은 과거연상 등에 의해 형성된 대상들 간의 관계에 대한 신념이다.

사례 4-9

마니아 소비자를 위한 희소성 있는 한정판 인기

코카-콜라, 스타벅스, 애플의 공통점은? 바로 브랜드 마니아들이 많다는 점이다. 애플의 신제품이나 스타벅스의 한정 텀블러 출시 날에는 매장 앞에 긴 줄이 이어진다. 수집가들은 콜라병을 비롯해 코카-콜라와 관련된 인형, 자동차, 장난감 등 다양한 소품을 모아 개인 전시회를 열기도 한다. 누가 시켜서도 특별히 목적이 있어서도 아니다. 그저 좋아서 그렇게 하는 것이다. 단순히 제품 구입만이 아니다. 브랜드 관련 소식들을 개인 SNS를 비롯한 커뮤니티를 통해 자발적으로 공유한다. 일종의 홍보대사가 되는 셈이다. 마케터들이 자사 브랜드의 마니아 집단을 만들고 싶어 하는 가장 큰 이유다.

특별한 경험과스토리 전하는 한정판으로 마니아들의 마음 사로잡다

코카-콜라는 한정판 마케팅을 잘 활용하는 기업으로 유명하다. 칼 라거펠트, 장 폴 고티에 등 세계적인 패션 디자이너들과의 콜라보레이션을 통해 스페셜 에디션을 꾸준히 출시해왔다. 이 외에도 월드컵 에디션, 올림픽 에디션을 비롯해 폴라베어 에디션, 크리스마스 에디션 등 다양한 버전의 한정판 제품을 출시하여 소비자들의 마음을 사로잡았다. 지난달에는 코카-콜라 병 100주년을 맞아 1920년부터 2010년까지 코카-콜라의 대표적인 광고 캠페인과 캐릭터를 엄선해 10개의 패키지에 담은 스페셜 한정판인 '100년의 헤리티지 에디션'을 출시해 마니아들을 열광케했다. 또한, 코카-콜라 사는 나만의 한정판을 만들어주는 이벤트로 소비자들에게 특별한 경험을 전하고 있다.

스타벅스는 MD(Merchandise; 관련 상품) 상품을 통해 자사의 마니아들을 만들어 가고 있다. 스타벅스에서 선보이는 텀블러, 다이어리, 머그잔들은 어김없이 화제가 되곤 한다. 매년 연말과 연초에 선보이는 럭키백과 다이어리도 스타벅스의 인기 상품이다.

이 외에도 전 세계 마니아들의 사랑을 받는 브랜드들이 많다. '애플빠'라는 말이 있을 정도로 애플의 소비자들은 브랜드 충성도가 높다. 신제품 출시 소식이 알려지면 제품 출시일을 손꼽아 기다리고 애플의 로고가 그려진 제품에 애착을 보인다. 할리데이비슨도 마니아로 유명한 기업이다.

제품이 가지고 있는 특별한 가치에 주목하는 가치 소비 시대에서 브랜드에 열성적인 마니아의 존재는 더욱 중요해질 것으로 보인다. 마니아들이 열광하는 기업의 공통점은 단순히 상품 그 이상의 가치와 브랜드 스토리를 가지고 있다는 점이다.

출처: 머니위크, 2015.06.09. 기사편집

소비자들의 실제 구매 결정은 그들의 지각적 추정의 결과로 나타나기 때문에 소비자들의 지각적 추정에 영향을 미치는 요인들에 대한 이해가 매우 중요하다.

소비자의 추정에는 다음과 같은 세 가지 유형이 있다.

① 평가에 따른 추정

특정상표에 대해 계속적으로 긍정적 혹은 부정적인 평가를 하게 된다. 소비자가 벤츠 자동차는 엔진이나 기어가 좋을 뿐만 아니라 심지어 에어컨이나 라디오도 좋을 것이라고 일관성 있게 믿는 경우 평가에 의한 추정을 한 것이다.

② 유사성에 따른 추정

한 대상이 다른 대상들과 비슷한 정도에 따라 형성한 신념이다. 종종 소비자들은 잘 모르는 제품에 대해서는 친숙한 제품과 연관시켜 추정을 한다.

③ 상관관계적 추정

일반적이거나 구체적인 연관관계에 근거한다. 예를 들어 소비자는 고가격이 고품질을 암시한다고 믿는 경우가 있다. 다른 정보가 없는 한 가장 비싼 제품이 최상의 제품이라고 추정할 수 있다.

지각적 추론을 하게 하는 요인들로는 이외에 색상, 냄새, 촉감, 맛, 크기 등과 같은 감각적 요인과 제조업자의 명성, 상표이미지, 제조 국가, 상점 이미지 등의 제품 외적 요인 등이 있다.

2) 지각된 위험

지각된 위험이란 제품의 구매·사용에 의하여 초래될 수 있는 예기치 않은 결과에 대한 불안감을 말한다. 지각된 위험의 유형은 다음과 같다.

(1) 신체적 위험(Physical risk)

소비자가 그 제품을 사용함으로써 신체적으로 해를 입을 가능성이 있을 것이라는 불안감을 가지는 경우를 말한다.

(2) 심리적 위험(Psychological risk)

소비자가 구매한 제품이 소비자 자신의 자아이미지와 맞지 않는다고 지각할 때 생기는 위험으로 옷에 대해 보수적인 가치관을 가진 사람이 화려한 옷을 꺼리는 경우를 들 수 있다.

(3) 사회적 위험(Social risk)

소비자의 구매가 그가 속하고 있는 준거집단의 기준과 맞지 않을 때의 위험으로 고급자동차를 사고 싶어도 주변사람들을 의식해서 구매를 주저하는 경우를 들 수 있다.

(4) 성능 위험(Performance risk)

소비자가 구매한 제품이 기대한 성능을 발휘하지 못할 것에 대한 염려를 말한다.

(5) 재무적 위험(Financial risk)

소비자가 제품구매를 위하여 지출해야 하는 비용이 자신의 가처분소득에

비하여 클 때 갖는 위험이다.

(6) 시간 손실 위험

잘못 구매하는 경우 다시 구매할 때의 시간적 손실에 대한 위험을 말한다.

사례 4-10

'캡슐형 세제' 어린이 삼킴 사고 주의보
젤리나 장난감으로 오인 가능성 높아

캡슐형 세제는 물에 녹는 수용성 필름에 고농축 액체 세제를 1회분씩 포장한 제품으로 전 세계적으로 사용이 증가하고 있다. 그러나 캡슐형 세제의 색상, 형태가 젤리나 장난감, 치발기 등으로 오인하게 할 수 있어 호기심이 왕성한 어린이가 입에 넣고 터뜨리는 사고가 발생하고 있다.

국내에는 캡슐형 세제의 시장 규모가 크지 않아 위해사례가 많지 않지만 미국을 비롯한 유럽, 일본 등지에선 매년 캡슐형 세제로 인한 어린이 안전사고가 다발하고 있다. 2013년에는 미국에서 이것을 삼킨 어린이가 사망한 경우도 있었다.

캡슐형 세제를 삼킬 경우 구토, 호흡곤란, 의식 상실 등의 증상이 나타날 수 있고, 세제가 눈에 들어가면 화학적 화상, 일시적 실명 등을 일으킬 수도 있다.

국가기술표준원은 올바른 응급처치요령에 대한 표준화된 문구를 마련하여 해당 업체에 제품 표기를 권고하기로 했다. 아울러 삼킴 사고 예방을 위해 캡슐형 세제에 대해 어린이보호포장 적용을 검토하기로 했다.

출처: 매일경제, 2015.03.17. 기사편집

PART 3

소비자 구매의사결정과정의 이해

chapter

05 관여도와 소비자 구매의사결정

제1절 구매의사결정의 개념

소비자들은 자신이나 가족 혹은 타인을 위하여 여러 가지 제품을 구매 할 때 의사결정과정을 거치게 된다. 구매의사결정은 구매하고자하는 제품 유형이나 소비자의 개인적 특성, 제품의 구매상황 등에 따라 구매의사결정과정이 단순해질 수도 있고 복잡해 질 수도 있다. 비누를 구매하는 경우와 자동차를 구매하는 경우 동일한 구매과정을 거쳐 이루어진다고 볼 수 없으며, 꼼꼼한 소비자와 그렇지 않은 소비자에 따라서도 구매의사결정과정은 다를 수 있다.

소비자 구매의사결정과정은 먼저, 구체적인 욕구가 발생하면 이를 충족시켜 줄 수 있는 수단에 대한 정보를 탐색하게 된다. 이때 소비자는 자신의 기억 속에 보유한 관련정보를 자연스럽게 회상하게 된다. 자신의 기억으로부터 회상한 정보를 가지고 충분히 의사결정을 할 수 있으면, 선택대안들 중에서 어느 한 대안을 구매할 것이지만, 자신의 기억으로부터 회상한 정보가 의사결정을 할 만큼 충분치 못하면 보다 더 많은 정보를 외부로부터 찾게 된다. 소비자는 수집한 정보를 바탕으로 선택대안들에 대한 비교·평가과정을 거쳐 가장 마음에 드는 특정 대안을 선택·구매하여 소비·사용 과정을 거치면서 만족 혹은 불만족을 경험하게 된다.

이상의 과정을 그림으로 나타내면 [그림 5-1]과 같다.

문제인식 → 정보탐색 → 대안 평가 → 구 매 → 구매 후 행동

그림 5-1 소비자 구매의사결정과정

사례 5-1

증거중독형 소비자를 잡아라...체험마케팅 '봇물'

최근 유통업계에 '증거 중독'형 소비자를 겨냥한 체험 마케팅이 대세를 이루고 있다. 증거중독이란 도서 '트렌드코리아 2015'에서 소개된 단어로, 불신과 불안이 만연한 사회 분위기 속에서 증거 수집이라는 새로운 방식을 통해 구매 의사 결정을 내리는 소비 현상을 의미한다. 즉, 제품 설명서를 읽고 영양 성분 표나 첨가물을 꼼꼼히 확인하는 등 소비자들이 적극적으로 변화하고 있다.

카페베네는 최근 100% 열을 사용해 균일하게 로스팅하는 에어로스팅(Air-Roasting) 공법을 도입하면서 글로벌 로스팅 플랜트 견학 프로그램을 신설했다. '아는 만큼 맛도 충분히 즐길 수 있다'는 전제에서 출발한 이 프로그램은 일상에서 쉽게 접할 수 없는 커피 공정과정을 오감을 통해 체험할 수 있는 기회를 제공하고 커피에 대한 이해도를 높이려는 취지다. 특히 최첨단 로스팅 방식으로 생산되는 신선한 원두를 소비자가 직접 눈으로 확인하고, 현장에서 커피를 추출해 시음할 수 있어 고객들에게 큰 호응을 얻고 있다.

오뚜기는 카레, 케찹, 마요네즈, 오뚜기 밥 등을 생산하는 대풍공장 견학 프로그램을 진행, 제품생산 라인 및 자동물류창고 등을 살펴보고 신제품을 시식하는 시간을 제공한다. 매일유업은 아이들을 위한 식품 안전에 특히 민감한 여성 소비자를 대상으로 공장 견학 프로그램을 운영하고 있다. 매장에서 음식을 조리하는 외식업계의 경우에는 위생 및 재료를 중시하는 고객들이 조리과정을 직접 확인할 수 있도록 '오픈 키친' 형태로 매장을 꾸미고 있다.

출처: 조세일보, 2015.03.23. 기사편집

제2절 구매의사결정의 영향요인

소비자들의 구매의사결정 및 실행은 여러 요인의 영향을 받아 다양한 행태로 나타난다. 소비자 구매의사결정에 영향을 미치는 요인들로는 다음과 같은 요인들이 있다.

1. 소비자의 관여도 수준

관여도(involvement)란 주어진 상황에서 소비자의 특정 대상에 대한 개인적인 중요성이나 관심도를 의미한다.

관여수준은 동일한 제품이라 하더라도 개인의 가치, 자아개념, 사회적·경제적 상황등에 따라 차이가 있으며 동일인의 경우에도 상황에 따라 달라질 수 있다. 즉, 개인의 사회적·경제적 여건이 변화하면 동일제품에 대한 관여수준이 달라 질 수도 있다.

1) 제품 관여(product involvement)

제품 관여란 소비자가 제품자체에 부여하는 가치나 관심의 정도이다. 제품의 성격상 소비자들이 중요하게 여기는 제품 즉, 고가품이나 가시성제품, 선물용 제품, 사용 중 위험성이 수반되는 제품, 전문품, 자아표현성 제품 등을 구매할 때 신중하게 구매하게 되는데 이러한 제품들을 고관여 제품(high involvement product)이라고 한다. 이러한 제품들은 제품단가가 높고, 구매에 따르는 지각된 위험이 크기 때문에 대부분 소비자들은 구매결정에 신중하게 되고 구매에 대한 관여수준이 높아진다. 그러나 고관여제품의 경우 상표애호구매를 하는 경우라면 관여수준은 높지 않다.

저관여 제품(low involvement product)은 구매결정과정에서 부담 없이 일상적으로 구매하는 제품을 말한다. 그러나 저관여 제품이라고 하더라도 브랜드에 대한 관여수준이 높으면 제품의 구매결정에 높은 관심을 보이므로, 고관여제품의 경우에만 관여수준이 높아지는 것은 아니다.

2) 상표 관여(brand involvement)

상표 관여란 소비자가 특정상표에 보이는 애착의 정도이다. 고관여 제품이지만 상표 관여수준이 높은 제품이 있는가하면, 저관여 제품이라도 상표 관여수준이 높은 경우도 있다. 가구는 제품의 단가가 높고 내구성이 있는 제품이기 때문에 소비자가 가구에 대한 구매결정을 할 때에는 신중을 기하게 되는 고관여 제품이다. 그러나 소비자가 가구 구매 시에 고려하는 요인은 주로 디자인, 색상, 가격 등에 높은 관심을 두는데 비해 상표에 대한 관여수준은 비교적 낮다. 그러나 구두, 핸드백을 위시하여 운동화, 양말, 손수건에 이르기까지 특정상표를 고집하는 소비자도 많다. 이와 같이 상표 관여수준이 높으면 비록 저관여 제품이라고 하더라도 그 제품의 구매결정에 높은 관여를 하게 된다. 그러므로 상표 관여 수준이 높으면 관여 수준도 높아진다.

		상표 관여(Brand Involvement)	
		고	저
제품 관여 (Product Involvement)	고	• 자동차·의복 • 가정용 컴퓨터 • 화장품 등	• 가구 • 가정용 설비, 가구 • 일용잡화
	저	• 구두, 핸드백, 머플러 • 음료수, 식수 등	• 식료품

출처: Mark, B. Taylor(1981), "Product Involvement and Brand Commitment", Journal of Advertising Research, Vol.21, December, p.51~56.

그림 5-2 제품관여와 상표관여의 관계

3) 준거집단의 영향력

준거집단이란 소비자의 행동에 직접적 또는 간접적으로 영향을 미치는 모든 집단이다. 소비자는 가족집단부터 시작하여 친구, 동창, 취미집단, 직장동료, 종교집단, 지역사회에 이르기까지 다양한 집단에 관계되어 있다. 소비자가 자신이 속한 준거집단의 규범에 순응하고자 할 때 구매결정과정에 깊이 관여한다. 특히, 소비자 자신의 신념·태도와 준거집단의 규범이 일치하지 않을 때 구매결정에 더욱 신중을 기하게 되고 관여수준이 높아진다.

사례 5-2

산악자전거에 대한 다양한 관여도

산악자전거에 관여도가 높은 소비자를 대상으로 Zaltman이 개발한 ZMET의 절차에 따른 면접을 실시한 결과 소비자들이 저마다 다른 이유로 산악자전거에 높은 관여도를 보임을 밝혔습니다. 한 소비자는 산악자전거를 타는 것과 관련된 사회적인 하부문화를 중시했습니다. 어떤 소비자는 자전거탈 때 느끼는 스릴에 관심이 있었습니다. 흥미로운 것은 이들 다수는 산악자전거 자체에 대해서는 크게 흥미를 느끼지 않는다는 것입니다. 자전거를 중요한 목적을 위한 수단으로 보는 경향이 있습니다.

물론 산악자전거 자체에 직접적으로 관여된 사람들도 있습니다. 이들은 다른 사람들보다 자전거와 자전거 부품에 대해서 잘 알고 있었습니다. 또한 자전거 제품지식에 대한 정교한 수단·목적 구조를 가지고 있어서 제품속성을 기능적 결과와 가치와 잘 연결할 수 있었습니다. 이들은 자신들의 자전거를 목적 자체로 여기고 있었고 자전거와의 상호작용을 통해 중요한 가치를 충족시킬 수 있었습니다. 어떤 이들은 다음과 같이 말할 정도로 자신들이 선호하는 자전거에 대해 매우 강한 인간적 관계를 형성하고 있었습니다. " 제 자전거는 오랜 친구예요. 믿을만해요. 전 그 녀석을 알아요. 정말 편한 운동화랄까." 이들은 다른 사람들보다 자전거를 보다 가볍고 강하게 만드는 등 성능향상에 많은 돈을 자전거에 투자하기도 했습니다.

출처: Peter, J. Paul and Olson, Jerry C(2005), Consumer Behavior and Marketing Strategy, 7th Edition, McGraw-Hill, Irwin, p. 91.

2. 제품 차별화(product differentiation)

제품 차별화란 상표 간에 지각되는 실질적이거나 형식적인 품질상의 차이를 말한다. 제품 차별화 정도는 소비자들에게 구매대안 결정행동에 많은 영향을 준다. 만일 제품차별화가 안 되어 있거나, 품질이 대동소이하다고 지각하는 경우, 소비자들은 구매 결정에 어려움이 없을 것이다. 어떤 제품을 구매해도 상관이 없다면 단순한 의사결정을 하게 되어 대안의 평가 및 결정은 형식적이 되기 쉽다.

그러나 제품차별화가 적정 수준일 때, 신중한 대안 평가 가능성이 높다. 상이한 특성의 제품을 대상으로 평가하게 되면, 신중하게 비교하여 검토함으로써 최선의 상표대안 선정을 기대할 수 있기 때문이다.

한편 제품 차별화가 극심한 경우에도 소비자는 오히려 제한된 구매의사결정을 할 가능성 높다. 모든 상표대안을 어차피 완벽하게 비교·검토할 수 없다고 생각하면 아예 처음부터 편의적인 방법을 선택할 가능성이 크기 때문이다.

사례 5-3

하이트진로음료, 제주 용암해수로 만든 미네랄 '제주용해' 출시
차별화 전략으로 시장 공략해 나갈 계획

하이트진로음료는 제주만의 독특한 수자원인 용암해수를 담은 프리미엄 제품인 '제주용해'를 출시한다고 16일 밝혔다. '제주용해'는 제주시 구좌읍 해안에서 1.7㎞ 가량 떨어진 육지에서 뽑아 올린 용암해수에서 탈염 과정을 거친 미네랄이 풍부한 제품이다. 바다와 땅이 만들어낸 세계 유일의 물인 용암해수는 제주의 청정 바닷물이 투수성 좋은 현무암층을 통과해 제주섬 지하로 흘러든 지하해수를 말한다. 40만년 전 제주와 함께 탄생한 현무암층에 의해 오랜 세월 자연 여과돼 칼슘, 마그네슘 등의 미네랄을 다량 함유한데다 중금속 검출도 없어 청정하고 안전한 수자원으로 평가 받고 있다.

일반적으로 용암해수는 해양심층수와 달리 암반층에 의해 육지 지하로 투과되면서 화산 암반층에서 유래한 바나듐, 셀레늄, 게르마늄 같은 희귀 미네랄을 함유한 것이 특징이다. 이러한 미네랄들은 우리 몸에 유익한 성분으로 알려져 있다.

'제주용해'는 제주의 아름다움을 패키지 디자인에도 고스란히 담아내 눈길을 끈다. 현무암 특유의 표면을 형상화한 제품 용기에 블루톤을 적용해 바다와 땅이 만들어낸 용암해수의 특성을 표현했다. 또한, 제품 라벨에 제주의 아름다운 풍경을 그림으로 담아 청정 제주에서 온 프리미엄 제품임을 강조했다.

출처: 컨슈머치, 2015.06.16. 기사편집

3. 구매결정의 시간적 제약

소비자에게 중요한 제품이라고 하더라도 구매결정에 주어진 시간적 여유가 없을 때는 충분하고 신중한 정보탐색 및 대안평가를 할 수 없다. 시간적 제약을 받는 경우 소비자는 가능한 과거의 경험이나 지식을 이용하는 구매전략을 사용하고자 하며 비계획적 구매나 당장 필요하지 않은 제품의 구매를 줄임으로써 구매시간을 최소화하려고 한다. 그러므로 시간적 제약은 소비자들이 합리적 구매의사결정을 하는데 하나의 저해요인으로 작용한다.

제3절 소비자 구매의사결정 유형

소비자의 구매의사결정은 구매하려는 제품 유형이나 소비자 자신의 특성, 상황 등에 따라 의사결정이 단순하거나 복잡해질 수도 있다. 구매의사결정은 다음과 같이 세 가지로 분류하여 살펴볼 수 있다. 이들 세 가지 구매결정방식은 전혀 상이한 의사결정방식이라기 보다는 상황에 따라 구매결정과정에 약간의 차이를 보이는 연속선상에 있는 다양한 의사결정방식 중 대표적인 것이다.

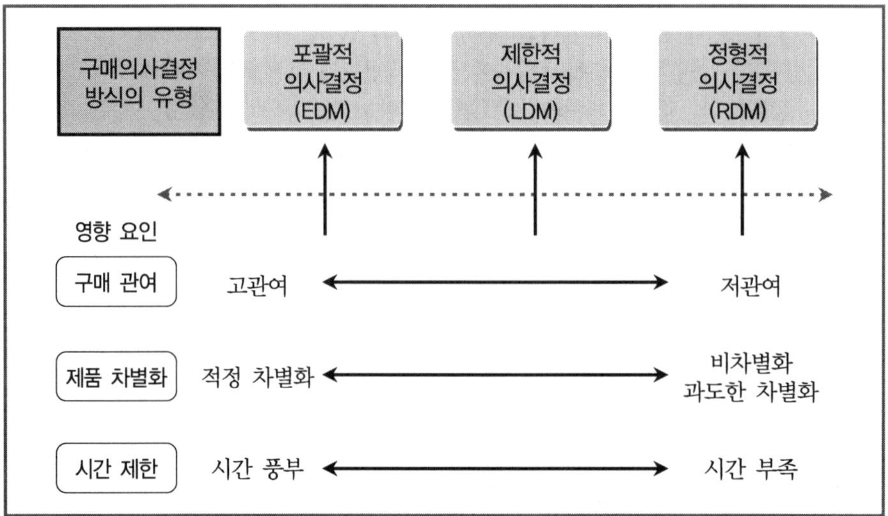

그림 5-3 구매의사결정방식의 유형 및 영향요인

1. 포괄적 의사결정(EDM: Extensive or Extended Decision Making)

소비자들에게 있어서 중요한 제품의 구매의사결정이다. 즉, 한 번도 구매한 적이 없다든가 또는 문제해결이 소비자에게 중요할 뿐만 아니라 의사결정이 잘못되는 경우에는 심리적·재무적 위험을 느끼게 되는 경우에 밟게 되는 문제해결과정이다.

이 경우 소비자는 다양한 정보원천과 접촉하여 의사결정에 필요한 정보를 폭넓게 수집하며 이를 바탕으로 각 대안들을 비교·평가하여 최적안을 발견하려고 한다. 그러므로 이러한 경우 제품의 어떤 속성이 중요한지, 어떤 상표들이 있으며, 각각 어떻게 다른지에 대하여 정보를 탐색하고, 평가할 수 있는 기준에는 어떤 것이 있는지 파악해야 한다. 그러므로 소비자가 충분한 시간을 투입하여 신중한 구매결정을 할 때 적용하는 전형적인 문제해결방식이며 5단계의 구매의사결정을 하는 방법이다.

2. 제한적 의사결정(LDM: Limited Decision Making)

제한적 의사결정은 문제 자체가 비교적 단순하고 소비자가 어느 정도 경험과 정보를 보유하고 있는 경우 사용되는 구매의사결정방법이다. 제한적 구매의사결정과정하의 소비자는 제품군에 대한 지식은 어느 정도 있으나 상표, 스타일, 점포, 가격 등에 대한 지식은 결여되어 있다. 과거에 어떤 제품을 구매했지만 일정시간이 지난 후 다시 같은 제품을 구매하게 되었을 때는 그 동안 새로 출시된 제품들이 있을 수 있다. 또한 저관여 소비자가 사용제품이 마모되거나 상점 내 판촉에 노출 되었을 때 문제인식을 하고 편의적 의사결정을 하는 유형이다. 즉, 적극적인 정보탐색을 하지 않으며 단순한 평가기준에 의해 소수의 상표대안만을 검토한 후 구매대안을 결정하는 방식이다. 일반적으로 정보수집, 대안평가, 대안선정의 세 과정이 거의 동시에 이루어지며, 실질적인 대안평가는 구매해서 사용해 본 후에 이루어지기도 한다.

3. 정형적 의사결정(RDM: Routine Decision Making)

정형적 의사결정은 거의 습관적으로 구매대안을 결정하는 방식으로, 상표에 대한 선호가 뚜렷한 경우와 타성적 반복구매를 하는 경우에는 의사결정과정을 거칠 필요도 없이 구매결정이 이루어진다. 과거 사용경험이 있는 상표에 대한 만족감이 그 상표에 대한 구매의도를 강화시킴으로써 그 상표의 재구매를 유도한다. 구매에 따르는 지각적 위험 부담을 줄이고, 시간과 노력을 절약 할 수 있기 때문이다. 제품구매의 필요성이 인식되면 오직 내적 정보탐색만으로 구매 상표를 결정한다. 그러므로 기업은 자사제품이 점유율이 높은 시장선도제품인 경우에는 현재 상황을 유지하는 유지전략이 좋으며, 자사 제품이 시장에서 열세에 있는 경우에는 소비자의 의사결정과정을 변화시키는 전략이 필요하다.

사례 5-4

작지만 강한 유혹… 모바일 쇼핑도 진열의 법칙

옥션 웹과 모바일 상반기 판매순위

오픈마켓 옥션의 모바일 쇼핑에서 제일 잘 팔리는 상품은 과일이다. 모바일 매출 톱 10을 살펴보면 국내산 과일 수입산 과일 간편조리식 등 식품이 3개, 티셔츠 반팔 티셔츠 레깅스 등 의류가 3개를 차지하고 있다. 반면 PC에서는 커피믹스나 전구, 파일 등 문구용품이 잘 팔려 대조를 보인다. 모바일에서 잘 팔리는 제품들의 공통점은 바로 '사진발을 잘 받는 상품'이라는 것이다.

모바일 쇼핑의 신장세가 두드러지면서 온라인몰들도 모바일에 적합한 진열의 법칙을 강화하고 나섰다. 모바일 화면은 작기 때문에 한정된 상품과 내용을 담을 수밖에 없다. 또 소비자들이 적극적으로 검색하기 보다는 화면에 제시된 상품을 선택하는 경우가 많기 때문에 이용자의 눈길을 바로 끌 수 있는 시각적인 요소를 강조하고, 사용자의 성별 연령 등에 따라 다른 상품을 제시하는 큐레이션 기능도 강화하고 있다.

옥션은 시각적 이미지를 강조하기 위해 모바일에서는 올 6월부터 상품 이미지 내 설명을 따로 달지 않고 사진만 잘 보이게 배치하고 상품마다 글씨 크기도 규격화 했다. 또 모바일 첫 화면 상단코너에는 특가상품, 추천상품, 베스트, 쿠폰 순으로 배치하고 한 페이지에 구매자수, 만족도, 상품평 개수를 담아 한 눈에 파악할 수 있도록 했다.

오픈마켓 11번가도 식품, 생활용품을 찾는 고객들이 늘면서 대형마트의 진열대를 연상하게 하는 바로마트라는 코너를 운영 중이다. 같은 상품이라도 입점업체에 따라 가격이 다른 웹과 달리 상품 종류별로 상품기획자(MD)가 최적의 상품을 선정해 제시하는 방식으로 1,300여개의 상품을 선보이고 있다.

출처: 한국일보, 2014.09.16. 기사편집

제4절 저관여 소비자행동

1. 저관여 소비자행동의 특징

저관여 소비자는 특정자극에 노출되면 신중한 정보탐색이나 대안 평가 없이 구매를 결정한다. 합리적인 소비자는 '신념 → 태도 → 행동'의 구매행동을 수행하지만 저관여 소비자행동은 이와는 다른 양상을 보인다. 저관여 구매하에서는 구매에 수반되는 지각된 위험이 낮기 때문이다. 저관여 소비자는 특정자극에 노출되면 신중한 정보탐색이나 대안평가 없이 '신념 → 행동(→ 태도)' 또는 '행동 → 신념과 태도'의 구매행동과정을 보인다.

상표에 대한 선호보다는 구매상황 요인이 구매결정에 더 큰 영향을 미친다. 또한 구매 후 인지적 부조화현상은 크게 나타나지 않으며, 별다른 외적 자극이 없으면 동일상표를 습관적으로 반복 구매할 가능성이 높다. 그러므로 저관여 하의 구매행동은 소비자의 일상생활에서 빈번히 발생하기 때문에 그 비중이 매우 크다. 저관여 구매행동의 대표적 유형으로는 다양성 추구형, 타성적 구매형, 충동적 구매형이 있다.

표 5-1 저관여 구매행동의 유형

	다양한 추구	타성적 구매	충동적 구매
행동 모델	신념 → 행동 → 평가(태도)	신념 → 행동	행동 → 신념(평가)
의사결정과정	제한적 문제해결(LDM)	정형적 문제해결(RDM)	제한적 문제해결
행동 이론	수동적 학습	고전적 조건화	저관여 소비자행동

2. 저관여 소비자행동 이론

대부분 소비자행동연구는 고관여의사결정행동에 대하여 연구하여 왔으나 포괄적 구매의사결정방식으로 상표대안을 결정하는 소비자들은 그렇게 많지 않으며, 오히려 저관여 구매행동이 더 보편적이다. 소비자들이 저관여 구매행동을 더 많이 하는 이유는 일상생활에서 빈번히 구매되는 제품은 주로 저관여 제품군에 속하기 때문이다.

표 5-2 고관여 소비자행동과 저관여 소비자행동 비교

행동 구분	고관여 소비자행동	저관여 소비자행동
정보 탐색	제품 및 상표에 대한 정보를 적극적으로 탐색	소수의 상표와 제한된 제품 속성에 대해서만 정보 탐색
인식적 반응	모순된 정보 배제하고 자기 생각을 정당화시키기 위하여 항상 반론을 제기	제한된 반론으로 모순된 정보도 수용
정보 처리	효과계층(hierarchy of effects)을 따라 정보처리 및 수용	단순한 인식과정 속에서 시행착오에 의해 정보 처리
태도 변화	일단 형성된 태도는 잘 변화하지 않음	태도변화가 쉽게 일어남. 변화된 태도 또한 잠정적
광고의 반복 효과	소비자를 설득하는 데에는 광고 횟수보다 광고의 내용이 더 중요	광고의 반복적 노출은 소비자의 태도 및 행동 변화에 효과가 있음
상표 선호	상표에 대한 선호도가 높음. 상표 애호 구매를 할 가능성이 높음	상표 선호에 의해서가 아니라 습관적으로 동일 상표를 구매하는 경향
인지 부조화	구매 후 인지부조화현상이 상례적으로 나타남	구매 후 인지부조화 현상은 별로 나타나지 않음
타인의 영향	타인을 정보원으로 활용하는 경향	타인은 구매 결정에 별로 영향을 미치지 못함

사례 5-5

컬러를 보면 샴푸의 기능이 보인다!

컬러이미지만 보고 직관적으로 구매하는 소비 많아
옐로우, 오렌지, 바이올렛, 블루톤 등으로 샴푸 기능 구분해

최근 화사하고 컬러풀한 패키지의 샴푸가 시장을 알록달록하게 물들이고 있다. 컬러가 주는 이미지가 샴푸의 콘셉트나 기능 전달에 효과적이라는 판단아래 업계에서는 이를 반영한 컬러마케팅을 활발히 전개하고 있는 것.

최근 샴푸업계는 컬러가 제품구매의 80%이상의 영향을 미친다는 연구결과를 반영, 구매욕구를 자극하거나 제품의 특징과 기능을 전달하기 위해 컬러이미지를 활발하게 활용하고 있다.

워낙 다양한 기능을 가진 샴푸 카테고리의 특성상 소비자의 공감을 얻고 제품을 쉽게 이해할 수 있도록 컬러를 통해 기능을 전달하고 있는 것. 개인의 머릿결, 두피 상태에 따라 제품의 종류가 다양해 컬러가 가진 이미지와 연관시키는 것이 마케팅 측면에서 효과가 크기 때문이다.

손상된 머릿결 케어에 집중하는 극손상 데미지 샴푸의 경우 대체적으로 옐로우나 오렌지 등 밝은 톤의 패키지가 주를 이룬다.

머릿결의 여성스러움을 한층 부가하는 볼륨, 탄력 등의 기능을 가진 제품은 대체로 중성적인 느낌을 주는 바이올렛 톤의 패키지가 많다.

매력적으로 전달되는 컬러의 분위기를 활용한 예로 살아있는 컬과 탄력 있는 머릿결로 완성되는 우아한 여성의 이미지를 바이올렛 톤의 패키지 컬러로 완성시키는 것이다. 실제로 바이올렛 톤은 왕족에서도 많이 사용했던 컬러로 흔하지 않으면서 시선을 사로잡는 분위기를 자아내는 컬러 중 하나로 언급된다.

두피케어 샴푸는 깨끗하고 상쾌한 느낌을 뚜렷하게 전달하는 그린과 블루톤의 패키지 컬러로 이루어진다. 과도한 피지 등으로 두피의 답답함을 느끼는 소비자의 특징을 파악해 편안함과 심리적 해소감을 주는 그린, 블루톤의 컬러를 사용한 것.

비듬 및 가려움을 완화시키는 기능적인 요소를 배가시키는데 활용했다.

애경 관계자는 “샴푸는 생활 속에서 사용하는 저관여 제품인 만큼 소비자들이 제품의 문안을 꼼꼼히 읽기보다는 직관적으로 제품을 선택하는 구매패턴을 보인다”며 “제품의 기능적인 부분이나 콘셉트를 어필해 소비자의 구매를 이끌어내는데 패키지 디자인이나 컬러의 영향력은 점차 확대되고 있다”고 말했다.

출처: EBN, 2015.03.24. 기사편집

1) Krugman의 수동적 학습이론

Krugman의 연구에 의하면 시청자는 TV를 볼 때 긴장을 풀고 메시지에 주의를 기울이지 않는 저관여 상태이기 때문에, 광고메시지를 자신의 욕구나 상표신념이나 과거의 경험과 연결시키지 않는다. 다만 반복적인 메시지를 무작위로 기억하게 된다. 따라서 시청자는 TV광고를 잘 회상할 수는 있어도, 그 광고로 인해 시청자의 상표태도가 잘 변하지는 않는다. 그러므로 TV는 수동적 학습(passive learning)을 일으키는 저관여 매체이다.

저관여 매체인 TV의 경우, 활동적인 TV광고가 시청자를 비활동적이고 수동적으로 만들며, 시청자가 시청의 속도를 통제할 수 없어서 광고 메시지를 자신의 욕구나 상표신념과 연결시킬 겨를이 없다. 이러한 상황하에서는 어떤 광고메시지도 소비자에게 설득적인 영향을 미치지 못하며, 소비자는 TV광고를 통해 제품에 대해 다만 수동적으로 학습되어질 뿐이라는 가설을 증명하였다.

Krugman의 이론은 소비자가 제품구매에 크게 관여하지 않는 저관여 상황에서는 소비자의 제품관여수준을 높이려는 설득적 광고는 효과 없음을 시사한다. 그러므로 수동적 학습의 효과를 높이기 위해 광고관여수준을 높일 수 있는 광고가 효과적이라고 하였다. 즉, 광고메시지를 소비자의 잠재적인 욕구나 개인적 상황과 연계시켜서 광고에 대한 관심을 유발시키면 학습의 효과를 높일 수 있을 것이다.

표 5-3 능동적인 고관여 소비자와 수동적인 저관여 소비자의 비교

전통적인 관점: 능동적 고관여 소비자	새로운 관점: 수동적 저관여 소비자
1. 소비자는 정보처리자이다.	1. 소비자는 무작위로 정보를 학습한다.
2. 소비자는 정보 탐색자이다.	2. 소비자는 정보포착자이다.
3. 소비자는 광고를 능동적으로 받아들이고 광고의 효과는 약하다.	3. 소비자는 광고를 수동적으로 받아들이므로 광고의 효과는 강하다.
4. 소비자는 구매 전에 상표를 평가한다.	4. 소비자는 제품 사용 후 상표를 평가한다.
5. 소비자는 욕구를 최대한 만족시키기 위해 다양한 속성들의 평가에 근거하여 상표를 선택한다.	5. 소비자는 적당한 수준의 만족을 추구하므로, 소수의 속성의 평가에 근거하여 상표를 선택한다.
6. 고관여 제품은 소비자의 신념/정체성과 밀접하게 연결되어 있기 때문에, 성격/라이프스타일 특성은 구매와 밀접한 관련이 있다.	6. 저관여 제품은 소비자의 신념/정체성과 무관하기 때문에 성격/라이프스타일의 특성과 구매는 무관하다.
7. 고관여 제품은 집단의 규범/가치를 반영하므로, 준거집단이 구매에 영향을 미친다.	7. 저관여 제품은 집단의 규범/가치를 반영하지 않으므로, 준거집단이 구매에 영향을 미치지 않는다.

2) 사회적 판단이론(Social Judgment Theory)

Sherif의 사회적 판단이론에 의하면 이슈에 대한 개인적 관여에 따라 그 범위가 설정된다. 즉, 소비자가 수용하는 영역, 거부하는 영역, 그리고 무관한 영역(중립영역)이 결정된다.

고관여 소비자는 어떤 대상에 대한 자신의 분명한 견해나 신념을 갖고 있기 때문에 그에 상반되는 정보나 설득을 수용하는 영역(latitude of acceptance)은 좁고 거부영역(latitude of rejection)은 큰 사람이라고 정의한다. 이들은 자신이 동의하지 않는 설득적 정보에 대해서는 부정적으로 해석하고 거부하는 경향이 있다. 저관여 소비자는 어떤 대상에 대해 분명한 의견을 가지고 있지 않아서 새로운 정보에 대한 수용 영역은 크지만 거부영역은 크지 않은 소비자를 말한다.

고관여 소비자는 수용영역이 작기 때문에 광고메시지를 선택적으로 지각하고 자신의 편견에 기초하여 메시지 내용을 왜곡 할 가능성이 크다. 따라서 선호하는 상표에 대한 정보는 쉽게 수용하지만 그렇지 않은 광고 메시지는 거부반응을 보일 가능성이 크다. 고관여 소비자는 광고메시지를 자신의 기존신념에 기초하여 해석하고 선택적으로 수용하기 때문이다. 즉, 고관여 소비자는 주어진 정보에 대하여 인지적 정보처리를 수행하며 이 결과에 따라 소비자의 태도는 영향을 받는다.

저관여 소비자는 수용영역이 커서 많은 상표에 대한 정보를 수용하며, 메시지 내용도 편견 없이 받아들일 가능성이 높다. 광고 메시지에 대한 인지적 처리 없이 수동적으로 지각하며 상표 전환이 용이하고, 친숙한 상표에 대한 습관적 반복 구매를 한다.

3. 저관여 소비자행동과 마케팅 전략

1) 소비자를 저관여 상황에서 고관여 상황으로 전환

① 제품과 관여되는 문제를 부각시킨다.

저관여 상황에서 과일주스를 구입하던 소비자에게 건강문제와 연결시킴으로써 저관여 상황을 고관여 상황으로 바꿀 수 있다.

② 저관여 제품을 고관여 상황과 연결시키는 전략이다.

아침식사대용과 선식 같이, 제품에 대한 관여는 그 상황과의 관련성으로 인해 증가한다.

③ 제품과 관여된 광고를 연결시킨다.

광고에 대한 관여를 높임으로써 제품에 대한 관여도를 높일 수 있다. 관여도를 발생시키는 광고는 자아방어적 광고와 가치표현적 광고가 있다.

자아방어적 광고는 소비자가 자신에게 적절하지 않은 것으로부터 자신을 방어할 수 있도록 하며, 가치표현적 광고는 소비자의 중심적 가치관과 신념을 표현한다.

Lutz는 제품이 저관여라고 해서 광고까지 저관여일 필요는 없다고 하였다.

④ 제품혜택의 중요성을 변화시킨다.

소비자가 중요하다고 느끼는 제품의 혜택을 변화시키는 전략이다. 건강에 관심이 많은 소비자에게는 건강과 관련하여 건강 제품의 혜택을 강조하여 부각시킬 수 있다.

⑤ 제품의 중요 특성을 강조한다.

이전에는 중요시 되지 않았거나 존재하지 않던 속성들을 추가할 수 있다. 검은콩 검은깨 두유 등이 있다.

⑥ 문제를 부각시키고 그것을 해결한다.

제품과 관련하여 소비자가 모르고 있었던 문제를 부각시키고, 자사제품의 특성을 강조하여 해결하는 방안을 제시하는 전략이다. 우유의 유통기한 문제 등을 통하여 저관여 상황을 고관여 상황으로 전환시킬 수 있다.

2) 관성구매를 다양성 추구로 변환

시장선도상표는 친밀감을 통해 자사상표를 습관적으로 구매하도록 하여야 한다. 광고를 통해 자사상표를 계속하여 상기시키는 한편, 상점 내에서 소비자에게 상표가 잘 보이도록 위치를 차지해야 한다. 후발상표의 경우는 소비자의 다양성 추구 행동을 유발시켜서 상표를 전환하도록 하는 전략이 필요하다. 즉, 특별가격, 저가격, 쿠폰 및 무료견본 등을 통해 소비자의 다양성 추구를 독려해야 한다.

3) 저관여 제품에 대한 차별적 광고전략 수립

- 다양한 정보보다는 몇 가지 핵심정보에 집중한다.
- 빈번한 반복광고와 짧은 메시지를 사용한다.
- 광고를 통해 차별화한다.
- 가시적 요소를 강조한다.
- 인쇄매체보다는 TV 광고를 중심으로 한다.

4) 고객 특성에 맞는 마케팅 전략 개발

(1) 고객의 특성에 대응한 마케팅 전략

① A상표를 모르는 소비자에게는 A상표의 인지도를 높이는 전략이 필요하며, 이를 위해서는 광고가 가장 효과적이다.

② A상표를 알지만 구매경험이 없는 소비자에게는 무료견본제공, 쿠폰 등과 같이 시험적으로 사용해 볼 수 있는 기회를 부여하는 전략이 필요하다.

③ 상표선호도가 불투명한 중성적 소비자에게는 A상표에 대한 애호구매자로의 변환이 중요하다. 가격할인, 경품판매 등을 통하여 재구매를 유도해야 한다.

④ 저관여 제품의 경우에는 타상표를 선호하고 있는 소비자의 유인도 가능하므로 상표전환을 유도하는 마케팅전략이 필요하다.

(2) 판매장내 판매촉진전략

판매장소 내에서는 소비자의 비계획 구매를 유도하는 것이 전략의 기본목표로서 소비자의 잠재욕구를 활성화시키고, 구매의 필요성을 환기시키면서 제품의 유용성을 부각시키도록 한다.

소비자의 충동구매를 유도하기 위한 매장 내의 촉진방법을 살펴보면 다음과 같다.

① **특가판매** : 가격을 이용한 판촉활동은 많이 이용되고 있는 방법으로 판매증대에 상당한 효과가 있다. 그러나 가격인하는 기업의 총판매액 감소를 초래하기 때문에 주의해서 활용할 필요가 있다. 가격을 이용한 판매촉진방법으로는 할인판매, 쿠폰 판매가 있다.

② **사은품** : 우리나라에서는 사은품을 증정하는 판매촉진 방법이 가장 많이 이용되고 있다. 자사제품을 일정액 구매하는 소비자에게 특별히 준비된 사은품을 증정하는 방법이다.

③ **제품진열** : 제품의 효과적인 진열은 구매시점 광고로서 중요한 역할을

수행한다. 특히 저관여제품인 경우 제품의 진열상태가 판매실적에 크게 영향을 미친다. 가장 효과적인 진열 장소는 통로의 끝, 눈에 잘 띄는 곳이며 소비자의 눈높이(golden line)에 진열하는 것이 효과적이다.

④ **포장디자인** : 제품의 포장이 마케팅 수단으로 그 중요성이 날로 높아지고 있다. 마케팅 믹스의 4P에 포장(package)을 더하여 5P라고 할 정도이다. 원래 포장은 기본적인 기능이 있지만 포장의 형태에 따라 판촉의 효과가 달라지기 때문에 판촉의 도구로 많이 이용된다. 포장 디자인은 소비자가 충동구매를 하도록 시각적인 자극이 충분할 정도로 매력이 있고, 쉽게 상표를 확인할 수 있도록 표시가 분명하고 색상이나 형태가 단순하면서도 독특한 것이어야 한다.

(3) 견본제공 전략

견본을 제공하는 기본목적은 소비자에게 그 제품을 시험적으로 사용해 볼 수 있는 기회를 부여함으로써 자사제품을 구매하도록 유도하는데 있다. 자사제품의 품질이 우수함에도 불구하고 편견이나 타성으로 인하여 타상표를 구매하는 경우 견본제공은 상당한 효과가 있다.

(4) 광고

광고는 상표의 인지도를 높이는 것이 목적이다. 신제품을 개발했을 때와 같이 소비자의 인지도가 낮을 때는 정보적 광고를 집중적으로 실시하는 것이 바람직하다. 그러나 저관여 제품의 경우 소비자의 관여수준이 낮으므로 관여수준을 높이도록 하는 전략이 필요하다. 우선 저관여 제품인 경우 소비자가 상표명을 기억하도록 하는 것이 중요하다. 상표명이 인상적이어야 하고 쉽게 기억할 수 있어야 하며 제품의 특징과 상표가 잘 맞아야 한다.

또한 저관여 제품은 제품차별화가 용이하지 않으므로 광고에 의해 상표의 상징적 차별화(symbolic differentiation)를 시도하는 것이 바람직하다.

TV광고뿐만 아니라 정보원 효과를 활용할 수도 있다. 이러한 광고를 할 때에는 신뢰성 있고 매력 있는 메시지 전달자를 선택하는 것이 중요하다.

※ 저관여 상황 하에서 광고의 기억효과를 높이는 광고메시지

- 따라 부르기 쉬운 음악멜로디에 메시지를 실어 보내는 방법
- 제품의 특징을 구체화하는 어떤 상징물을 창출해서 이용하는 방법 즉, 동물을 이용한 풍자그림이나 동물형상이 많이 사용
- 해학적인 자기비하의 독특한 발성표현법을 사용하는 방법
- 제품의 이미지를 환상적인 영상으로 표현하는 방법
- 제품사용과 관련되는 생활의 한 단면을 연출하는 방법
- 제품에 적합한 라이프스타일을 영상화하는 방법 등

(5) 상표의 고급화

저관여 제품류를 상표의 고급화를 통해 고관여화하여 애호고객으로 유인한다. 예를 들면 실제로 저관여 제품인 손수건이나 양말 같은 제품에서도 소비자들이 상표관여도가 높은 것을 알 수 있다.

소비자의 상표관여 수준을 높이는 방법의 하나는 광고를 통해 상표를 차별화시키는 것이다. 물론 상표차별화는 제품차별화에 기초하여야 한다. 상표차별화를 위한 구체적인 방안으로, 첫째, 저관여 제품의 경우 새로운 특징을 부여하거나 품질개선을 통하여 새로운 특징을 부각시킨 신제품을 개발하는 것이 가장 효과적이다. 또한 포장, 표찰 등과 같은 제품의 외형적인 면을 차별화하고 광고를 통해서 상표의 고급화를 도모한다.

사례 5-6

식품업계, 제품 속에 숫자의 의미는 '영양성분'

식음료업계에서는 단 하나의 숫자를 통해 제품의 영양성분과 성분을 제품명으로 내세우는 뉴메릭 마케팅이 주목 받고 있다. 뉴메릭 마케팅은 브랜드나 상품의 특성을 나타내는 숫자와 연결해 제품의 인지도를 높이는 마케팅 기법이다.

숫자는 글자보다 기억하기 쉽고 소비자들로부터 그 숫자가 가지는 의미에 대해 호기심을 자극하는 효과가 있다.

◎ 매일우유 제품 패키지에 지방 함량에 따라 0,1,2로 소비자 이해도 높여

매일유업은 매일우유의 저지방 우유 라인을 세분화하면서 지방함량을 제품 전면에 내세우며 저지방우유에 대한 소비자들의 이해를 높이고 있다.

매일유업의 '매일우유 무지방&고칼슘 0%' 제품은 지방함량은 0, 칼슘 함량은 2배로 높여 칼로리 부담은 줄이고 우유가 가지고 있는 영양적 가치는 높인 제품. 다년간의 연구개발을 통해 맛이 싱겁다는 무지방 우유의 한계를 극복하고 칼슘 함량을 높여 건강하고 아름다운 다이어트를 원하는 여성들에게 적합한 제품이다.

'저지방&고칼슘1%'은 깔끔한 맛의 우유를 좋아하면서도 영양은 풍부하게 챙기고 싶은 성인남녀 모두에게 적합하다.

매일우유의 대표 저지방우유로 자리 잡은 '저지방&고칼슘 2%'는 지방함량을 일반 우유의 절반으로 줄이고 칼슘함량은 높여 칼로리 부담은 줄이고 우유의 영양적 가치는 더한 제품이다. 저지방 우유에서 부족하다고 느낄 수 있는 우유 본연의 고소한 맛을 살린 것이 특징으로 저지방 우유를 시작하는데 적합한 만 2세 아이부터 온 가족이 함께 섭취할 수 있다.

◎ '양조간장 501' 제품명으로 소비자들로부터 꾸준히 사랑 받아

샘표식품의 넘버원 제품이자 스테디셀러인 '양조간장 501'은 숫자 501을 제품명으로 내세우면서 호기심을 불러일으키며 꾸준히 사랑받고 있다. '양조간장 501'의 숫자 501은 제품의 우수성을 뜻한다. 국내에서는 간장의 품질을 단백질 함유량(T.N)으로 구분하고 있다. 1.0%가 '표준', 1.3%는 '고급', 1.5%를 '특급'으로 분류한다.

출처: 머니위크, 2015.06.05. 기사편집

chapter

06 소비자 구매의사결정과정

소비자의 상표선택은 정형적 의사결정과 같이 습관적이고 무의식적으로 일어날 수 도 있으며 포괄적 의사결정같이 광범위한 정보탐색을 통해 상표에 대한 정보를 충분히 수집한 후 각 상표를 비교하고 평가하여 상표에 대한 선호도를 결정하고 이에 따라 상표를 선택하는 과정을 거칠 수도 있다.

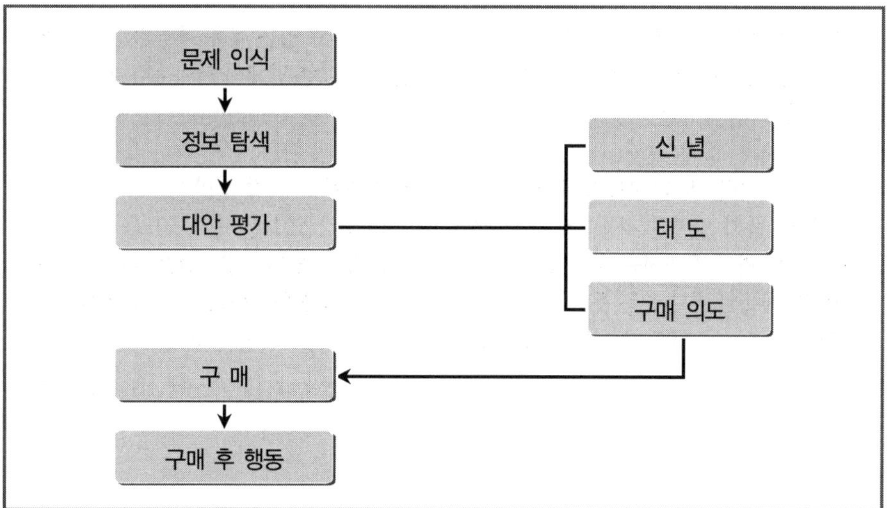

그림 6-1 소비자 구매의사결정과정

제1절 문제인식

1. 문제인식의 의의

문제인식이란 소비자가 구매의 필요성을 인지하고 느끼게 되는 심리적 불안상태를 구매를 통하여 해결하고자 하는 동기를 갖게 되는 것이다. 문제해결의 동기는 실제 상태와 바람직한 상태 간의 차이와 그 문제의 중요성에 의해 달라진다. 자신의 실제상황(the actual state)과 그가 기대하는 이상적 상황(the ideal state)사이에 차이를 느끼게 되면 문제를 인식하게 되는데 이런 불일치의 정도가 식역 수준(threshold level)을 초과할 때 발생하게 된다.

예를 들면 어떤 회사원이 지하철이나 만원버스 속에서 매우 힘들어 하면서 자가용 승용차만 있으면 이런 고생은 하지 않아도 될 텐데 하는 생각이 든다면, 그는 자가용 승용차 구매에 대한 문제를 인식하게 될 것이다.

이처럼 소비자들은 소비 및 구매를 위한 문제를 일상생활 속에서 끊임없이 경험하게 된다. 그러나 문제를 인식한다고 해서 반드시 다음 단계의 구매결정행동으로 이어지는 것은 아니다. 문제를 인식하더라도 두 상태 간의 지각된 차이가 별로 크지 않으면 구매결정행동이 유발되지 않는다. 또한 두 상태간의 지각된 차이가 크더라도 문제를 해결할 수 있는 시간적, 경제적, 환경적 제반여건이 갖추어져 있지 않다면 구매결정행동이 유발되지 않는다. 이를테면, 자가용 승용차 구매의 필요성을 인식하는 계기가 수없이 주어진다 하더라도 경제적, 기술적, 성격적, 또는 가족 간 의견불일치 등의 이유 때문에 구매의 가능성이 전혀 없을 경우에는 문제를 인식하는데 그치고 더 이상의 문제해결과정은 추진되지 않는다.

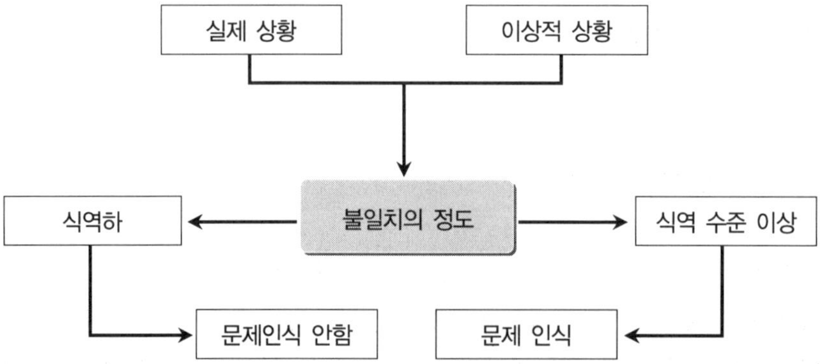

출처: Roger D. Blackwell, Paul W. Miniard, James F. Engel(2001), Consumer Behavior, South-western, ninth ed., p. 100.

그림 6-2 문제인식과정

사례 6-1

차 꼭 필요해요? 유지비 만만치 않은데

이용횟수 적으면 렌트로 전환 시 비용 대폭 절감

요즘은 집 없이는 살아도 차 없이는 못 사는 시대다. 직장 생활을 시작한 사회 초년생들이 제일 먼저 고민하게 되는 것도 자동차 구매 여부다. 그러나 재테크 전문가들은 돈을 모으기 위해 사지 말아야 할 목록 1위로 자동차를 꼽을 정도로 자가용은 유지비용이 만만치 않다.

우선 자가용이 있어야 하는 목적과 이유를 생각해보자. 예를 들어 통근이나 통학할 때 집에서 지하철과 버스 정거장까지의 거리가 멀 경우, 또는 슈퍼마켓이나 마트, 병원 등이 집에서 멀리 떨어져 있을 때는 자가용이 필요할 것이다. 또 가족 중 보호와 간호가 필요하거나 학원과 학교 귀가가 늦은 자녀를 데리러 갈 때도 자동차가 없으면 매우 불편하다. 이들은 자동차가 필수품이다. 하지만 단순히 취미로 소유한다거나 있으면 편리하므로 자동차를 사는 사람이 있다. 또는 레저용 차를 샀으나 주로 주말에만 이용하는 가족들도 적지 않다. 이러한 경우는 자동차가 필수교통수단이라고 보기는 어렵다.

문제는 자동차는 한 번 구매하면 사용 여부와 관계없이 할부금이나 세금, 보험 주차비용 등 고정비용이 나간다는 것이다. 비용은 배기량에 따라 달라지는데 통상 소형 경차가 연간 500만원 중형 승용차는 600만원, 대형 승용차는 800만원 가까이 비용이 든다. 이 고정비라는 개념을 볼 때 배기량이 낮은 차량으로 교체할 수도 있다. 하지만 자가용 이용 횟수가 적거나 주말에만 사용한다면 차라리 렌터카나 대중교통을 이용하는 편이 훨씬 경제적이다. 재무컨설팅 관계자는 "단순히 비용뿐만 아니라 건강 면에서도 대중교통을 이용하면 좋은 점이 있다"며 "목돈 모으기, 편리함 순으로 우선 순위를 정하고 가계 포트폴리오를 재점검할 필요가 있다"고 조언했다.

출처: 뉴스토마토, 2015.05.29. 기사편집

2. 문제인식의 유발요인

1) 문제인식에 대한 욕구와 동기의 영향

인간의 행동은 의식적이든 무의식적이든 분명히 어떤 욕구를 충족시키기 위해 수행된다.

잠재된 욕구가 활성화되면 그 활성화된 욕구를 충족시키려는 개인내적 성향이 결국 문제인식을 유발시키게 된다.

Maslow는 개인의 잠재되어 있는 욕구를 다섯 단계로 구분하고 충족되지 않은 낮은 단계의 욕구로부터 높은 단계의 욕구에 이르기까지 단계적으로 활성화되면서 행동을 유발시킨다고 하였다. 미충족된 욕구는 심리적 긴장상태를 야기시키며, 이 긴장상태를 해소하려는 행동을 하게 된다는 것이다. 따라서 욕구를 자극하고 활성화시키는 요인은 문제인식을 유발시키는 일차적 동인으로 작용한다고 할 수 있다.

활성화된 욕구가 문제인식의 동인이라면, 욕구를 활성화시키는데 영향을 미치는 요인 즉, 소비자의 욕구를 자극하여 문제인식을 유발시키는 요인으로는 충동, 공상적 사고, 환경의 자극, 문제 인식을 일으키는 마케팅 자극을 들 수 있다.

① 충동

어느 순간 생체 내의 변화로 인해 충동이 일어나면 문제인식을 하게 된다. 동기이론에 의하면 본능적 또는 생리적 요인에 의해 야기되는 내적 긴장상태가 충동을 불러일으킴으로써 동기가 활성화된다고 한다.

② 공상적사고

인간은 어떤 상황을 직접 접하지 않아도 그 상황을 충분히 상상할 수 있는 능력을 가지고 있다. 이와 같은 공상 세계 속에서 극히 주관적인 상상을 하는 것을 공상적 사고라고 한다. 소비자는 내적 충동이나 외적 자극이 선행하지 않아도 순전히 공상적 사고에 의해서 문제를 인식할 수 있다.

③ 환경의 자극

마케팅적인 요인, 기후나 계절변화, 오감을 자극하는 감각적 요인 등 외부로부터 주어지는 자극에 의해서도 구매행동에 대한 문제인식은 유발된다. 따라서 마케팅담당자는 다양한 활동 즉, 신제품개발, 포장개량, 광고 등을 통하여 소비자의 잠재된 욕구를 활성화시켜야 하며, 문제인식에 중요한 역할을 수행해야 한다.

사례 6-2

콜라보 마케팅의 시작점, '모디슈머'

식품업계에 이색 협업 바람이 불고 있다. 같은 음식이라도 더 맛있게 즐기려는 소비자들의 욕구를 반영한 마케팅 활동으로 풀이된다.

우선 오리온은 GS25, 빙그레와 손잡고 전국 GS25 전 매장에서 뉴팝과 투게더를 함께 구매할 경우 30% 할인 받을 수 있는 '뉴팝&투게더 팝스크림 콤보 할인 이벤트'를 진행한다. 이는 소비자들이 뻥튀기 사이에 아이스크림을 넣어먹는 '뻥스크림' 만드는 법을 공유한 데서 시작됐다.

더불어 한국야쿠르트는 편의점 세븐일레븐과 함께 '자이언트 세븐'을 알리는 마케팅을 선보였다.

특히 그 동안 여름이면 야쿠르트를 얼려 먹는 것이 야쿠르트를 더욱 맛있게 즐기는 방법으로 알려져 있던 탓에, 슬러시 형태로 제공된 야쿠르트를 접한 이들은 '민심을 안다'고 평할 정도로 좋은 반응을 얻었다.

팔도비빔면 묶음 포장에 동원 구운골뱅이의 이미지와 골빔면 레시피 디자인을 입혀 소비자들이 쉽고 간편하게 골빔면을 즐길 수 있도록 한 것은 물론, 양사의 SNS를 통해 레시피를 소개하고 이벤트 등을 진행할 예정이다.

이렇게 색다른 협업 마케팅을 이끌어 낸 데는 소비자의 힘이 크다. 제품사용설명서에 명시된 방식을 넘어 자신만의 방법으로 새로운 레시피를 창조하는 소비자를 의미하는 '모디슈머(수정하다·modify+consumer)'의 영향력이 발휘된 것.
재미있고 남들과 다른 것을 추구하는 소비자들이 제품을 활용하는 방식을 SNS 등을 통해 공유하고, 이러한 소비자의 욕구를 읽은 기업들은 모디슈머의 아이디어를 적극 반영해 마케팅에 적용하는 형태를 갖추게 됐다.

출처: 더피알, 2015.06.04. 기사편집

2) 문제인식에 대한 가족과 준거집단의 영향

가족은 생활권이 같은 소집단으로서 소비자가 스스로 문제인식을 하지 못하는 경우에도 가족의 영향을 받음으로써 문제를 인식하는 경우가 있다. 가족구성원은 공동으로 사용하는 물건뿐만 아니라 구성원의 개인용품에 대해서도 사용 및 구매와 관련하여 상당한 영향을 서로 주고받는다.

또한 소비자가 소속하고 있거나 소속하고 싶어 하는 준거집단의 규범이 그가 바라는 이상적 상태에 영향을 끼침으로써 문제인식을 야기시킨다.

3) 문제인식을 야기 시키는 상황적 요인

소비자의 현 상태가 불만을 초래하는 상황에 있거나, 소비자의 이상적 상태에 변화를 초래하는 상황적 요인이 발생하게 되면 소비자는 문제를 인식하게 된다. 한 예로 현재 사용하고 있는 물건이 완전히 소모되거나 재고가 불충분할 경우 구매에 대한 문제를 인식하게 되는 것이다.

4) 문제인식을 야기 시키는 마케팅 자극

다양한 마케팅전략은 잠재되어 있는 소비자의 욕구와 동기를 끊임없이 자극하고 환기시키기 때문에 소비자들은 마케팅 자극에 의해서도 문제를 인식하게 된다. 마케팅 자극은 소비자의 현 상태와 이상적 상태의 양 측면에 영향을 줌으로써 문제인식을 야기시킬 수 있다. 그러나 대부분의 마케팅 활동은 주로 소비자들이 기대하는 이상적인 상태에 영향을 줌으로써 문제인식을 일으키려는 경향이 있다.

3. 문제인식의 유형

소비자들이 인식하고 있는 문제의 성격에 따라 의사결정에 투입되는 시간과 노력에 차이가 있다. 문제가 사전에 예상된 것인가의 여부는 고려해야 할 대체안의 수와, 의사결정과정에 이용되는 정보원천의 선택에 영향을 미친다. 또한 문제의 중요성은 이들 두 가지에 모두 영향을 미치는 요소라고 할 수 있다. 소비자들이 인식하는 문제의 유형은 문제해결의 긴급성 여부와 문제발생의 예상 여부를 기준으로 네 가지 유형으로 나눌 수 있다.

1) 일상적 문제

실제 상태와 이상 상태 간의 차이에 의해 문제발생이 예상되어, 즉각적으로 문제를 해결해야 할 필요가 있는 것으로 대부분 생활필수품이나 편의품 등이다. 이러한 제품들은 소모성이 강하여 자주 구매를 해야 된다.

2) 계획적 문제

문제발생은 예상되지만 즉각적인 해결이 필요하지 않은 경우이다. 현재 사용하고 있는 내구재를 교체하거나 자녀를 위한 혼수품구매 등의 문제이다.

3) 비상적 문제

전혀 예상치 않은 상태에서 발생한 경우로서 즉각적인 해결이 필요한 경우이다. 자동차 사고가 발생하여 사고 난 차를 수리해야 하는 것과 같은 급박한 문제가 발생한 경우로서 이때에는 최적안을 선택하기보다 적정한 수준에서 만족스런 대안을 선택하는 것이 보통이다.

4) 진화적 문제

문제의 발생도 예기치 않았으며, 즉각적인 해결의 필요도 없기 때문에 상당한 정도의 시간과 노력이 요구된 이후 구매행동이 나타난다. 유행상품의 수용과정에서 나타나는 유형이다.

표 6-1 문제인식의 유형

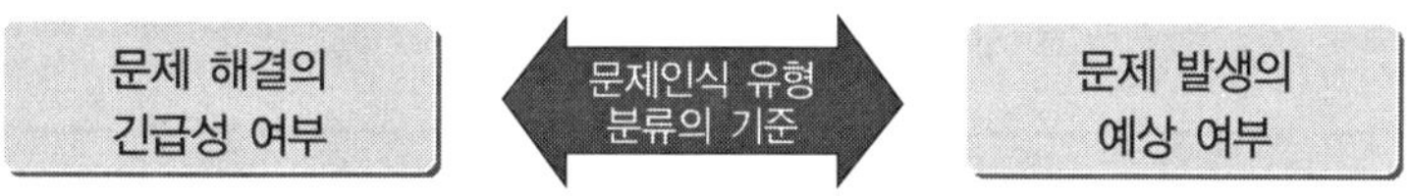

구 분	문제 해결의 긴박성	
	즉각적 해결 필요	즉각적 해결 불필요
문제의 발생을 사전에 예상함	일상적 (생활필수품, 생필품 등)	계획적 (재구매, 신제품 등)
문제의 발생을 사전에 예상못함	비상적 (자동차의 갑작스런 고장)	진화적 (유행상품의 수용)

제2절 정보탐색

1. 정보탐색의 의의

정보탐색(Information Search)이란, 소비자의 기억 속에 저장되어 있는 지식이나 환경으로부터 정보획득을 촉구하도록 동기 부여된 행위라고 정의할 수 있다. 즉, 정보탐색이란 제품, 서비스, 점포, 또는 구매에 관하여 어떤 지식을 얻으려는 소비자의 의도적인 행동이다. 소비자는 구매에 관한 문제를 인식하게 되면, 합리적이고 만족스러운 구매결정을 하기 위해 충분한 양의 신뢰할 수 있는 정보의 탐색이 필요하며, 이 정보 탐색은 여러 요인의 영향을 받아 적극적일 수도 있고, 소극적일 수도 있으며, 정보탐색을 하지 않을 수도 있다.

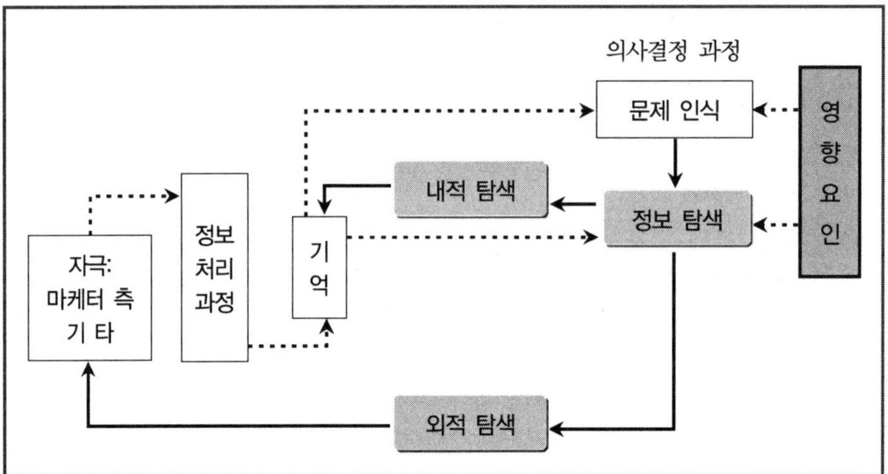

그림 6-3 정보탐색모형

2. 정보탐색의 유형

소비자의 문제해결을 위한 정보탐색활동은 정보원천을 기준으로 외적탐색과 내적탐색으로 구분할 수 있다. 내적탐색은 소비자의 장기기억에 저장되어 있는 지식을 검색하여 필요한 정보를 인출하는 것이며, 외적탐색은 외부환경에 존재하는 다양한 정보원천으로부터 필요한 정보를 획득하는 것이다.

1) 정보의 내적탐색

정보의 내적탐색(Internal Search)이란 소비자의 경험에 의해 축적되었거나 수동적으로 학습된 사전 정보를 얻기 위해 개인의 기억을 활성화시키는 정신적 활동을 말한다. 소비자의 기억 속에 보유하고 있는 지식의 크기와 지식의 인출능력에 따라 내적탐색의 성공여부를 결정짓는다. 일상적이고 정형적인 구매행동의 경우 주로 내적탐색만으로 구매의사결정이 이루어진다.

아울러 과거경험에 대한 만족이 클 경우, 구매간격이 짧을 경우, 대체안의 변화정도가 적은 경우, 문제의 유사성이 큰 경우에도 내적탐색에 의존할 가능성이 높다.

2) 정보의 외적탐색

정보의 외적탐색(External Search)이란 소비자의 기억 속에 저장된 정보가 아니라, 광고, 판매원, 친구나 친지, 이웃, 구매시점전시, 전문잡지 및 인터넷 등의 새로운 정보원천으로부터 추가적인 정보를 수집하는 과정이다.

소비자는 내적탐색만으로는 정보가 부족하다고 느낄 때 외적 탐색에 적극성을 보이지만, 소비자 특성이나 상황에 따라 외적정보탐색의 정도에는 차이가 있다. 소비자 외적탐색의 기초가 되는 것은 비용과 혜택의 관계이다. 추가적 탐색활동을 위해 소요되는 비용에 비해, 탐색으로부터 기대되는 추가적 혜택의 크기가 상대적으로 더 크다고 판단될 때 소비자가 적극적으로 외적탐색을 하게 된다.

3) 마케팅 시사점

기업의 입장에서는 소비자가 구매시점에서 고려하는 상표 중의 하나가 되기 위해서 많은 노력을 하게 된다. 상표가 이와 같이 구매시점에서 소비자의 마음속에 활성화될 잠재력을 Top-of-Mind Awareness(TOMA)라고 한다. 많은 기업들이 광고비에 막대한 투자를 하는 것도 소비자의 환기상표군에 자리하기 위함과 동시에 고려상표군에 포함되기 위해 자사의 상표가 높은 TOMA를 유지할 필요가 있기 때문이다.

여기서 환기상표군(evoked set)이란 소비자가 내적 탐색을 할 때 기존에 알고 있던 상표들 중에서 회상되는 상표군을 말하며, 고려상표군(consideration set)은 외적탐색과정에서 새로 추가되는 상표들과 환기상표들을 합친 것을 말한다. 그러므로 소비자는 고려상표군에서 상표를 선택하게 되는 것이다.

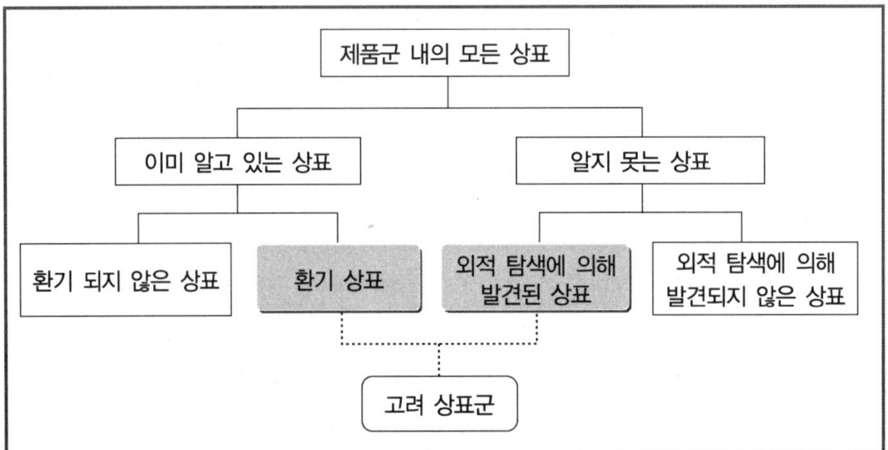

그림 6-4 환기 상표군과 고려 상품군

사례 6-3

"똑 소리 나는 온라인, 모바일 쇼핑몰"... '취향, 패턴' 맞춤형이 뜬다.

온라인, 모바일 쇼핑몰이 똑똑해지고 있다. 이들 쇼핑몰은 빅데이터를 활용해 고객의 특성과 이용 패턴을 분석한 뒤 고객의 결핍 요소를 찾아내 채워주는 맞춤형 마케팅을 적극 활용하고 있다.

빅 데이터는 고객 행위 중심의 데이터를 이용해 상관성과 연관성을 도출할 수 있도록 도와주는 도구다. 이를 이용해 고객이 필요로 하는 물건을 가져다가 파는 것이 고객 맞춤형 마케팅으로 볼 수 있다.

이 같은 고객 맞춤형 마케팅은 최근 또 다른 진화를 보이고 있다.

옥션은 업계 최초로 '마이스타일' 코너를 통해 고객이 최근 구매하거나 물건을 살펴본 기록을 근거로 연관 상품을 추천하는 서비스를 제공하고 있다.

또 롯데닷컴에서는 개인 장바구니 알림 서비스를 실시하고 있다. 개인 장바구니 알림 서비스는 고객이 찜 해놓은 상품이 할인될 경우 이를 고객에게 알려주는 형식이다.

소셜커머스 업체들도 이 같은 흐름에 동참하고 있는 추세다. 쿠팡, 티몬 등 이들 업체들은 빅 데이터를 기반으로 이용자의 특성에 맞는 상품을 추천하는 서비스를 실시하고 있다.

온라인 업체 관계자는 뉴시스와의 통화에서 "고객이 필요한 상품 또는 시기별로 많이 팔리는 상품을 분석해 제공하는 것이 최근 온라인 쇼핑몰에서 볼 수 있는 판매 유형"이라며 "일부 업체에서는 개인이 원하는 상품군을 따로 분류해 비슷한 유형의 상품을 추천하는 등 새로운 형태의 서비스를 제공하고 있다"고 말했다.

출처: 뉴시스, 2015.06.20. 기사편집

3. 정보탐색수준에 영향을 미치는 요인

1) 정보의 지각된 가치와 비용

정보탐색의 기대가치 및 탐색에 소요되는 비용은 탐색정도에 상당한 영향을 미친다. 소비자가 정보탐색에 투입하는 비용에는 시간, 금전, 심리적 부담감 등이 포함된다. 기대가치란 보다 유리한 가격의 확인, 품질과 성능에 대한 확신 등이다. 소비자는 구매행위에서 요구되는 노력과 비교하여 탐색의 기대가치가 크게 인식되는 경우 보다 적극적으로 정보를 탐색할 것이다. 소비자는 정보탐색으로 합리적인 구매결정을 한 결과, 얻게 되는 경제적인 이익뿐만 아니라 개인적·심리적 만족감도 얻게 된다.

2) 개인적 및 심리적 요인

소비자가 현재와 유사한 상황 하에서 만족한 결과를 경험한 경우, 정보탐색에 대한 의지는 상대적으로 약해질 것이다. 그러나 이런 경험이 부족하다면 새로운 정보를 얻기 위하여 적극적인 탐색활동을 할 것이다. 그리고 소비자가 현재의 문제와 유사한 상황의 경험을 충분히 갖고 있다고 하여도 정보를 인출해내는 능력이 부족한 경우에는 필요한 만큼의 정보를 확보 할 수 없으므로 추가적인 정보탐색이 필요하게 된다.

또한 소비자가 현재 사용하고 있는 상표에 대하여 만족하면 재구매를 할 가능성이 높아지고, 이로 인하여 상표 충성이 높은 소비자가 될 가능성이 크다. 이 경우의 소비자들은 외적탐색정도가 낮으며, 반대로 특정 단일 상표에 충성을 보이지 않고 여러 상표와 여러 상점에 호의적인 태도를 갖고 있는 소비자는 정보탐색을 많이 하는 경향이 있다.

또한 쇼핑을 즐기는 소비자는 그렇지 않은 소비자에 비해 많은 정보탐색을 하는 경향이 있으며, 호기심이 많고 정보민감도가 높은 소비자는 정보탐색활동이 활발하다. 교육수준이 높고, 잡지, 신문의 구독수준이 높은 소비자는 외적탐색성향이 높으며 내구재를 구매할 때에는 남성에 비해 여성이 정보탐색을 하는 성향이 높다.

3) 상황적 요인

소비자에게 이용가능한 시간이 많을수록 외적정보 탐색량은 증가하게 된다. 물리적·공간적 환경도 정보탐색에 영향을 미친다. 환경이 쾌적할수록 정보탐색량이 증가하게 되며, 선물을 하기위해 구매를 하는 것과 같은 상황적 요인도 상대적으로 정보탐색량을 증가시킨다. 또한 소비자의 신체적·정신적 에너지상태도 정보탐색활동의 수준을 결정하는 요인이 될 수 있다.

이렇듯 준거집단, 구매의 긴급성, 정보의 접근 가능성, 마케팅 자극, 시장의 경쟁 및 기술혁신 상황 등의 여러 가지 환경요인에 의해서 소비자의 정보탐색활동은 영향을 받는다.

4) 제품유형

제품의 차별화가 심할수록 성과차이가 커질 수 있기 때문에 외적 탐색량이 증가하게 된다. 제품의 차별화요인은 가격, 성능, 스타일 등 다양하며 의복, 가구, 자동차 등은 대체로 제품의 차별화가 많은 제품들이다. 또한 구매할 제품의 성격에 따라 소비자의 정보탐색수준은 달라진다. 주택, 자가용승용차, 가구 및 가전제품과 같은 내구성 고가품의 경우 소비자들의 정보탐색수준이 높아지는데, 이는 고가품인 경우 지각적 위험이 커서 구매 관여도가 높고, 구매 빈도가 낮아 구매 경험이 적기 때문이다.

의류 또는 보석 및 장신구와 같은 선매품(shopping goods)의 경우에도 소비자들의 탐색활동은 적극성을 보이는 경향이 있다. 선매품은 높은 사회적 가시성 때문에 지각된 심리적 위험이 높고 자아개념 보호욕구를 충족시키기 위하여 많은 정보를 탐색한다.

5) 기타

소비자의 정보처리능력의 정도에 따라 정보탐색수준에 영향을 미치게 된다. 정보처리능력이 낮은 소비자는 정보탐색을 즐겨하지 않지만, 제품속성에 대해 알고 싶은 욕구가 높은 소비자는 정보탐색을 활발히 수행한다. 희소가치가 있는 정보탐색에 대해서는 일반적으로 강한 의욕을 보이지만 상식적인 정보탐색에 대해서는 흥미를 보이지 않는 경향이 있다. 반품이나 교환이 용이하거나 품질보증이 잘 되어있는 제품 구매 시에는 소비자가 정보를 소극적으로 탐색한다.

표 6-2 정보 탐색 수준의 영향 요인

영향 요인의 분류	각 수준별 영향 요인	
	저수준의 정보 탐색	고수준의 정보 탐색
종합적 결정요인	• 고비용의 탐색으로 낮은 효과 기대	• 저비용의 탐색으로 높은 효과 기대
심리적 요인	• 저몰입 • 과거 구매경험 많음 • 현상표에 대한 고만족 • 쇼핑을 싫어함 • 상표충성	• 고몰입 • 과거 비슷한 구매경험 적음 • 쇼핑을 즐김 • 호기심 • 다양한 상표와 상점에 호의적 태도
상황적 요인	• 특정상표의 구매에 대한 준거집단(즉, 친구, 가족 등)의 압력 • 구매의 긴급성 • 정보탐색에의 물리적 제약 • 용이한 반품 및 보증 조건 • 저가격/저위험 • 효과적 판촉활동	• 정보탐색에 대한 준거집단 압력(특히 배우자의 요구) • 쇼핑의 용이 • 많은 정보원이 가능 • 구매경험 후 경과시간이 긴 경우 • 제품의 사용연수가 긴 경우 • 제품 기술혁신이 있는 경우
정보 처리 요인	• 정보의 이해능력이 낮은 경우 • 판매원을 다룰 자신감의 결여	• 제품에 대해 알고 싶은 강한 욕구 • 정보처리능력에의 자신감 • 다수의 대안평가기준의 고려기준 필요함

4. 정보탐색방식

J.R.Bettman & C.W.Park은 소비자의 정보탐색이 어떤 순서에 의해 이루어지는가를 정보전시판을 이용하여 연구하였다. 이 연구결과에 의하면 소비자의 정보탐색유형은 상표별 탐색(PBB: Processing By Brands)과 속성별 탐

색(PBA: Processing By Attributes)으로 구분된다.

상표별 탐색은 소비자의 고려상표군에 포함된 각 상표에 대해 한 번에 한 상표씩 그 상표의 모든 속성과 특징에 대하여 정보를 탐색한 후, 상표별로 정보를 종합평가하는 방법이다.

속성별 탐색은 제품의 어떤 하나의 속성에 대하여 여러 상표에 대한 정보를 탐색한 후, 또 다른 속성에 대하여 다시 각 상표에 대하여 정보를 탐색·분석하는 방법이다.

탐색 순서에 따른 차이는 소비자들이 상표평가나 속성의 선호순위를 결정짓는 방법에 대해 많은 정보를 제공하기 때문에 마케팅담당자로 하여금 효과적인 마케팅 전략을 수립할 수 있도록 한다.

상표별 처리방법(PBB)이 더 많이 이용되긴 하지만, 개인의 특성, 상황, 의사결정단계에 따라 차이가 있다. 일반적으로 의사결정의 초기단계에서는 속성별 탐색처리방법이 많이 이용되지만 마지막 결정단계에서는 상표별 탐색처리방법이 이용되는 경향이 있다. 그리고 제품에 대한 지식이나 과거 구매경험이 많은 소비자들은 상표별 탐색처리방법을 주로 이용하게 된다.

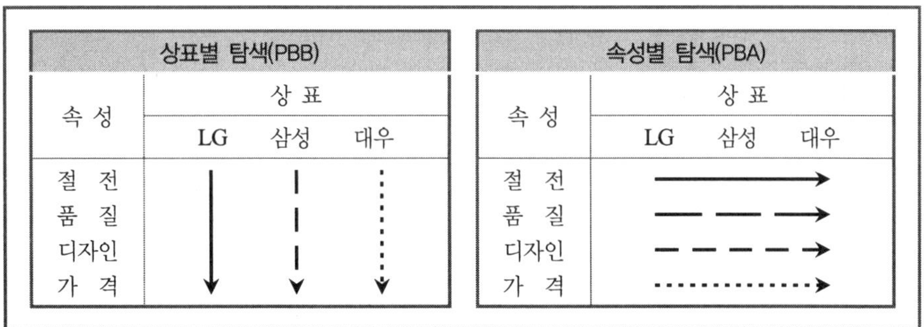

그림 6-5 정보탐색방식

5. 정보원

1) 정보원천의 유형

소비자의 정보원천은 네 개의 집단으로 나눌 수 있다.

첫째, 상업적 원천 : 광고, 판매원, 상인, 포장, 진열
둘째, 공공적 원천 : 대중매체, 소비자단체, 정부기관
셋째, 개인적 원천 : 가족, 친구, 이웃, 친지
넷째, 경험적 원천 : 취급, 조사, 사용

이 정보원천의 상대적인 양과 영향력은 제품범주와 구매자의 특성에 따라 다르다. 일반적으로 소비자는 마케팅담당자가 지배하는 원천인 상업적 원천으로부터 제품에 대한 대부분의 정보를 받는다. 그러나 가장 효율적인 노출은 개인적 원천으로부터 나온다. 원천의 각 유형은 구매의사결정에 영향을 미칠 때 서로 다른 기능을 수행할 수도 있다. 그러므로 마케팅담당자는 소비자의 정보원천을 신중하게 파악해야 하며 정보원천의 상대적 중요성을 평가하여야 한다.

2) 정보원의 유효성

정보매체는 각각 나름대로 특성을 지니고 있어 상호보완적이다. 따라서 어떤 정보원을 이용하는 것이 가장 효과적인가하는 판단에 절대적 기준이 없다. 각각의 정보매체는 나름대로의 특성이 있기 때문이다. 그러므로 정보원의 상황적·상대적 중요성을 평가하는 것이 더 의미가 있다. 상황적 중요성을 평가하는 기준은 다음과 같다.

첫째, 결정적 효과(decisive effectiveness) : 구매 결정에 결정적 기여를 한 정보는 결정적 유효성이 있다.

둘째, 기여적 효과(contributory effectiveness) : 문제해결상의 불확실성을 제거하는 데 영향을 준 정보는 기여적 유효성이 있다.

셋째, 무효과(ineffective) : 구매결정과정에 전혀 기여도가 없는 정보는 무의미하다.

정보는 결정적 효과가 큰 경우만 가치 있는 것이 아니고, 구매결정의 전 과정을 통해 기여적 효과를 가진 정보는 모두 가치가 있고 필요하다.

사례 6-4

'적극적 인터넷 검색'과 '가족/친구 추천'으로 정보취득 늘어

닐슨이 최근 발간한 '신제품 구매에 대한 글로벌 소비자 보고서'에 따르면, 한국의 경우에 절반에 가까운 48%의 응답자가 최근 새로운 소비재 제품을 구매한 경험이 있다고 답변한 것으로 나타났다. '신제품 구매에 대한 글로벌 소비자 보고서'는 전세계 60개국 30,000명 이상의 소비자들을 대상으로 2015년 1분기 중에 진행된 온라인 설문 조사를 기반으로 했으며, 소비재 제품 구매 시 신제품을 선택하게 되는 이유와 신제품 정보를 얻는 방법 등 신제품에 관한 소비자들의 구매 행태와 의향을 파악하기 위해 실시되었다.

전세계 소비자들이 지난 6개월 간 소비재 신제품에 관한 정보를 얻기 위해 가장 많이 활용한 방법은 '친구/가족의 추천'(56%)으로 드러났으며 뒤를 이어 'TV광고'(52%), '매장에서 직접 제품 확인'(48%), '적극적인 인터넷 검색'(44%), '무료 샘플'(30%) 순으로 나타났다.

반면에 한국 소비자들의 경우, '적극적인 인터넷 검색'(69%)을 가장 많이 활용하는 것으로 나타났으며, 다음으로 '친구/가족의 추천'(59%), '매장에서 직접 제품 확인'(48%), 'TV광고'(46%), '전문가의 추천'(32%), '인터넷 게시판'(31%), '소셜 미디어 게시물'(29%), '무료 샘플'(28%), '자주 방문하는 뉴스 또는 라이프스타일 웹사이트의 기사나 내용'(28%), '인터넷 광고'(25%) 등이 뒤를 이었다.

출처: 머니위크, 2015.07.04. 기사편집

제3절 대안평가

1. 대안평가과정 및 소비자신념

1) 대안평가 과정

소비자가 정보 탐색 활동에 의해 복수의 대안에 대한 정보를 입수하게 되면 이들 정보를 평가해야 하는데, 소비자들의 모든 구매상황 속에서 사용하는 간단하고도 유일한 평가방법은 없다. 그러나 상표애호구매나 습관적 반복구매의 경우에는 일반적으로 대안평가과정은 생략된다.

대안의 평가과정은 소비자의 구매행동 유형에 따라 차이가 있다. 소비자는 의사결정에서 중요하다고 생각하는 평가기준이나 제품속성을 바탕으로 각 대안들을 비교하고 평가한다. 즉, 대안의 평가는 소비자의 욕구를 충족시키기 위하여 구매하기 전 최종적으로 도출된 고려상표군에 속한 대안들을 평가하고 그중에서 하나를 선택하는 과정이다.

고관여 의사결정의 경우 대안평가과정은 세 단계의 과정을 통해 다수의 대체안에 대한 평가가 이루어진다. 첫 번째 단계는 소비자 자신의 신념에 따라 대안의 평가기준을 선정하여 각 대안들을 비교·평가하는 단계이며, 두 번째 단계는 평가결과로 각 대안들에 대한 태도가 형성되거나 변경되는 단계이다. 마지막 단계는 특정 상표에 대한 구매의도가 형성되는 단계이다.

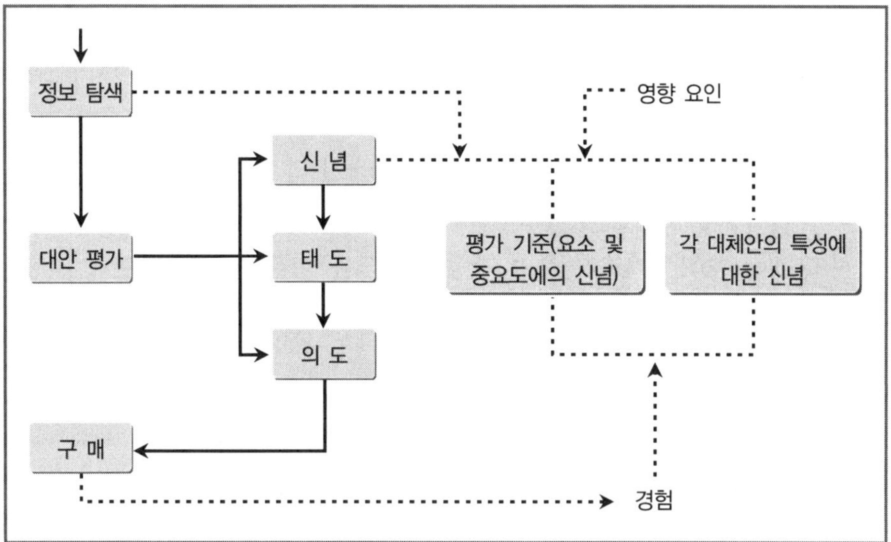

그림 6-6 고관여하의 대안평가과정

2) 대안에 대한 소비자신념

상표대안에 대한 신념은 평가기준의 관점에서 각 대안이 가지고 있는 특성에 대해 소비자가 지각하고 있는 주관적인 믿음으로 제품이나 상표이미지에 대한 소비자의 지각을 말한다.

이러한 소비자 신념이 중요한 이유는 대안평가과정에서 가장 중요한 역할을 수행하기 때문이며, 또한 제품의 특성을 사실과 다르게 지각하여 왜곡된 신념을 가지는 경우에는 합리적 대안평가가 불가능하기 때문이다.

먼저, 신념(belief)단계에서 소비자는 평가기준을 선정하고 대안을 평가한다. 제품이나 상표의 속성 중에서 중요하다고 생각하는 속성을 평가기준으로 선정하고, 각 평가요소에 대하여 중요도에 따른 비중을 부여하며, 평가기준의 관점에서 각 대안을 평가한다.

소비자 신념과정에 영향을 주는 요인으로는 과거의 경험이나 새롭게 탐색된 정보와 여러 가지 상황에 기초한 추론이 있다. 이렇게 형성된 신념을 추정적 신념이라 하는데, 추정적 신념은 부정확한 상표이미지를 개발할 우려가 있기 때문에 소비자 추론에 신중해야 한다. 일반적으로 제품의 가격과 광고는 상표의 신념을 추론하는 과정에 영향요인으로 작용한다.

태도(attitude)단계에서는 각 대안들에 대한 호의적 또는 비호의적인 태도가 형성되지만, 특정대안에 대한 태도가 가장 호의적이라고 하더라도 그 대안이 선택된다는 것을 뜻하지는 않는다. 태도가 호의적이라고 해도 상황에 따라 구매가능성이 낮은 경우도 있기 때문이다.

의도(Intention)는 태도가 특정 행동을 하도록 이끌어 주는 주관적 가능성을 말하는데, 의도단계에서는 구매가능성이 높은 대안에 대한 평가가 이루어진다.

사례 6-5

車 햄릿증후군에 빠진 소비자를 잡아야...

한국인 최대의 난제로 꼽히는 선택지가 있다. 바로 '탕수육을 부먹(소스를 부어먹는 방법)할 것인가, 탕수육을 찍먹(소스에 찍어먹는 방법) 할 것인가'다. 또한 '물냉(물냉면)인가, 비냉(비빔냉면)인가'도 오랫동안 한국인을 괴롭혀 온 질문 중 하나다. 주변에 주도적인 선택을 두려워하고, 주저하는 사람이 적지 않다. 그 모습이 마치 '죽느냐 사느냐 그것이 문제로다'로 고민하는 햄릿을 떠올리게 한다. 그래서 결정장애는 최근 '햄릿증후군'이라고도 불린다.

햄릿증후군은 기본적으로 소비자들의 선택이 매우 어려운 일이라는 전제를 안고 출발한다. 특히 현대사회 소비자 앞에 놓인 수많은 정보는 그들로 하여금 하나의 선택을 망설이게 하는 결과를 초래한다. '이것도 괜찮은 것 같은데, 저것도 좋은 것 같고, 이걸 선택하자니 저것이 아쉽다'는 고민에 빠진다는 것. 결국 선택을 하지 못하거나 옳지 않은 선택을 하는 게 지금 소비자들의 모습이다.

자동차 역시 대표적인 정보과잉 소비재 중 하나다. 기본적으로 '고가'이기 때문이다. 제 아무리 수입차가 발에 치일 정도로 늘었다 해도 여전히 비싸다는 인식이 존재하며, 국산차라고 부담 없는 가격도 아니다. 때문에 자동차 구매에 있어 무엇이 더 자신에게 이로운 선택인가를 늘 고민할 수밖에 없다. 그 과정에서 소비자는 올바른 선택을 위한 최대한의 정보를 모은다. TV, 신문, 라디오는 말할 것도 없고 요즘은 인터넷, 매거진 등 자동차를 다루지 않는 미디어를 찾는 게 빠를 정도다. 여기에 소비자 주변의 자칭 전문가 집단과 자동차 회사를 다니는 주변 지인도 흔하다. 때문에 자동차를 구입하려는 사람은 늘 갈림길 앞에 서있는 햄릿이 될 수밖에 없다.

자동차 업계서도 발 빠르게 햄릿증후군을 위한 배려형 서비스를 속속 선보이는 중이다. 그 중 BMW의 '프로덕트 지니어스'가 가장 눈에 띈다. 프로덕트 지니어스는 전시장에서 소비자에게 제품에 대한 전문적인 내용을 설명하고 시승을 제공하는 일종의 상담역으로, 직접적인 판매를 하지 않는다는 점에서 햄릿증후군을 불식시킬 중요한 존재라는 게 회사 설명이다.

출처: 오토타임즈, 2014.12.04. 기사편집

2. 평가기준

소비자는 정보를 평가할 때 나름대로의 기준을 정하여 대안들을 정해진 기준에 따라 비교한다. 소비자의 평가기준(Evaluative Criteria)이란 소비자가 상표대안들을 비교·평가하기 위하여 사용하는 기준으로 제품속성의 형태로 표시된다. 평가기준은 평가대상인 제품이나 서비스의 특성, 소비자가 처해 있는 환경이나 소비자 개인의 특성에 따라 매우 다양하다.

일반적으로 소비자는 평가기준으로 가격, 상표명성, 제품, 성공 이미지 등 제품속성을 이용하며 제품에 따라 평가기준이 다르다. 일반적으로 6개 이하의 평가 기준이 사용된다고 한다. 평가기준의 조사 방법으로는 직접질문법, 간접질문법, 지각도 기법, 평점 척도법이 있다.

3. 대안결정방식

대안결정방식(decision rules)이란 대안을 평가하고 각 대안에 대한 태도를 개발하는 데 적용하는 절차와 방법이다. 대안결정방식은 단순한 방법부터 복잡한 방법에 이르기까지 아주 다양하다. 소비자의 개성이나 제품의 특성에 따라 대안평가 방식이 다를 수밖에 없기 때문이다.

소비자들은 구매결정이 필요할 때마다 이미 습관화된 결정방식을 따르기도 하고 쇼핑하는 동안 새로운 결정방식을 고안하여 적용하기도 한다.

소비자들이 대안을 결정하기 위해 적용하는 대안평가방식으로는 보상적 결정방식(compensatary decision rules)과 비보상적 결정방식(non-compensatary decision rules)으로 나눌 수 있다.

1) 보상적 결정방식

보상적 결정방식은 한 속성에 있어서 평가된 낮은 성과가 다른 속성의 평가기준에서의 높은 점수로 인하여 하나의 약점이 다른 강점으로 상쇄 또는 보상된다는 전제하에 대안을 평가하고 결정하는 방법이다. 대안 평가를 위해 속성에 대한 정보는 상표별로(PBB)로 처리하고, 복잡한 평가과정을 거치게 되는 특징이 있다.

각 속성에 대하여 중요도에 따라 가중치를 부여하고, 상표속성에 대한 소비자의 신념에 가중치를 곱하여 상표대안별로 총체적인 지각적 가치를 산정한 다음, 가장 가치가 큰 대안을 선택한다.

<표 6-3> 예시에서 순위에 따른 각 속성별 중요도는 성능 40%, 가격30%, 절전 20%, 외형 10%라 가정하면, 각 상표대안의 지각적 가치는 다음과 같이 산정된다.

- A 상표가치: 4×0.4 + 5×0.3 + 5×0.2 + 4×0.1 = 4.5
- B 상표가치: 6×0.4 + 4×0.3 + 3×0.2 + 5×0.1 = 4.7
- C 상표가치: 6×0.4 + 6×0.3 + 1×0.2 + 2×0.1 = 4.6
- D 상표가치: 5×0.4 + 7×0.3 + 6×0.2 + 2×0.1 = 5.5(선택예상)

그러므로 소비자는 지각된 가치가 5.5로 가장 큰 D상표를 선택할 것이다.

표 6-3 보상적·비보상적 결정방식을 위한 예시

속성 (평가기준)	중요도 (서열순)	상 표 신 념			
		A	B	C	D
성 능	1	4	6	6	5
가 격	2	5	4	6	7
절 전	3	5	3	1	6
외형 및 내부구조	4	4	5	2	2

2) 비보상적 결정방식

제품이나 상표가 지니고 있는 어떤 한 속성의 성과가 수용기준에 미치지 못하면 아무리 다른 속성이 우수하다고 평가를 받더라도 선택대상에서 제외된다. 즉 제품이나 상표의 약점이 다른 속성의 강점에 의해서 상쇄될 수 없다는 전제하에, 일정한 기준에 의하여 대안을 결정하는 방식이다.

① 상표의 속성에 대한 신념: 7점 평점척도법을 사용하는 경우
(*신념척도를 사용하지 않고 실수치나 서술식 표현의 사용도 가능함)

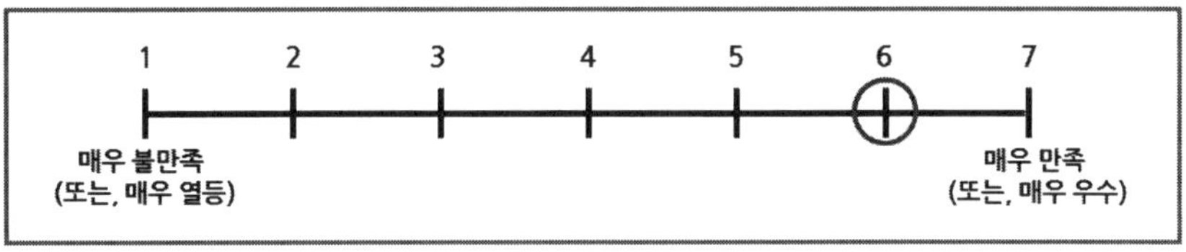

② 속성의 허용수준

- 결합식 방식의 경우 속성별 허용 수준: 각각 4.0
- 분리식 방식의 경우 속성별 허용 수준: 7.0
- 속성별 제거 방식의 경우 속성별 허용 수준:
  성능=5.0, 가격=0.6, 절전=3.0, 외형 및 내부구조=3.0

(1) 사전편집식 결정방식(Lexicographic Rule)

소비자는 자신이 가장 중요하게 여기는 평가기준에 서열을 정하고 가장 중요한 기준부터 차례로 적용함으로써 선택안의 범위를 축소하는 과정을 거친다. 그러나 복수의 대안이 남게되면 그 다음으로 중요한 기준을 적용하여 평가한 후 상표를 선택하는 방법이다.

<표 6-3>과 같은 평가기준과 상표속성에 대한 신념을 가진 소비자인 경우, 에어컨구매과정에서 성능을 가장 중요한 속성으로 평가하였을 때, B상표와 C상표가 같은 평가를 받았기 때문에 두 번째로 중요하게 여기는 속성인 가격을 비교하게 된다. 이때 가격에서 더 적정하다고 평가를 한 C상표를 선택하게 된다.

이 방식은 속성별 정보처리(PBA: Processing by Attribute)에 의해 대안을

결정하는 대표적 대안 결정방식이다.

(2) 결합식 방식(Conjunctive Rule)

평가기준이 되고 있는 여러 속성 중 어느 한 속성에서도 큰 결점이 발견되지 않는 비교적 안전한 제품을 선택하려는 결정방식으로, 소비자는 최소한의 허용수준을 사전에 정하고 어느 한 속성에서라도 그 성과가 허용수준에 미달이 되면 선택대상에서 제외하는 방식이다.

<표 6-3>예시에 의하면 A가 선택된다. 즉, 7점 척도에서 소비자는 각 제품마다 4점의 평점척도를 정했다면 성능과 가격속성에서는 A,B,C,D 모두가 고려대상에 속한다. 그러나 절전이라는 평가기준에 의하면 A와 D만 남는다. 마지막으로 외형 및 내부구조 속성에서 D는 2, A는 4가 되므로 최종적으로 A가 선택될 것이다.

결합방식은 비교적 안전한 상품을 선택하기 원하는 비교적 보수적인 소비자들이 추구하는 방식으로 상표별 정보처리(PBB: Processing by Brand) 방식에 의한 대안 결정 방식이다.

(3) 분리식 방식(disjunctive rule)

결합식 결정방식에서는 결점 있는 대안을 제외하기 위하여 허용기준이 필요하지만, 분리식 결정방식에서는 뛰어난 속성을 가진 대안을 선택하기 위하여 허용수준을 높게 설정한다. 속성별 허용수준이 결정되면, 어느 한 속성에서라도 이 허용수준을 만족시키는 속성을 가진 상표가 선택된다.

<표 6-3> 예시에서 소비자가 속성별 허용수준을 7점으로 결정했다면, 어느 한 속성에서라도 이 기준을 충족시키는 D상표가 선택된다.

(4) 속성별 제거방식(elimination by aspects)

사전편집식 결정방식과 비슷한 방식으로서 중요한 속성에서부터 순차적으로 설정된 허용수준과 비교하여, 제외되지 않고 마지막까지 남은 상표대안이 선택된다. 사전편집식 결정방식에서는 중요한 기준부터 비교가 되지만, 속성별 제거방식에서는 기준별 최저수준을 정하여 이 수준을 넘지 못하면 제거되는 방식이다.

<표 6-3> 예시에서 성능의 허용수준이 5점이라고 한다면 이 수준에 미달되는 A상표가 일단 제외된다. 두 번째 중요한 속성인 가격의 허용수준이 6점이라면 B상표가 다시 제외되고, 세 번째 중요속성 허용수준이 3점이라면 C상표가 제외됨으로 결국 D상표가 선택된다. 이 비교에서 상표결정이 되었기 때문에 네 번째 속성인 외형 및 내부구조 속성의 비교는 필요하지 않게 되는 것이다.

속성별 제거방식에서는 특별히 중요한 속성에 한해서 제한조건을 설정한 후 이 조건을 충족한 상표대안을 일차 선정한 다음 다른 방법에 의해 최종대안을 결정하기도 한다.

사례 6-6

'던지고 때리고'… 소비자 만족 위해 가전제품 극한 테스트

애플사의 아이폰이 휘어지는 영상을 보신 적이 있을 겁니다. 제품이 얼마나 견고하고 쓸만한지 소비자들이 직접 실험해서 인터넷이나 SNS로 퍼트리는 건데 이제 가전업체들이 직접 나서고 있습니다. 다시 말해 소비자에게 선을 보이기 전에 자식 같은 신제품을 던지고 때리며 극한 테스트를 벌이고 있습니다.

세탁기 위로 추가 사정없이 떨어집니다. 접시를 깨뜨릴 정도의 묵직한 무게를 2미터 높이에서 떨어뜨려, 플라스틱 빨래판이 튼튼한지 실험한 겁니다.
"안전하고 오래 사용할 수 있게끔 강도 높은 내구성 실험을 진행하고 있습니다."
스마트폰의 배터리 수명은 어떤지, 또, 카메라는 연속 촬영을 버티는지. 2시간 동안 7백 46명이 연달아 찍은 셀카는 기네스북에까지 올랐습니다.

전 세계로 수출되는 스마트오븐은, 온갖 음식을 해 보는 게 그대로 테스트. 라면부터 파이, 최고급 스테이크까지. 1백여 개국, 5백여 개 조리법이 시연됩니다.

삼성의 로봇청소기가 5킬로그램짜리 볼링공 2개를 너끈히 들어 올리는 흡입력을 뽐내자, LG는 1백 미터 높이 크레인 위에서, 또, 비포장도로를 달리는 차 위에서도, 빈틈없이 청소하는 정확함을 자랑합니다.

노트북을 두고선 LG가 먼저, 샤프심 위에 올려놓고, 벽에 붙여도 될 정도의 가벼움을 강조하자, 삼성은 책상 높이에서 반복해 집어던지고, 자판을 수십만 번 두들겨도 문제없이 작동하는 내구성으로 맞섭니다.

인터넷과 SNS로 입소문이 어느 때보다 빨라진 시대, 업체들은 실험실 속 극한 테스트 영상을 공개하면서까지 소비자들의 신뢰를 얻기 위한 경쟁을 벌이고 있습니다.

출처: MBC뉴스, 2015.07.09. 기사편집

제4절 구 매

소비자들은 대안을 비교 평가한 후 구매를 하게 된다. 구매 시 소비자들이 무수히 많은 상표 가운데 특정상표를 선택하고 구매하는 이유를 알기 위해서는 각각의 상표에 대한 소비자들의 태도나 의도에 관한 정보뿐만 아니라 상황적 요인도 간과하지 말아야 한다.

1. 구매행동의 상황적 영향요인

소비자들은 구매시점에서 여러 가지 상황적 요인으로 인하여 자신이 의도했던 대로의 구매를 하지 못하는 경우도 발생하게 된다. 상황적 요인이란 개인의 내적요인 이외의 것이며, 마케팅담당자의 자극만을 뜻하지는 않는다. 마케팅담당자가 통제할 수 없는 상황요인들도 많이 존재하기 때문이다.

소비자의 구매행동에 직접·간접으로 영향을 미치는 상황요인들은 다음과 같다.

1) 일반적 상황요인

첫째, 구매가 이루어지는 실체적 장소인 조명, 온도 등의 점포환경을 말하는 물리적 환경

둘째, 쇼핑할 때 동행인의 여부와 특성을 나타내는 사회적 환경

셋째, 소비자는 자신이 사용할 제품을 구매할 때 보다 선물용을 고를 때 더 많은 시간을 할애하는 것과 같은 쇼핑 목적 및 이유

넷째, 쇼핑시간 및 긴박성이 있으며,

이 외에도 충분한 현금의 소지여부, 신용카드 소지여부 심지어 쇼핑 전 개인의 기분까지도 구매행동에 영향을 준다.

2) 점포 내의 상황요인

첫째, 제품품절을 들 수 있다.

구매할 제품이 저관여 제품이거나, 구매의 긴급성이 요구되거나, 대체상표가 있을 경우, 상표애호도가 높은 소비자를 제외한 대부분의 소비자들은 대체상표를 구매할 수 있다. 타상표로의 전환이 일어나게 되면 고객을 영구히 잃게 될 가능성이 있기에 적정 재고를 유지하도록 해야 한다.

둘째, 가격할인, 경품 등과 같은 구매시점 자극도 소비자의 구매행동에 영향을 준다.

셋째, 진열, 선반의 면적 및 위치, 매장의 규모 및 인테리어 등과 같은 상점 내 환경도 소비자의 구매행동에 영향을 준다.

2. 대금지급방법 및 구매시기의 결정

대안의 결정 후 실제구매행동을 실행하기 전에 언제, 어떻게, 어느 곳에서 구매할 것인가에 대한 결정이 필요하다. 대금지급방법은 현금, 신용카드 등이 있으며, 일시불로 지불할 수도 있고 할부로도 할 수 있다. 또한, 언제 구매할 것인가에 대해서는 정가 판매 외에 특가판매기간이나 재고정리기간 또는 비수기를 이용할 수도 있다.

사례 6-7

'90% 세일' 마케팅 새 트렌드…겨울옷 여름에 사야 제 맛

'이월상품 재고처리'용 할인행사였던 역시즌 마케팅이 경기 침체가 장기화 되며 유통 업체들의 핵심 마케팅 트렌드로 자리잡고 있다. 역시즌 할인은 겨울에 미처 다 팔리지 않은 이월상품을 여름에 저렴하게 판매해 재고를 소진해 창고를 정리하기 위한 마케팅 중 하나다. 하지만 최근 들어 계절과 무관하게 필요한 상품을 저렴하게 구입하려는 '합리적 소비자'들이 늘어나자 유통업계에서는 역시즌 행사 시기를 앞당기고 규모를 대폭 키우고 있다. 뿐만 아니라'역시즌용 신제품'을 내 놓거나 아예 겨울 상품을 여름용 상품으로 탈바꿈 시켜 판매하는 등 다양한 방식으로 진화하고 있다.

온라인 쇼핑몰 11번가 측은 "가격 할인폭이 큰 역시즌 상품을 찾는 소비자들이 증가하면서 관련 기획전 규모도 덩달아 커지는 추세"라며 "최근 한달 간 역시즌 상품 매출은 전년 동기 대비 92% 커졌고 이번 역시즌 기획전에서 취급하는 상품 수도 역시 지난해 보다 20% 가량 증가했다"고 밝혔다.

CJ오쇼핑 측은 "봄·여름과 같은 겨울 상품 비수기때 자재를 확보하고 공장을 가동하다보니 비용이 자연스럽게 낮춰지게 돼 신제품이라도 시즌 대비 저렴하게 판매가 가능하다"고 설명했다. 브랜드 입장에서는 여름에 선판매 되는 겨울 상품을 분석해 올해 소비자들의 선호 패션 트렌드를 미리 파악할 수 있다는 점도 장점이다.

출처: 매일경제, 2015.07.15. 기사편집

3. 구매 장소의 선정

구매 장소와 관련된 구매방법의 유형으로는 점포를 직접 방문해서 제품을 구매하는 점포구매와 점포를 직접 방문하지 않고 제품을 구매하는 무점포구매가 있다.

1) 점포구매

일반적으로 소비자는 평소에 애호하는 점포를 선택하는 경향이 있다. 소비자는 상표뿐만 아니라 점포에 대해서도 이용한 결과가 만족스러우면 계속해서 애호한다. 그러나 특별히 애호하는 점포가 없는 경우에는 여러 점포대안을 놓고 방문할 점포를 선택해야 한다. 점포의 선택과정은 상표를 선택하는 과정과 흡사하다. 각 점포의 속성에 대한 신념에 의해서 점포에 대한 태도가 형성되고 가장 호의적인 태도를 가진 점포가 선택될 것이다. 점포는 소비자의 최종대상이 아니기 때문에 상표선택보다는 그 과정이 훨씬 단순하다.

소비자들의 점포선정에는 대체로 다음과 같은 점포속성들이 평가기준으로 이용된다.

- **점포의 일반적 특성**: 명성, 점포 수, 상점 분위기 등
- **점포의 물리적 특성**: 규모, 휴식 공간, 실내 장식, 청결 등

- 입지조건: 위치, 거리, 주차 시설 등
- 취급상품: 다양성, 품질수준, 구색 갖춤 등
- 판매정책: 가격수준, 신용판매, 가격할인 및 기타 판촉활동 등
- 판매원 및 서비스: 친절, 배달, 교환 및 반품처리, 보증 등
- 점포 내 정보의 신뢰도
- 점포에 대한 다른 사람들의 지각

소비자들은 앞에서 열거한 점포속성들을 기준으로 하여 각 점표에 대한 점포 이미지를 개발하고 이에 의해 가장 선호하는 점포를 선택하게 될 것이다.

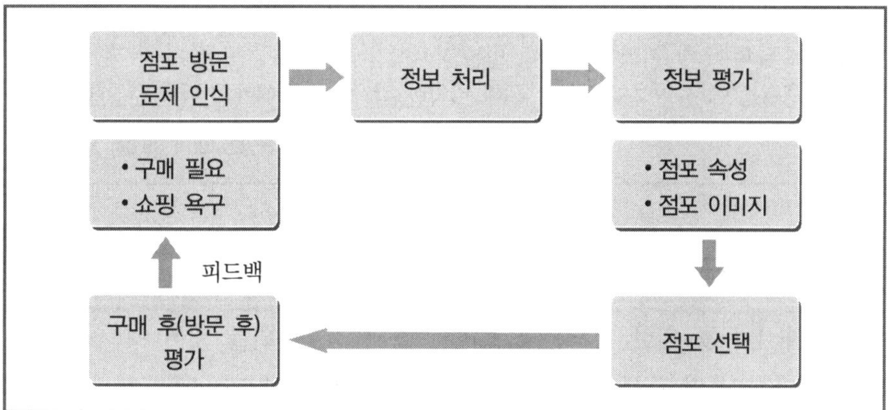

그림 6-7 점포선택모델

사례 6-8

향기가 미치는 영향? 매출 증가·학습에도 효과 있어

고객들의 점포 이미지 및 구매에 미치는 영향

향기가 일상생활에 미치는 영향은 얼마나 될까. 향기마케팅 전문기업 '센트온'은 글로벌 정보 분석 기업닐슨코리아와 함께 향기 마케팅이 고객들의 점포 이미지 및 구매에 미치는 영향을 조사했다.

매장에 후리지아 향기를 분사하는 향기 분사기 설치 전 이틀과 설치 후 이틀간 진행됐으며, 분석은 최종 160명의 유효 샘플을 대상으로 했다.

향기 이외에 동일한 조건으로 동일한 요일에 진행했으며, 주요 조사내용은 구입품목과 매장 속성별 만족도, 매장 분위기 속성별 평가, 재방문 의향 등이다.

결과는 향기 마케팅 적용 후 고객의 제품 구매율과 제품품질, 분위기, 서비스 등에서 만족도가 높은 것으로 나타났다.

향기마케팅 적용 전과 적용 후 제품 구매율이 52.5%에서 62.5%로 10.0%포인트 상승했으며, 1인당 평균구입금액도 적용 후 고객이 적용 전 고객보다 39.1% 높게 나타났다. 재방문 의향도 향기 적용 후가 87.5%로 적용 전(82.6%) 보다 높았다.

전반적인 매장만족도(5점 만점) 역시 적용 후(4.35점)가 적용 전(4.14점) 보다 높으며, 속성별로는 매장 향기와 제품품질, 서비스, 청결, 쇼핑편리성 순으로 만족도가 크게 상승했다.

김병완 저서 '당신의 뇌를 경영하라'에 의하면 하버드대학교에 다니는 많은 학생들이 향기 나는 환경에서 공부하는 것을 즐긴다고 한다.

향기가 나는 환경에서 공부할 경우 오감중인 후각을 자극해 공부한 내용이 더 오래 지속되고 더 잘 기억이 난다며, 일본 뇌과학자 모기 겐이치로는 저서 '뇌가 기뻐하는 공부법'에서 기억을 잘하기 위해 다양한 감각을 자극해야 한다고 주장했다.

출처: 컨슈머타임즈, 2015.06.04. 기사편집

2) 무점포 구매

소비자 유치를 위한 경쟁은 오프라인 상의 점포범위를 벗어나서 카탈로그 등을 활용한 우편 주문 판매로부터 CATV홈쇼핑, 인터넷 쇼핑, 모바일 쇼핑에 이르기까지 다양한 형태의 무점포 영역으로 발전하고 있다. 각종 미디어 기술의 발전으로 인하여 향후 더욱 다양한 형태의 무점포 판매가 발전될 것으로 기대되고 있다.

소비자의 무점포 구매행동은 소비자의 서비스 및 편의성 추구, 여성의 사회 참여, 여가 중시, 신용카드의 발달, 주차시설 및 점포의 혼잡성, 신속한 상품배송에 따른 비용 절감 등으로 더욱 발전하고 있다.

사례 6-9

옴니채널 가속화…모바일쇼핑 40% 육박

올해를 기점으로 온·오프라인을 넘나드는 옴니쇼핑이 가속화될 것이라는 관측이 나왔다. 특히 스마트폰앱을 통한 구매가 주된 온라인쇼핑의 형태가 될 것이라는 전망이다. 글로벌 시장조사회사 칸타월드패널이 저성장 기조 속 디지털 영향력이 증대되는 뉴 노멀 시대의 방향성을 제시하는 '2018년 글로벌 시장 환경 예측 지도'를 12일 발표했다. 발표자료에 따르면 2018년에 이르면 전체 글로벌 소비자의 절반 이상이 인터넷에 접속할 것으로 전망되며, 특히 이 인터넷 사용자 중 70% 이상이 스마트폰으로 접속함에 따라, 디지털이 소비자들의 모든 일상에 영향을 끼치게 된다. 실시간으로 정보를 습득하는 소비자들이 원하는 제품을 최저가에 구매할 수 있는 채널을 이용함에 따라 다양한 프로모션과 폭넓은 상품군을 제공하는 대형마트, 슈퍼, 편의점, 온라인과 같은 현대식 채널 발전이 가속화될 것으로 예상했다. 특히 스마트폰앱을 통한 구매가 주된 온라인 쇼핑 형태가 될 것으로 봤다.

유럽과 미국의 경우, 기존의 현대식 유통 매장을 적극적으로 활용해, 집 안, 거리(집·매장 바깥), 매장 안 등 모든 공간을 PC, 스마트폰, 태블릿PC 등 인터넷 기기를 통해 디지털화하는 마케팅이 다양하게 시험되고 있다. 특히 NFC, 비콘 등의 신기술 도입은 물론, 스마트워치, 밴드와 같은 웨어러블, 아마존 대쉬, 대쉬 버튼(Dash Button)과 같은 새로운 기기까지 더해지며, 더 편리하고, 더 스마트한 쇼핑을 돕고 있다.

한국도 예외가 아니다. 구매과정에서도 온·오프라인을 넘나드는 옴니 쇼핑이 일반화되어 있다. 칸타월드패널 조사 결과 2014년 기준 한국 전체 가구의 67% 이상이 쇼루머, 역쇼루머와 같은 크로스오버 쇼퍼로 집계됐다. 구매채널 자체도 온라인쇼핑, 특히 모바일쇼핑이 폭발적으로 증가하고 있다. 지난 해 동안 전체 한국 가구의 32%가 모바일로 식료품 등 소비재 구매했다. 2014년 연간 기준, 전체 인터넷 쇼핑 중 모바일 비중은 31%, PC 비중은 69% 수준인데, 지난해 4분기 기준으로 보면 모바일 비중이 거의 40%에 육박하고 있다. 또한 한국 소비자 중 27%는 오프라인+PC+모바일 모두 이용하는 멀티채널쇼퍼이며, 전체 소비자 중 5%는 모바일만 이용하는 온라인 쇼퍼다.

출처: 아시아경제, 2015.05.12. 기사편집

4. 쇼핑동기

소비자들은 필요한 물건을 구매하기 위해서 쇼핑을 하지만, 단지 제품 구매만을 위해서 쇼핑을 하는 것은 아니다. 소비자들은 일상적인 생활로부터 변화를 모색하기 위한 기분 전환, 쇼핑의 즐거움, 신제품이나 유행에 대한 학습 등 개인적인 동기에 의해서도 쇼핑을 하며, 또한 사회적 동기에 의한 구매를 하기도 한다. 사회적 경험이나 취미가 비슷한 사람들과의 친분 도모를 위해, 또는 신분과시나 흥정의 기쁨 등의 동기가 그에 속한다. 쇼핑동기에 따라 구매 장소뿐만 아니라 구매 방법의 선택이 달라진다.

5. 비계획적 구매와 충동구매

비계획적 구매란 소비자가 사전에 계획하지 않고 구매하는 것을 말한다. 비계획적 구매의 유형은 다음과 같다.

- **순수 충동구매(pure impulse buying)** : 당장 필요하지도 않고, 당분간 구매할 필요도 없는 제품을 비계획적으로 구매하는 경우
- **상기적 충동구매(reminder impulse buying)** : 사전 구매계획은 없었지만 제품 구매의 필요성이 상기되어 구매하는 경우
- **암시적 충동구매(suggestion impulse buying)** : 그 제품을 잘 알지 못해 구매 계획조차 하지 않았던 특정 제품에 노출되는 순간, 제품의 유용성을 발견하고 사전계획 없이 구매하는 경우
- **계획적 충동구매(planned impulse buying)** : 특정 제품이 할인판매나 경품판매를 하게 되면 그 제품을 구매하겠다는 계획은 하였으나 당장 구매할 필요는 없었던 제품을 구매하는 경우

위의 비계획적 구매 중에서 순수 충동구매와 암시적 충동구매가 협의의 비계획적 구매로써 충동구매(impulse buying)로 불리고 있다. 비계획적 구매를 유발시키는 요인들로는 진열, 세련된 포장, 가격할인 등과 같은 상점 내

자극 및 쇼핑 빈도가 높거나 충동 성향이 강한 소비자 등의 개인적 특성, 제품의 특성 등을 들 수 있다.

사례 6-10

무엇이 '충동구매 지름신'을 부르나

EBS 뉴스G

충동구매한 물건들을 보며, 대체 이걸 왜 샀나 어리둥절할 때가 많은데요. 무엇이 충동구매를 부추기는지 알면, 좀 더 현명한 쇼핑을 할 수 있겠죠. 충동구매를 줄일 수 있는 체크리스트들, 뉴스G에서 알려드립니다.

리포트

살지 말지 망설일 때 뇌는 끊임없이 저울질을 합니다. 상품을 샀을 때 느낄 만족감과 지출을 했을 때 느낄 손해 사이의 저울질이죠. 그런데 쇼핑 과정 곳곳엔 지출 감각을 무디게 하려는 수많은 함정이 도사리고 있습니다. 제품을 살 생각이 없었던 사람들의 87%가 갑자기, 제품을 사겠다고 마음을 바꾼 이유, 제품을 반복해서 보여준 결과였습니다. 반복해서 보는 동안 뇌는 저울질을 멈춥니다. 홈쇼핑을 통한 충동구매가 많은 이유이죠.

배가 고플 때 쇼핑을 하면 충동구매의 위험이 높아집니다. 당장 욕구를 해결하려는 마음이 강해져 꼼꼼하게 따져보는 과정을 생략하기 때문입니다. 그런데, 배를 든든하게 채웠어도 잠이 부족했다면, 쇼핑을 자제하는 게 좋습니다. 수면이 부족한 상태에서는, 충분히 잠을 잤을 때보다 구매 품목이 18%나 더 많았습니다. 잘 알려진 것처럼, 우울할 때 쇼핑을 하면 더 많은 돈을 쓰게 됩니다. 슬픈 영화를 본 그룹과, 무덤덤한 다큐멘터리를 본 그룹, 이들에게 형광펜 세트를 사도록 했더니 슬픈 영화를 본 사람들이 30%나 더 많은 돈을 썼죠. 사회가 우울할수록, 쇼핑 중독이 늘어나는 이유이기도 합니다.

스트레스로 남는 충동구매를 피한다면, 쇼핑은 정신건강과 신체 건강에 많은 도움이 되기도 합니다. 특히 남자 노인의 경우 쇼핑으로 얻을 수 있는 건강효과가 큽니다. 매일 정기적으로 쇼핑을 하는 노인들은 쇼핑을 잘 하지 않는 노인보다 사망률이 25%나 낮았습니다. 그런데, 남자 노인의 경우, 사망률은 28%로 더 낮아졌죠. 쇼핑을 하다 보면 저절로 몸을 움직이게 되며, 무엇을 살지 생각하다 보면, 두뇌운동도 되기 때문이라는데요. 또, 많은 사람들 사이에 있다 보면, 외로운 감정도 줄어든다고 합니다.

출처: EBSNEWS, 2015.02.06. 기사편집

6. 상표애호도

상표애호도란 소비자가 특정 브랜드에 대해 지니고 있는 호감 또는 애착의 정도로, 제품을 구매할 때 특정한 브랜드를 선호하여 동일한 브랜드를 반복적으로 구매하는 정도를 의미한다.

Jacoby & Chestnut은 상표애호도(brand loyalty)란 특정 제품 류에 속하는 다수의 상표 중에서 하나 또는 그 이상의 특정 상표에 대하여 의사결정단위 즉, 개인이나 가족이 상당 기간 동안 지속적으로 나타내 보이는 의도적으로 편향된 행동 반응으로서, 심리적 결정의 산물이라고 정의하였다.

상표애호도는 상표에 대한 소비자의 호의적 태도(Brand Loyalty Attitude)와 애호적 구매행동(Brand Loyalty Behavior)을 둘 다 요구한다. 특정상표에 대하여 마음속에 지니고 있는 선호적 감정만으로는 충분하지 않으며 실제로 그 상표에 대한 반복적인 구매행동으로 표현되어야 한다. 따라서 상표애호도는 심리적 결정과정에 기초한 편향된 행동으로서 그 특정상표에 대한 편애적 감정으로 인한 호의적 태도 때문에 그 특정 상표만 계속해서 선정하여 구매하게 되는 행동을 말한다. 그러므로 어떤 상표에 대한 심리적 관여 없이 그 상표를 반복하여 구매하는 행위는 진정한 의미에서의 상표애호행동이 될 수 없다.

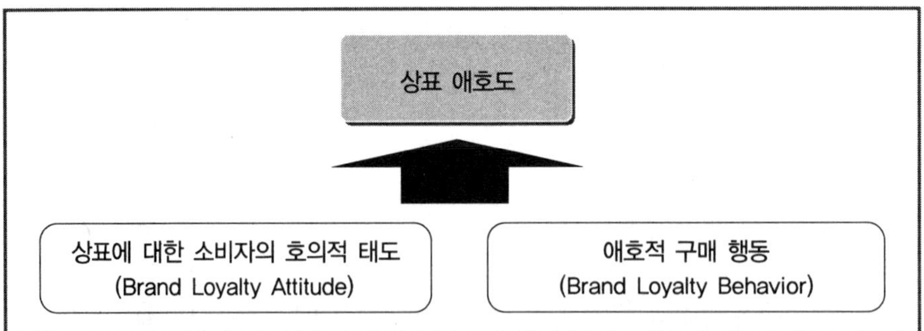

그림 6-8 상표애호도

상표애호도는 시장 세분화의 기준으로 이용 가능하다. 시장을 세분화한 후

표적시장의 특성에 맞추어 마케팅 프로그램을 개발·시행한다면 자사 상표에 대한 애호구매자의 수를 증가시킴으로써 시장점유율을 증대시킬 수 있다.

소비자의 상표애호도를 기준으로 세분화한 시장은 다음과 같다.

- **자사상표 애호구매자 시장**: 자사상표를 일정기간 동안 연속적으로 반복 구매하는 구매자 시장
- **중성 구매자 시장**: 자사상표 외에 다른 상표에도 애착을 보이는 분할 애호구매자, 자사상표에 대한 선호도에 대한 지속기간이 짧은 불안정 애호구매자, 그리고 상표전환이 빈번한 무애호구매자들로 구성된 시장
- **타상표 애호구매자 시장**: 타상표를 애호하는 구매자 시장
- **비구매자 시장**: 동종제품에 대한 구매경험이 없는 구매자 시장

그러므로 마케팅담당자는 이러한 세분시장을 대상으로 시장점유율을 증가시킬 수 있다. 우선 자사 상표 애호구매자의 구매량 증가를 유도하고, 애호성향이 불분명한 중성적 구매자를 자사상표 애호구매자로 유치시키며, 자사제품과 동종제품에 대해 구매경험이 전혀 없는 구매자들을 대상으로 자사제품에 대한 시험구매를 하도록 유도하고, 타상표 애호구매자의 상표전환을 유도하는 등 여러 가지 방법을 생각해 볼 수 있다.

사례 6-11

무한경쟁 속 충성도 높은 車는 따로 있다

자동차 회사가 고객을 늘리기 위해서는 신규 고객을 최대로 확보하는 동시 기존 고객의 이탈을 최소화해야 한다. 두 가지 방법 중 후자가 전자보다 훨씬 더 어렵다고 업계 관계자들은 입을 모아 설명한다. 쏟아지는 신차와 각종 마케팅 및 프로모션 속에서 경쟁사의 고객을 뺏어오려는 경쟁이 갈수록 치열해지고 있기 때문이다. 하지만 고객 쟁탈전이 격화되는 가운데서도 각사마다 기존 고객을 지켜내는 대표 모델이 있다. 이른바 재구매율이 높은 '충성차'다. 그런 점에서 가장 많이 팔리는 차가 '효자'라면, 가장 고객 충성도가 높은 차는 '보배'라고 불린다.

각 제조사별 충성도가 가장 높은 모델

제조사	모델	재구매율(%)
현대차	에쿠스	78
기아차	K9	64.8
한국지엠	스파크	35
르노삼성	SM7	36.5
BMW	X5	19.2
아우디	A6 45 TDI quattro	14.2
토요타	캠리 가솔린	11
	렉서스 ES300h	9
포드		35
혼다	레전드	30
폭스바겐	골프	5

★ 재구매율=한 모델의 총 판매량 중 차종과 관계 없이 기존 자사 고객이 구매한 비율. A사의 B모델이 1000대 팔린 가운데 A사의 B모델을 포함해 C, D, E 모델 등을 타던 기존 A사 고객이 B모델 500대를 구매했다면 재구매율은 50%다. 업계에서 재구매율은 기존 고객의 충성도를 파악하는 데 활용된다.

출처: 헤럴드경제, 2015.07.14. 기사편집

사례 6-12

미래 고객 잡아라…차 업계 '키즈 마케팅' 활황

자동차 업계가 미래 고객인 어린이들의 마음을 사로잡기 위한 맞춤형 마케팅에 힘을 쏟는다. 기존 어린이 안전지원 프로그램을 넘어서 브랜드 이미지 각인이 쉬운 교육 아카데미 및 체험관 운영을 비롯해 애니메이션 제작까지 영역도 다양해지고 있다.

한국토요타는 오는 10월30일까지 약 5개월간 전국 40개 초등학생을 대상으로 '토요타 에코&세이프티 아카데미'를 개최한다. 이번 아카데미는 '토요타 환경교통안전학교'를 어린이들이 흥미를 갖고 참여할 수 있도록 '친환경 실험'과 '교통안전 액션아이템' 위주로 업그레이드한 프로그램이다.

현대차그룹은 국내 완성차 브랜드 최초로 자사 브랜드와 차명을 활용한 어린이용 자동차 3D 애니메이션을 선보일 예정이다. 이 애니메이션은 글로벌 마케팅 커뮤니케이션 기업인 이노션월드와이드와 종합 콘텐츠 기업 CJ E&M, 3D 애니메이션 전문 제작사인 삼지애니메이션과 공동으로 제작한다.

BMW코리아는 인천 영종도에 위치한 드라이빙센터에서 어린이 고객을 위한 다양한 행사를 진행한다. 9세 이상 어린이를 대상으로 모형자동차(RC카) 주행 체험과 이세타(Isetta) 모형에 그림 그리기 이벤트를 오는 6월30일까지 개최한다. RC카 주행은 실제 드라이빙 센터 트랙을 구현해 놓은 RC카 전용 트랙에서 진행한다.

업계 관계자는 "그동안 자동차 업계의 어린이 관련 마케팅이라 하면, 학교 앞 교통안전 도우미나 물품 제작 등이 전부였지만 최근에는 직접 소통하고 브랜드 가치를 체험할 수 있는 형식의 프로그램이 많아지고 있다"면서 "독일 등 유럽 자동차 선진국에서는 이미 어릴 때부터 하나의 자동차 브랜드 아카데미 체험을 거쳐 성인이 된 후 충성도 있는 고객이 되는 사례가 많다"고 말했다.

출처: 디지털타임, 2015.06.01. 기사편집

제5절 구매 후 행동

구매한 제품의 구매 및 사용에 대한 구매 후 행동과정은 소비자에게는 가장 의미 있는 구매의사결정과정이다. 이 과정에서 소비자의 신념과 태도는 강화되거나 변화를 갖게 되며, 제품에 대한 소비자의 만족이나 불만족은 차기 구매행동에 결정적인 영향을 끼치게 된다. 만족한 소비자는 재구매를 할 가능성이 매우 높으며 호의적인 태도를 형성함으로써 긍정적인 구전을 할 가능성이 높다. 그러나 불만족한 고객은 부조화를 줄이려고 할 것이며 부정적인 구전의 근간이 될 것이다.

1. 구매 후 행동과정

일반적으로 소비자들의 만족·불만족은 일시적인 것으로 시간에 따라 변화될 수 있으며, 구체적인 소비상황에만 해당된다고 할 수 있다. 현재 만족한 소비자가 다음에도 만족한다는 보장은 없으며, 다만 지금 현재 사용하고 있는 대상에 대하여 만족스러움을 뜻하는 것이다. 이러한 측면에서 상대적으로 오래 지속되며 구체적인 상황에 영향을 덜 받는 태도와는 다른 개념이라고 할 수 있다.

Oliver는 기대불일치 모델을 제시하면서, 소비자의 만족·불만족은 소비자가 구매 및 사용 전에 가졌던 기대와 제품사용을 통해 얻게 되는 성과를 비교함으로써 그 결과가 얼마나 일치하는가 하는 주관적 평가에 달렸다고 하였다.

구매 후 행동과정은 다음과 같이 다섯 가지 요소로 구성된다.

구매 후 행동단계는 구매결과에 대한 소비자의 심리적 후회를 일으킬 수 있는 경쟁사의 광고에 대응할 목적으로, 또는 제품 사용에 대한 부정적 인상을 제거하기 위한 목적으로 수행된다. 마케터는 소비자들의 불만족을 해결하는 방안을 모색하고, 그들의 불만족을 극소화시킬 수 있는 조치를 취하려고 노력해야 한다. 실제로 구매자에 대한 구매 후 의사소통은 제품반환과 주문취소의 감소를 초래한다는 연구결과가 있다. 따라서 기업들은 고객만족센터 또는 고객서비스센터 등을 통하여 소비자들이 불평을 토로할 수 있는 경로를 만들기도 하고, 고객의 불만에 즉각적으로 대응할 수 있도록 준비하기도 한다.

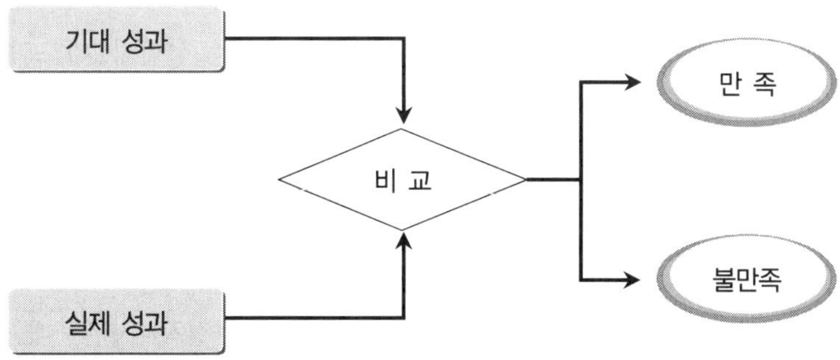

- 기대 성과 : 구매 전에 기대했던 제품 성과
- 실제 성과 : 실제 사용 경험에서 얻은 제품의 지각적 성과
- 비 교 : 기대 성과와 실제 성과 비교
- 만 족 : 실제성과 ≥ 기대성과
- 불만족 : 실제성과 < 기대성과

그림 6-9 구매 후 행동과정

2. 구매 후 태도 변화

소비자가 제품이나 서비스를 구매 한 후 사용하는 과정에서 느끼는 만족과 불만족의 감정적 반응이 결과로 나타난다. 이러한 소비자의 평가결과는 소비자의 기억 속에 경험의 일부로 저장되며 대안에 대한 신념과 태도에 직접적인 영향을 준다.

구매 후 태도변화를 위한 마케팅 전략에 적용할 수 있는 이론은 다음과 같다.

1) 2단계 기대 확인 모델(Two-stage Expectancy Confirmation Model)

이 모델은 R.L. Oliver에 의해 제안된 모델로써 차기 구매 의도는 전기 구매 후 태도의 변수이고, 구매 후 태도는 사용경험의 변수이므로, 만일 사용경험이 긍적적이라면 이는 태도를 강화시키고, 강화된 태도는 구매의도를 강화시켜 결국 재구매의 가능성을 높인다는 것이다.

이 모델의 의미를 세분하면 다음과 같다.

첫째, 상표선택은 구매의도의 함수이며, 구매의도는 신념과 태도의 함수라고 전제한다.

둘째, 사용과정 중 소비자는 구매 전 신념과 기대가 실제로 충족되는가를 경험하며, 이 과정에서 기대가 충족되면 만족하며, 그렇지 않으면 불만족하게 된다.

셋째, 구매 후 태도는 만족의 함수이며, 경험이 긍정적이면 구매 전 태도는 강화되고, 경험이 부정적이면 구매 전의 태도는 변화된다.

넷째, 차기 구매의도는 전기 구매 후의 태도에 직접적인 영향을 받는다. 경험이 긍정적이면 강화된 구매의도로 인해 재구매의 가능성이 매우 높아진다.

2) 귀인이론(Attribution Theory)

귀인이론에 의하면 소비자는 구매 후 자신의 행동을 정당화시킬 수 있는 이유를 탐색 하고 그것에 의해 자신의 구매 후 태도를 형성 또는 변경한다. 따라서 구매한 제품이 기대를 충족시키지 못하더라도 실패 원인과 책임 소재 등에 대한 소비자의 지각여하에 따라 구매 후 태도는 긍정적일 수도 있고 부정적일 수도 있다.

이 이론에 의하면 소비자들은 제품이 기대를 충족시키지 못했을 때 즉, 제품실패를 인식하게 되면 그 이유 분석과 분명한 책임소재를 확인하기 위하여 세 가지 기준을 이용한다.

- **안정성** : 실패 원인이 우연적(확률적)인가? 지극히 일반적(안정적)인가?
- **책임소재** : 실패이유가 마케터 책임? 판매원 책임? 소비자 자신의 책임?
- **통제성** : 실패 원인이 통제 가능한가? 통제 불가능한가?

이러한 기준에 의해 분석한 결과 제품실패 원인이 우연적이고, 책임소재가 자신에게 있으며, 실패원인이 통제 가능할 때는 구매 후 태도가 긍정적이며 그 상표에 대한 기존의 긍정적이었던 태도는 크게 변하지 않는다. 그러나 소비자의 제품실패 이유가 고의적인 것이라면 그 제품에 대한 소비자의 태도는 구매 후 부정적인 방향으로 변화될 가능성이 매우 높다.

구매행위에 대한 이러한 형태의 귀인행위는 상표대안에 대한 평가가 이루어지지 않은 채 구매된 경우에 자주 나타난다. 그러므로 소비자의 긍정적인 태도를 강화를 시켜 자사제품을 재구매하도록 유도하기 위해서는 소비자가 최선의 구매결정을 했다는 확신을 갖도록 타당한 이유를 제공해야 한다. 따라서 귀인이론은 상표의 새로운 특징이나 혜택을 지속적으로 제시하고 강조하는 강화광고(reinforcement advertising)전략으로 소비자의 구매 후 태도강화를 해야 한다는 것을 설명해 주고 있다.

3) 인지부조화이론(Cognitive Dissonance Theory)

L. Festinger가 제안한 인지부조화 이론이란 두 개의 인지요소가 심리적으로 조화를 이루지 못하는 경우와 관련 있다. 사람들은 어떤 물체, 인물, 결정, 또는 행동 등에 대하여 신념, 태도, 의견들로 구성되는 인지(cognition)구조를 갖고 있다. 이 인지구성요소들은 서로 관련이 있는 것도 있고 그렇지 않은 것도 있다. 그런데 만약 밀접한 관련이 있는 두 개의 인지요소가 서로 조화(일치)되지 않는다면, 이때 사람들은 심리적으로 긴장과 불편함을 느끼게 된다. 이런 심리적 긴장상태를 인지부조화현상이라고 한다.

기존의 연구를 종합하여 보면 다음과 같은 상황에서 소비자들은 인지 부조화를 크게 느낀다.

- 선택 대안이 많을 때, 선택대안들의 우열을 가리기 어려울 때, 각 대안의 특징이 상이하여 선택되지 않은 대안에 대한 미련이 남을 때
- 구매 후 선택되지 않은 대안이 더 많은 바람직한 속성이 있는 것을 발견했을 때
- 구매결정이나 행동을 취소할 수 없을 때
- 구매 관여수준이 높을 때(중요한 구매인 경우)
- 구매결정이 전적으로 자신의 의지에 의해 행해졌을 때

소비자들은 구매 후 느끼게 되는 심리적 긴장을 완화시켜 심리적 평온을 되찾으려고 하므로 선택한 대안에 대한 불확실하거나 부정적인 신념을 일단

긍정적으로 변환시키려고 다음과 같은 방법을 시도한다.

- **대안의 재평가**: 선택한 대안의 장점을 과대평가하고 선택에서 제외된 대안의 단점을 찾는다.
- **구매 후 정보탐색**: 선택 대안의 긍정적 정보를 더 탐색해 자신의 선택에 더욱 확신을 갖으려고 한다.

K. B. Runyon은 구매 후 소비자의 결정내용에 대한 지지정보를 제공함으로써 인지부조화를 감소시킬 수 있는 마케팅전략을 제시하고 있다.

- 팜플렛(brochures)이나 광고를 통해 제품의 안전한 취급과 보호유지를 위한 부가적 정보를 제공할 것
- 구매 후 나타날 수 있는 의구심이나 불안감을 해소시켜주기 위해 제품보증(Warranties and Guarantees)을 제공할 것
- 친절한 AS와 불평 호소 창구를 통하여 구매 후 만족을 높이는 신속한 후속조치를 할 것
- 제품 만족을 재확신 시키기 위하여 품질과 성과에 대한 믿을만한 정보를 광고에 게재할 것
- 제품의 사용방법을 숙지하여 만족할 수 있도록 하고, 판매 후에도 구매자와 지속적인 관계를 유지하여 서비스를 제공할 것

3. 불평행동

불평행동은 소비자의 불만족스러운 상태가 행동으로 표출된 것이다.

불만족을 하는 경우 소비자들은 타인에게 부정적인 구전을 하며 해당 상표의 재구매를 하지 않는 등 구체적인 불평행동을 한다. 소비자들이 인터넷 등을 통하여 불평행동을 할 경우 굉장히 빠르게 퍼져나갈 뿐만 아니라 다른 소비자들에게도 많은 영향을 끼치므로, 이에 따른 기업의 타격 또한 심각하다.

소비자들이 불만을 경험했을 때 보이는 행동반응은 상황이나 소비자 개인에 따라 다르며 소비자들의 불평행동은 다음과 같다.

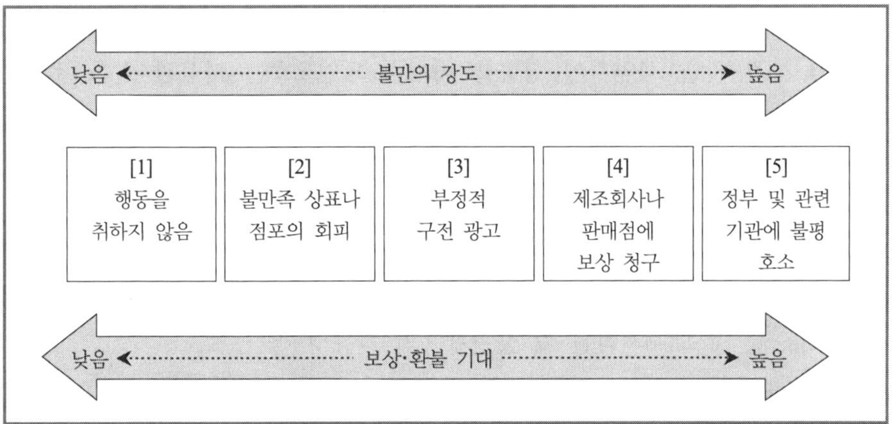

그림 6-10 소비자의 불평행동

[1]의 유형은 전혀 아무런 행동도 취하지 않는 소비자를 말한다. 불만수준이 낮아 무관심한 경우에 나타나는 행동반응이라고 볼 수 있다.

[2]의 유형은 불만의 경험을 기억 속에 저장하고 있다가 재구매가 필요해졌을 때 그 상표를 피하고 다른 대안을 선택하는 행동을 말한다.

[3]의 유형은 선택대안에 대해 자신만 부정적인 태도를 가지는 데 그치지 않고, 불만경험을 친구나 친지, 동료들에게 구전함으로써 그 상표에 대한 부정적 정보를 도처에 유포시키는 행동을 말한다.

[4]의 유형은 책임이 있다고 생각되는 제조회사나 판매점에 직접 불평을 호소하고 보상을 청구하는 행동유형을 말한다. 불만을 해소하기 위한 가장 구체적인 행동반응이라고 볼 수 있다. 그러나 이 경우 마케팅기관의 대응책이 적절하지 못하면 소비자의 불만은 오히려 가중될 가능성도 있다.

[5]의 유형은 정부기관이나 소비자단체 등에 고발 또는 불평을 호소하는 소비자의 행동 유형을 말한다.

불만의 강도가 높아지면 [1]의 반응보다는 [4]나 [5]의 행동반응이 나타날 가능성이 높다는 것을 의미하며, 소비자마다 불만의 강도에 따라 [1]에서 [5]로 단계적인 행동반응이 나타나는 것은 아니다.

소비자가 불만을 해소하기 위하여 제조회사나 관련기관에 불평을 호소할 것인가 하지 않을 것인가에 영향을 미치는 요인으로는 다음과 같은 것들이 있다.

첫째, 불만족 수준 : 불만족 수준이 높으면 불평행동을 제기할 가능성이 높다.

둘째, 제품의 중요도 : 고관여 제품일 때 불평행동 가능성 높다.

셋째, 불평행동의 비용과 성과 : 불평행동으로 기대되는 이득이 예상 소요 경비보다 클 것으로 지각될 때 불평행동의 가능성 높다.

넷째, 개인적 특성 : 개인의 성향에 따라 불평을 잘 하는 사람이 있다. 교육수준이 높은 사람, 시간적 여유가 많은 사람, 젊은 층의 소비자, 공격적이거나 외향성을 지닌 소비자들이 불만 호소를 잘하는 경향이 있다.

다섯째, 책임의 귀인 : 소비자는 불만을 야기한 책임(또는 원인)이 자기 자신에게도 있다고 생각할 때에는 별다른 행동을 취하지 않는다. 그러나 그 책임이 전적으로 마케팅주체에게 있다고 믿게되면 외적 불평행동을 택하게 된다. 일반적으로 보면 소비자들은 대부분의 책임을 자신보다는 마케팅담당자 측에 귀인 시키려는 경향이 많다.

사례 6-13

기업, '고객불만' 피할 수 없다면 감성서비스에 집중하라

"한국 소비자들이 당연시 여기는 옷 매장에서 바지 수선을 하는 것도 한국에서만 가능한 일이다. 그만큼 국내 서비스 수준이 상승하고 있으나 모순되게도 고객의 요구는 더 거세지는 경향이 있다" 서울상공회의소 측 관계자의 설명이다.

실상 기업의 서비스는 고객만족을 목적으로 한다. 이에 기업은 단순히 이벤트 형태 서비스를 제공하는 데 그치는 것이 아니라 프로세스 전 과정을 서비스로 여길 필요가 있다. 그러나 기업 규모와 상관없이 모든 고객을 만족시키는 것은 매우 까다롭다. 이 때문에 고객 불만을 완전히 피해가는 것은 불가능한 것이 사실이다.

문제는 컴플레인을 건 대다수의 고객은 기업 측에서 네일아트 1회권이나 고급 커피만 서비스로 제공해줘도 기분이 좋아진다. 반면 고객의 어떤 불만도 웃으며 대응해야 하는 직원 입장에서는 쉽게 마음이 풀리지 않는다.

이에 기업이 발전하기 위해서는 고객뿐 아니라 직원들의 정서적 반응에도 신경을 써야 한다. 실제로 최근 다수의 기업이 감성적인 서비스 제공에 주목하고 있다.

이는 불만고객을 보다 객관적인 시각으로 이해함으로서 그들의 자존심을 회복시켜 주려는 직원의 태도가 기업 컴플레인을 줄이고 장기적으로는 직원의 정서적 불만을 해소, 고객을 늘릴 방법임을 대변한다.

출처: 시크뉴스, 2014.09.19. 기사편집

PART 4

개인적 영향요인의 이해

chapter

07 태도와 태도변화

제1절 태 도

1. 태도의 정의

태도(attitude)는 오랜 기간 동안 심리학의 중요 개념으로 주목받고 있으며 태도에 대한 정의는 학자와 연구목적에 따라 다양하다.

M. Fishbein은 태도를 개인의 특정한 대상에 대한 긍정적·부정적·호의적·비호의적·동의·거부 등의 느낌으로 정의하여 태도를 느낌이나 평가적 반응 행동으로 인식하고 있는 반면, G. Allport는 태도를 특정한 대상이나 집단에 대하여 일관적으로 호의적·비호의적으로 반응하려는 학습된 선유경향(learned predispositions)이라고 정의함으로써 소비자의 성향이 강조되고 대상에 대한 반응준비가 포함되어 있다.

1) 구조적 접근법에 의한 태도의 정의

태도에 대해 구조적 접근을 하는 사회심리학자들은 태도를 광의로 해석한다. 태도란 개인의 지각적, 감정적, 인식적 측면에서 어떤 대상물에 대하여 감지하고 있는 개인 내적 상태로서, 그 대상물에 대해 반응할 준비가 되어 있는 정신적·심리적 상태를 말한다.

이 견해에 의하면 태도는 인지적 요소(cognitive component), 감정적 요소

(affective component), 행동성향적 요소(conative component)의 3가지 요소로 구성된다.

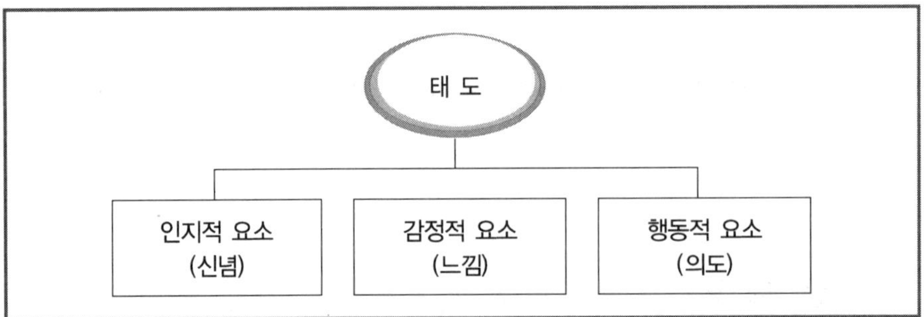

그림 7-1 태도의 구성요소

(1) 인지적 요소(cognitive component)

인지적 요소는 지각적 요소 또는 신념 요소라고도 하며, 대상물에 대하여 사람이 갖고 있는 지식이나 신념을 의미한다. 이러한 지식이나 신념은 대상을 직접 경험하거나 여러 원천으로부터 관련된 정보를 얻음으로써 갖게 된다. 예를 들어 'SUV차는 다른 승용차에 비해 안정성이 높다.'로 표현된다.

(2) 감정적 요소(affective component)

감정적 요소는 대상물에 대한 소비자의 느낌이나 평가를 포함한 총체적인 결과를 말한다. 소비자들이 좋다거나 싫다거나 나쁘다와 같은, 대상물에 대한 개인의 직접적이고 전체적인 평가로 사용되는데 예를 들어, '나는 SUV 차를 좋아한다.'로 표현된다.

(3) 행동성향적 요소(conative component)

행동성향적 요소는 대상물에 대한 행동반응 경향으로서 특정 대상에 대하여 특정행동을 취하려는 경향이나 가능성과 관련이 있다. '나는 자동차를 사려고 한다.'는 것은 구매하기 위한 의도(intention)라는 행동성향을 나타낸 것이다.

2) 개념적 접근법에 의한 태도의 정의

최근 소비자행동 연구에서는 태도의 개념을 협의로 정의하여 특정 대상물에 대하여 개인의 감정적 측면만을 보여준다. 특히 소비자행동을 예측하기 위해서 소비자태도의 측정 및 분석을 목적으로 하는 대부분의 조사연구에서는 태도의 조작적 정의를 위해 주로 감정적인 요소만을 고려하는 경우가 많다. 따라서 소비자행동 연구 분야에서는 특별한 언급이 없는 한 소비자의 감정적 측면을 태도로 보는 것이 무리가 없다.

그러므로 태도는 경험이나 학습을 통해 개발된 것으로 어떤 대상물에 대한 평가적인 심적 반응을 의미함으로써, 개인으로 하여금 특정 대상에 대해 지각하고 행동하는 데 일관되게 반응하도록 직접적인 영향을 준다.

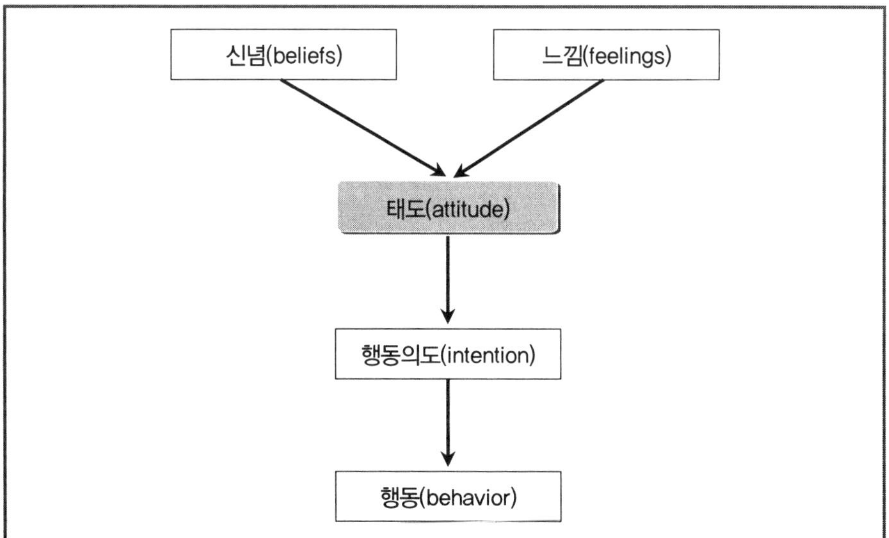

그림 7-2 태도의 현대적 개념(contemporary view of Attitude)

특정 대상에 대한 태도는 그 대상물에 대한 개인의 관여상황에 따라 인지적 학습과정을 통해 확고한 신념을 기초로 형성될 수도 있고, 확고한 신념 없이 친숙함과 같은 호의적인 느낌으로 인하여 그 대상에 대해 태도가 형성될 수도 있다.

2. 태도의 특징

소비자의 태도는 다음과 같이 몇 가지 중요한 특징을 갖고 있다.

1) 태도는 반드시 대상(an object)이 있다.

태도의 대상은 사상, 이념과 같은 추상적 개념일 수도 있고, 유형의 재화, 서비스, 사람, 사물, 또는 어떤 행동일 수도 있다.

2) 태도는 방향과 정도, 그리고 강도를 갖는다.

태도의 방향(direction)이란 소비자가 목적물에 대하여 갖는 감정으로서, 긍정적 또는 부정적, 지지 혹은 반대, 호의적 또는 비호의적 등과 같이 대상물에 대한 평가적인 감정을 의미한다. 태도의 정도(degree)란 개인이 목적물을 좋아하거나 싫어하는 감정인 느낌의 양적 크기이다. 태도의 강도(intensity)란 태도에 대한 확신 및 신뢰하는 감정의 깊이를 말한다.

3) 태도는 구조를 갖는다.

태도는 선유경향(predisposition)의 구조를 지니고 있다. 따라서 태도는 내적 일관성을 지니며 태도 상호간 구심성(centrality)을 갖는다. 인간의 태도구조는 복합적으로 구성되어 있으며 이 구조의 중심에는 개인의 가치(value)와 자기개념(self-concept)이 있다.

4) 태도는 경험과 학습을 통해 형성된다.

태도는 가족·동료집단·매체·판매원 등으로 부터의 정보와 개인적 경험, 개성 등에 의해 영향받는 학습과정을 통하여 시간이 경과함에 따라 형성된다. 소비자는 일상적 구매경험을 통해 태도를 형성하게 된다. 태도는 이런 과정으로 학습되기 때문에 소비자의 태도 또한 외부의 정보와 경험을 통해 변경될 수 있다.

사례 7-1

왜 우리는 착한 마케팅에 감동하는가…
마음을 움직이는 명분 '코즈(Cause) 마케팅'

터치? 쉽고 재미있는 기부로 마음을 움직이다

공항에 'Feed Them!'이라는 메시지가 적힌 영상판이 서 있다. 화면 중앙의 선을 따라 신용카드를 긁는 순간 스크린 영상이 활성화돼, 손목에 묶인 밧줄이 풀리고, 잘린 빵이 접시에 담긴다. 그리고 '기부해줘서 고맙다'는 메시지가 뜬다. 사람들은 월말에 카드고지서로 2유로가 기부된 것을 알 수 있고, '미제레오르가 감사를 드립니다. 이제 매달 2유로를 기부하세요'라는 우편 메시지를 확인한다.

최근 페이스북을 뜨겁게 달군 이 광고는, 독일의 자선구호단체 '미제레오르(www.misereor.prg)'가 만든 'Social Swipe(사회적 카드 긁기)'라는 광고로, 카드를 긁는 순간의 이색 영상으로 지난해 칸 국제 광고제에서 금상을 받았다. 포로로 묶여 있는 이들의 밧줄을 실제로 끊어주고, 배고픈 아이에게 실제로 빵을 잘라주는 듯한 체험을 제공, 사람들은 실제 자신의 기부행위를 시각적으로 체험한다. 영상에선 '신용카드는 모든 사람들이 갖고 다닙니다. 지난해 유럽 소비량의 40% 이상이 카드 결제였죠. 우린 심플한 기부방법을 생각해냈습니다'라는 내레이션이 흘러나온다. 'OOO님, 불우이웃에게 한 달에 얼마씩 기부해달라'는 판촉전화보다 이 얼마나 효과적인가.

걸을 때 켜두기만 하면 GPS로 걸은 걸음이 측정돼 10m 걸을 때마다 1원씩 적립, 기부되는 '빅워크' 앱. 후원기업은 이를 CSR 비용으로 지급, 이는 절단장애아들에게 의족, 특수 휠체어, 수술비 등으로 전달된다.

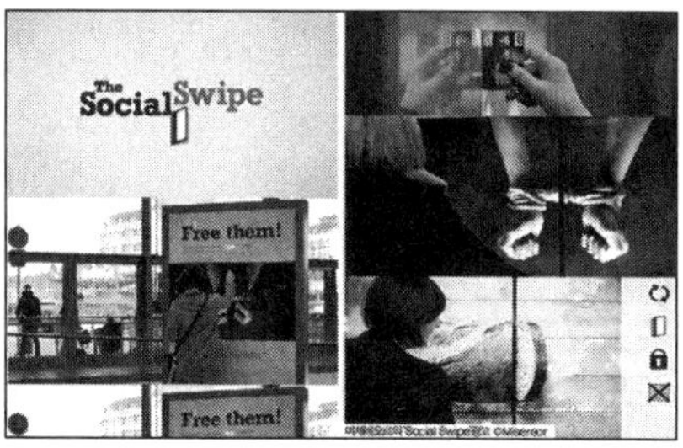

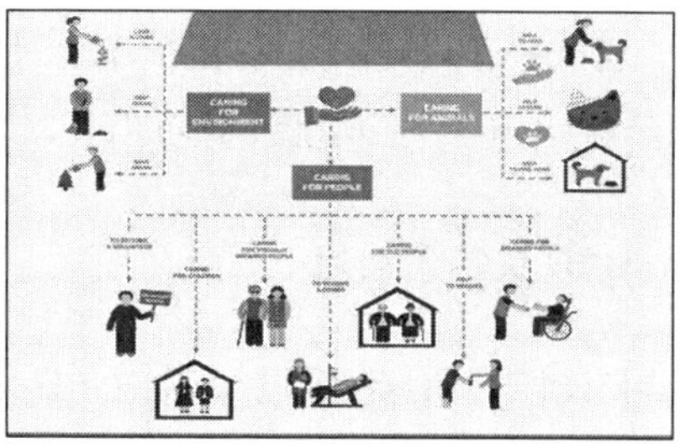

Tip 코즈 마케팅(Cause Marketing)이란?
소비자-'구매 통해 기부 동참' 기업-'공익 실천+이미지 메이킹'

'원인, 이유' 등을 뜻하는 'cause'와 'marketing'을 합친 단어로 소비자는 구매를 통해 기부에 동참하고, 기업은 선한 이미지와 수익 창출을 누리는 마케팅 기법을 말한다. 일명 '착한 소비' '대의 마케팅'으로도 불린다.

출처: 매일경제, 2015.03.31. 기사편집

3. 태도의 영향요인

1) 소비자의 개인적 요인

태도의 방향, 정도, 강도 등은 소비자의 욕구, 동기, 지각, 개성 등에 의해 결정적인 영향을 받는다. 예를 들면, 식욕이 강한 사람과 약한 사람의 음식물에 대한 태도는 상이함을 보인다.

사람들은 자신이 보고 싶은 것만을 보려고 하는 경향이 있다. 자신이 보고, 듣고, 느낄 수 있는 범위 내에서 자기 나름대로 태도를 개발하기 때문에 다른 조건이 모두 동일하다고 해도 동일한 대상에 대하여 상이한 태도를 갖게 된다. 또한 외부 자극이나 대상물에 대하여 선택적 지각(selective perception)을 하기 때문에 소비자의 지각도 태도개발에 중요한 변수로 작용하며, 소비자의 개성 및 라이프스타일도 태도 형성에 중요한 요인이다.

2) 구매 및 사용경험

소비자가 특정 제품을 직접 사용해 본 결과로 얻는 만족·불만족은 그 대상물에 대한 태도에 가장 확실한 영향변수이다. 자신의 경험이상으로 분명하게 대상물에 대한 확신을 갖게 해 주는 것은 없기 때문이다. 사용 후 만족한 소비자는 대상물에 대하여 호의적이며 긍정적인 태도를 형성할 것이고, 불만족한 소비자는 비호의적이거나 부정적인 태도를 형성하게 될 것이다.

3) 사회·문화적 환경

소비자의 가족, 준거집단, 종교, 교육제도 등도 태도형성에 중요한 영향변수로 작용한다. 소비자는 자신이 속해있는 준거집단의 규범이나 타인의 기대 등에 부응하기위하여 자신의 태도를 변경하기도 한다.

4) 마케팅 정보원

특정제품이나 상표에 대한 소비자의 새로운 태도의 개발이나 기존 태도의 변경에 판매원의 설득적 역할은 매우 중요하다. 대중매체도 소비자에게 끊임없이 새로운 정보를 제공하고, 간접적인 경험을 통한 대리학습기회를 갖게 함으로써 태도개발에 상당한 영향을 미친다.

사례 7-2

브랜드에 이야기 담아 소비자를 공략한다

"다이아몬드는 영원하다" 제2차 세계대전 직후인 1947년 글로벌 다이아몬드 브랜드 드비어가 내건 이 슬로건은 반짝이는 단단한 돌멩이에 불과했던 다이아몬드를 세계에서 가장 비싼 보석으로 탈바꿈시켰다. 전쟁 직후 조혼이 유행하던 사회적 바람을 타고 영구적인 다이아몬드의속성에 사랑을 결부시켜 다이아몬드 반지를 영원한 사랑의 징표로 만든 것. 미국의 광고전문지 애드버타이징에이지는 이를 20세기 최고의 광고 카피 중 하나로 꼽기도 했다.

이처럼 브랜드에 이야기를 입히는 스토리텔링 기법은 소비자의 마음을 사로잡는 매우 효과적인 수단이다. 특히 신문이나 잡지 등 인쇄 매체나 15초로 한정되는 짧은 TV 광고에 그쳤던 과거와 달리 인터넷이라는 새로운 매체를 활용할 경우 보다 풍부한 이야기를 브랜드에 담을 수 있다.

스웨덴의 저가 가구브랜드인 이케아는 미국 A&E방송국과 함께 '픽스 디스 키친' 이란 프로그램을 제작했다. 일주일에 한 번씩 시청자들의 부엌을 수리해 줬는데, 이 과정에서 이케아의 제품을 수차례 노출시켜 '이케아는 생활의 편의를 도모하는 실용적인 가구'라는 이미지를 심었다.

실제로 시장조사기관 라티튜드리서치 조사 결과 시청자의 60%가 "이케아의 제품들은 품질이 좋다"라고 인식했으며, 66%의 사람들은 "주방을 고칠 때 이케아 제품을 사용하겠다"고 답했다.

출처: 뉴스토마토, 2015.07.07. 기사편집

4. 태도 모델

소비자들은 크게 두 가지 과정을 거쳐서 태도를 형성한다. 하나는 무의식적·자동적으로 제품이나 상표를 무작정 좋아하는 감정적 학습(affective learning)이고, 다른 하나는 의식적으로 제품에 대한 정보를 처리하여서 태도를 갖게 되는 경우로 인지적 학습(cognitive learning)이라고 한다. 최근에는 감정적 학습에 관하여 많은 연구가 이루어지고 있으나 전통적인 소비자행동

연구에서 태도에 대한 연구는 인지적 학습을 중심으로 한다.

1) 다속성 태도모델(multiattribute attitude models)

다속성 태도모델은 보상적 결정방식을 적용하는 가장 대표적인 대안평가 방식이다. 인지적 학습이론에 의하면 소비자는 제품의 속성에 대한 신념에 의해 태도를 개발한다고 보는데, 이러한 소비자의 속성신념과 태도형성 간의 관계를 설명하기 위해 개발된 대표적인 모델이 다속성 태도모델이다.

다속성 태도모델에 의하면 특정 대상에 대한 소비자의 태도는 대상물의 속성에 대한 그의 신념과 각 속성의 중요도에 의해 결정된다. 특히 대상물이 지니고 있는 여러 속성들이 포괄적으로 평가된 결과로서 소비자의 태도는 형성된다.

(1) Fishbein의 다속성 태도모델

Fishbein의 대상에 대한 태도모델은 특히 제품이나 상표에 대한 태도를 측정하기에 적합한 모델이다. 이 모델에서 대상은 사람, 사물, 의견, 기관 등 태도의 대상이 될 수 있는 것은 무엇이든 적용이 가능하다.

Fishbein 모델에서 특정대상에 대한 태도는 대상과 연관하여 부각된 속성에 대한 신념의 강도와 이 신념에 대한 평가의 두 요인에 의해서 결정된다.

신념(belief)은 소비자가 특정제품의 속성과 관련하여 가지고 있는 주관적 의견을 가리킨다.

① 신념의 강도(b_i)는 어떤 대상이 특정속성을 어느 정도 가지고 있다고 생각하는지를 가리키는데, 소비자의 과거 경험, 외부정보, 혹은 추론에 의해 결정된다.

② 속성에 i에 대한 평가(e_i)는 어떤 대상이 특정 속성을 가진다는 사실이 소비자에게 얼마나 바람직한가를 반영한다. 신념의 강도는 특정 상표에 대한 것인데 비해 속성에 대한 평가는 제품군에 관한 것이다.

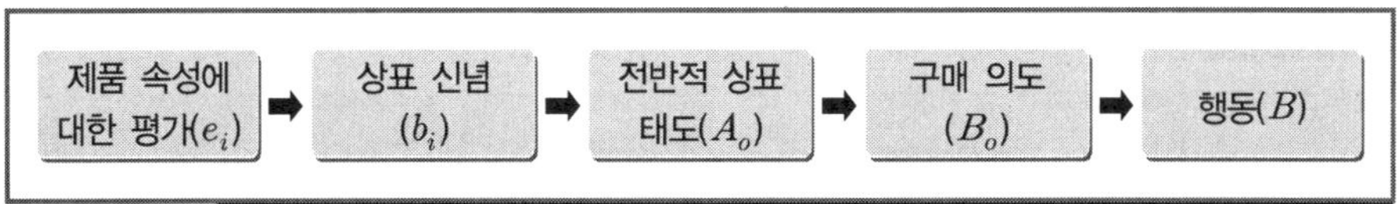

그림 7-3 Fishbein의 다속성 태도모델

Fishbein 모델을 방정식으로 표현하면 다음과 같다.

$$A_o = \sum_{i=1}^{n} b_i e_i$$

A_o: 대상(제품, 상표 등)에 대한 태도
b_i : 속성 i에 대한 소비자의 신념의 강도
e_i : 속성 i에 대한 소비자의 평가
n : 고려되는 중요한 속성들의 수

예를 들어, 자동차의 경우 소비자가 구매에 중요하다고 생각하는 제품의 속성 즉, 경제성, 안전성, 디자인, 승차감 등이 소비자에게 얼마나 바람직한 평가를 하고, 특정 자동차가 이 속성들을 어느 정도 가지고 있는가를 나타내는 신념을 측정하여 그 자동차에 대한 호의적 비호의적인 태도 수준을 평가하는 것이다.

〈신념의 강도(b_i) 측정 방법의 예〉

자동차A의 디자인은 매우 좋다.

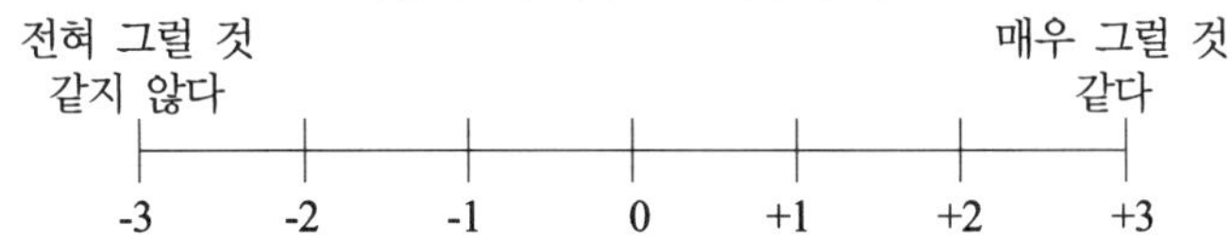

〈속성에 대한 평가 측정 방법의 예〉

자동차의 디자인은 중요하다.

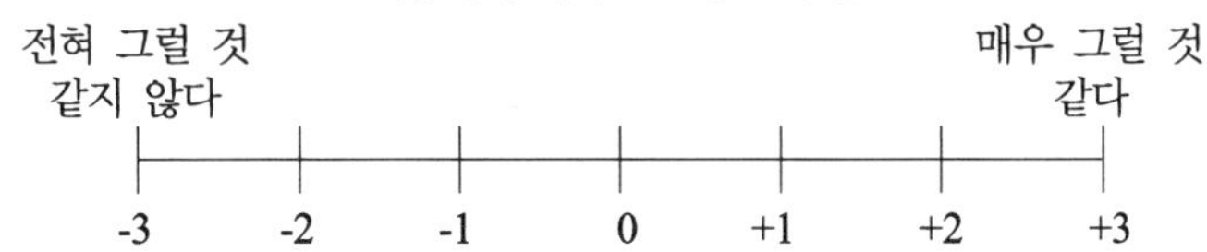

표 7-1 Fishbein 모델에 의한 자동차 상표에 대한 태도

속성(i)	속성에 대한 평가(e_i)	신념에 대한 강도(b_i)	
		상표 A	상표 B
디자인	+3	+3	+2
안전성	+2	+2	+1
경제성	+1	-1	+1
승차감	+1	+1	+1

- 상표A 자동차에 대한 태도: (3×3)+(2×2)+(-1×1)+(1×1)=13
- 상표B 자동차에 대한 태도: (2×3)+(1×2)+(1×1)+(1×1)=10

그러므로 이 소비자는 상표A를 상표B보다 더 선호하는 것으로 측정되었다.

본 모델을 이용하여 마케팅담당자들은 중요한 제품속성에 관하여 자신의 상표와 경쟁상표를 소비자들이 어떻게 평가하는지를 파악함으로써, 자사상표의 강점과 약점을 분석할 수 있다는 특징이 있다. 이렇게 강점과 약점분석을 통하여 특정 상표를 평가하는데 다속성 태도모델을 적용할 수 있다.

② Fishbein-Ajzen의 「행동」에 대한 태도모델

Fishbein의 초기모델과는 달리 이 모델은 특정 대상과 관련해서 수행될 어떤 행동에 대한 태도에 관한 것이다. Fishbein-Ajzen은 기존의 다속성모델을 확장하고 이성적 행동모델 또는 피쉬바인 확장모델이라고 부르는 모델을 제시하였다. 행동을 예측하기 위해서는 특정대상에 대한 태도보다는 특정대상과 관련된 행동에 대한 태도를 측정하는 것이 보다 적절하다고 하여 다음과 같은 행동에 대한 태도모델을 제시하였다. Fishbein은 소비자들의 행동을 결정하는 직접적인 요인을 행동을 취하고자 하는 의도로 보고 있다. Fishbein-Ajzen은 소비자들이 주어진 상황에서 있을 수 있는 여러 가지 행동의 결과들을 의식적으로 검토하고 가장 좋은 결과를 선택한다고 하여 그들의 이론을 이성적 행동이론이라고도 하였다.

$$A_B = \sum_{i=1}^{n} b_i e_i$$

A_B : 행동 B에 대한 태도

b_i : 행동 B의 수행이 결과 i를 유발시킬 가능성에 대한 신념

e_i : 결과 i에 대한 평가

n : 중요한 결과(평가기준)의 수

이 모델에서 A_B는 특정행동을 수행하는 태도로 대상물 자체에 대한 태도와는 개념상 큰 차이가 있다. 대상물이 여러 속성 면에서 전혀 하자가 없다면 그 대상물에 대한 태도는 당연히 긍정적으로 형성되지만, 그 대상물과 관련해서 어떤 행동을 수행하는데 대한 태도도 당연히 긍정적일 것이라는 보장은 없기 때문이다.

가격이 중요한 속성이라고 하더라도 소비자에 따라서 고가품을 선호하는 소비자도 있고 저렴한 가격을 좋아하는 소비자도 있을 것이다. 이 모델의 e_i에서는 그에게 가격이 높아야 좋은지 낮아야 좋은지 표시한다고 볼 수 있다. 어떤 소비자가 상표대안에 대하여 다음과 같이 평가하고 있다.

• [b_i 측정] A상표의 가구를 구매하면 가격지불의 부담이 적을 것이다.

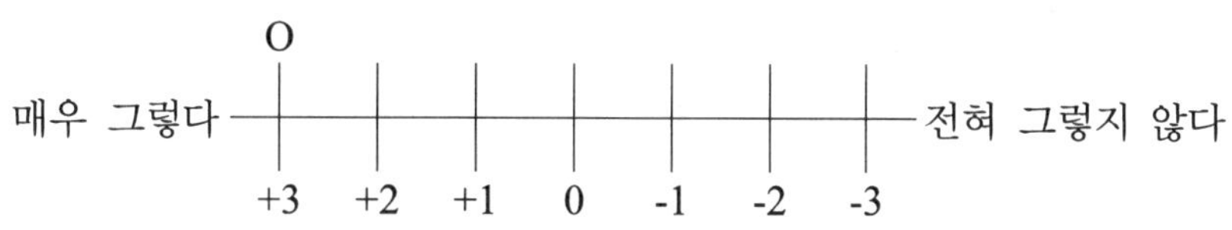

• [e_i 측정] 가격이 싼 가구를 구매하는 것은 나에게:

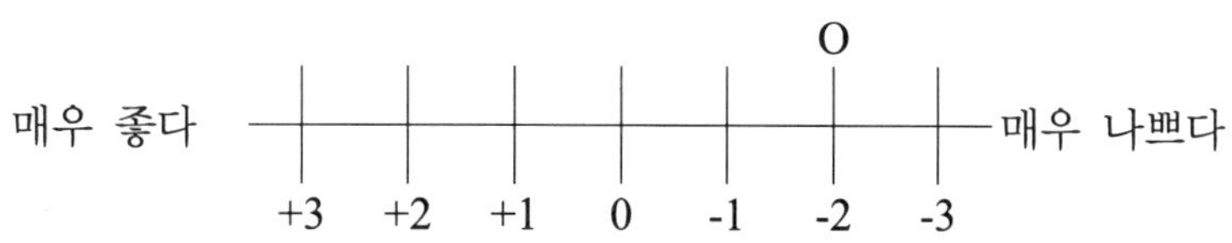

이 소비자는 가격을 매우 중요한 속성으로 보고 있으나, 고가품을 선호하고 있음을 알 수 있다. 싼 제품에 대한 편견 때문에 위의 예시에서와 같이 평가

하게 되고, 그 결과 이 소비자는 상표 A의 구매에 대하여 $b_i e_i = (+3)(-2) = -6$이므로 부정적 태도를 가지게 된다. 그러나 만일 경제적인 절약을 중요하게 여기는 소비자라면 e_i의 평가에서 '매우 좋다(+3)'에 평가하게 될 것이므로 결과는 전혀 달라질 것이다.

사례 7-3

소비자가 가장 선호하는 스마트폰 화면 크기는 '5인치'

소비자들이 스마트폰 화면크기로 5인치를 가장 선호하는 것으로 드러났다.

미국 시장조사업체 스트래티지 애널리틱스(SA)는 지난해 하반기 미국과 영국 소비자들을 대상으로 설문조사한 결과 가장 많은 23%가 선호하는 스마트폰 화면 크기를 5인치로 꼽았다고 18일 밝혔다. 두 번째로 인기 있는 화면 크기는 16%가 선택한 5.3인치다. 3위는 5.5인치, 4위는 4.7인치 제품이다.

조사결과를 분석한 결과 시간이 지날수록 스마트폰 소비자들이 더 큰 화면을 선호하는 경향이 드러났다. 실제로 지난해 하반기에 시행한 같은 조사에서는 아이폰6의 화면 크기, 4.7인치 제품이 가장 인기 있었다. 선호하는 화면 크기가 0.3인치 커졌다. 5인치 화면 스마트폰의 대부분은 출시 이후 2년 이상 지난 제품들이다. 삼성전자의 갤럭시S4와 LG전자의 옵티머스GK, 팬택의 베가아이언 등이다.

업계 관계자는 "어떻게 보면 제조사들이 소비자 취향을 한 발 앞서 간 게 아닌가"라며 흥미있다는 반응을 보였다.

SA는 스마트폰 두께 선호도도 조사했다.

조사 결과에 따르면 얇은 두께라면 더 좋겠지만 배터리 사용 시간이 늘릴 수 있다면 얼마든지 두께를 포기할 수 있다는 응답이 대다수였다.

SA는 "제조사들은 배터리 사용시간과 비례하는 두께 문제를 풀어야 하는 과제에 직면했다"고 말했다.

출처: 브릿지경제, 2015.06.18. 기사편집

2) 저관여 태도 이론

저관여 제품을 대상으로 하거나 저관여 상황에서 구매결정을 하는 소비자들은 고관여 정보처리를 하지 않기 때문에 인지적 학습과정을 통하여 소비자의 태도가 형성된다고 보기는 어렵다. 저관여 상황에서 소비자들은 특정 대상에 대해 확고한 신념 없이도 친숙도 여하에 따라 그 대상에 대해 태도를 갖는 경우가 많다.

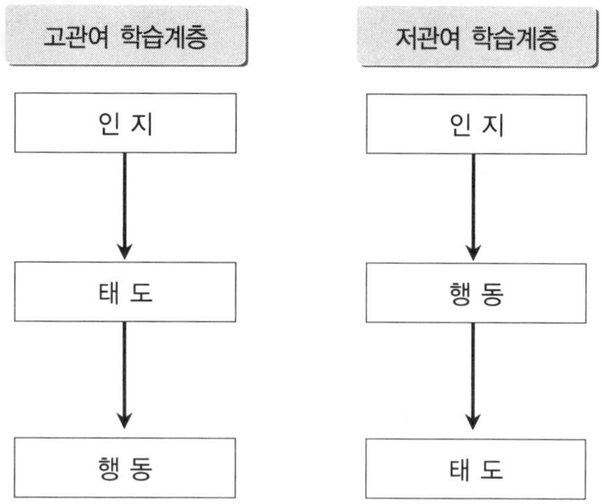

출처: David L. Loudon & Albert J. Della Bitta(1993), Consumer Behavior, 4th ed., McGraw Hill Book Co., p. 345.

그림 7-4 정보처리의 효과 계층

(1) Krugman의 저관여(수동적) 학습이론(passive learning theory)

Krugman에 의하면 TV는 저관여 매체이며, TV 광고제품은 대부분 저관여 제품이고, 소비자는 저관여 상황에서 TV광고에 노출되므로 광고내용에 대한 집중도가 낮다고 하였다. 그러나 동일한 광고에 반복적으로 노출되면 광고내용은 정확하게 기억하지 못하지만 상표명 정도는 상기할 수 있는 저관여 학습효과가 나타나서 그 상표나 제품에 대하여 호감이나 친숙함을 갖게 되고 그로 인해 광고에 노출된 적이 있는 제품 또는 상표를 구매하게 된다는 것이다. 그리고 제품이나 상표에 대한 태도는 구매 후 실제 사용경험을 통해서 비로소 형성된다는 것이다. 이러한 저관여 학습효과를 얻기 위해서는 최소한 3번 이상 광고에 노출되어야 한다.

(2) Zajonc의 단순노출이론

R. B. Zajonc는 개인이 어떤 대상에 반복해서 노출되면 인지적 반응 없이도 그 대상에 대해 호의적인 태도를 형성하게 된다고 하였다. 즉, 개인이 어떤 자극에 반복적으로 노출되었을 때, 그 자극이 개인의 인지구조에 전혀 영향을 주지 않은 경우에도 편안함이나 친근감 같은 감정적 반응에 영향을 주어 그 대상에 대해 호의적인 태도를 갖게 된다는 단순노출이론을 제안하였다. 인지적 반응과 상관없이 감정적 반응만으로도 태도의 형성 및 변화가 가능하다는 것을 시사한다.

Zajonc는 미국대학신문의 한 구석에 한자(漢字)를 싣는 실험을 했는데 한자가 대부분의 학생들에게 아무 의미가 없는 상징에 불과하였는데도 그것을 자주 보게 되니까 그것에 대한 선호도가 생겼다. 이 실험에서 알 수 있듯이 노출효과가 개인의 지각에서 발생한다는 것이다. 사람에게 반복해서 보여주면 시각적이든 사회관계를 통해서든 그 자극에 대한 피실험자의 관심도 증가한다. 이러한 노출효과는 광고의 기본적인 토대가 되었다.

(3) Krugman이론과 Zajonc이론의 비교

Krugman이론에서는 특정 대상에 반복적으로 노출이 되면 상표명 또는 정보가 수동적이긴 해도 인지구조를 통과하면서 약간의 인지적 반응을 일으키고, 이에 의해 행동이 유발되고 행동을 수행한 후에 태도가 형성된다고 하였다. 그러나 Zajonc의 단순노출이론에서는 반복적인 노출이 직접 감정적 반응에 영향을 주고 이로 인하여 인지에 근거하지 않아도 태도가 형성되는 것으로 보기 때문에 두 이론 간에는 태도형성과정 상에 차이가 있음을 알 수 있다.

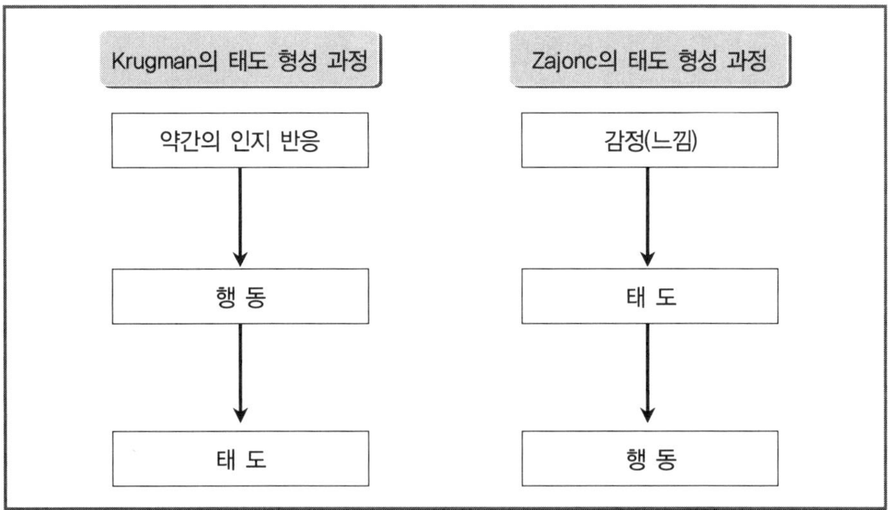

그림 7-5 Krugman 이론과 Zajonc 이론의 비교

3) 정교화 가능성모델(ELM: Elaboration Likelihood Model)

정교화 가능성모델은 설득과정과 관련하여 어떤 경우에 어떤 커뮤니케이션 요소가 주도적 역할을 담당하는지에 대한 포괄적인 이론을 제시한다. 정교화 가능성모델은 R. E. Petty 와 J. T. Cacioppo에 의해 제안되었는데 이 모델에 의하면 소비자의 정보처리 동기와 능력여하에 따라 소비자의 태도는 두 가지의 상이한 경로를 통해 형성 또는 변화한다. 하나는 중심경로이고 다른 하나는 주변경로이다.

중심경로란 핵심적인 메시지 중심의 정보처리를 통해 태도가 형성되는 경로이며, 주변경로란 메시지의 주장내용과는 상관없이 메시지 전달자(광고모델, 판매원 등)의 인상이라든가 광고 배경음악 등과 같은 주변요소의 영향을 받아 태도가 형성 또는 변화되는 경로이다.

정교화 가능성 모델은 많은 연구자들에 의해 그 타당성이 검증되었다. Petty, Cacioppo와 Schumann의 연구결과를 보면 소비자의 관여도, 광고메시지의 강도, 그리고 메시지 전달자의 명성에 따라 제품에 대한 소비자의 태도 형성경로에 차이가 있음이 확인 되었다.

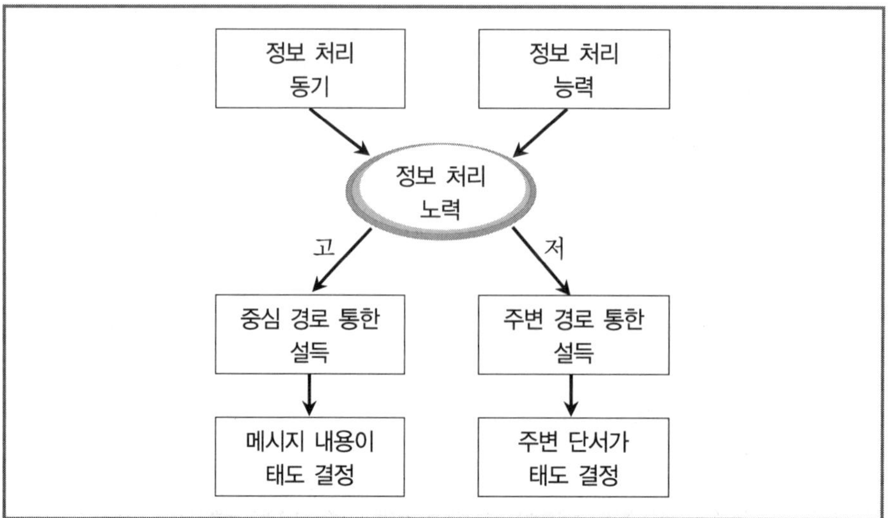

그림 7-6 정교화가능성 모델의 요약

[그림 7-6]에서와 같이 메시지가 시사하는 논점의 강도는 고관여 소비자의 태도형성에 더 많은 영향을 주고, 메시지 전달자의 명성은 저관여 소비자의 태도 형성에 더 많은 영향을 주는 것으로 밝혀졌다.

정교화가능성 모델에서는 인지적 정교화를 커뮤니케이션의 논점과 관련된 사고로 정의하고, 정교화 가능성이 높을 때, 즉 논점과 관련된 사고가 많을 때에 중심경로를 밟게 되고, 정교화 가능성이 낮을 때에는 주변경로가 소비자의 반응을 결정한다고 한다. Petty 등이 제안한 ELM은 소비자가 저관여 매체인 TV광고에 노출된 경우 주변단서의 영향에 의해 태도가 형성된다고 함으로써 TV광고에 노출되더라도 행동 이전에는 태도형성이 되지 않는다고 한 Krugman의 이론과는 차이가 있다.

사례 7-4

'흥얼흥얼' 노래 만나니…인지도 '쑥쑥'

재미있는 가사와 중독성 있는 리듬의 광고노래는 제품 특징을 효과적으로 알리고, 인지도까지 높일 수 있기 때문이다.

샘표는 '요리에센스 연두'의 새 TV 광고에서 기존 연두송을 개사한 광고음악을 선보였다. 기존 노래는 "연두해요, 요리할 땐 모두 연두해요"라는 문구가 반복됐다. 이번에는 제품 사용 방법을 가사에 담았다. 모델 차승원이 직접 노래해 경쾌함도 더했다. 샘표 측은 2010년 처음 출시할 때에는 주목받지 못했으나, 2012년 '요리에센스'로 콘셉트를 바꾸고 연두송을 함께 선보이면서 인지도가 높아졌다고 설명했다. 업체 자체 조사 결과 제품에 대한 소비자 인지도가 85%를 웃돌았다.

일화의 탄산음료 브랜드 맥콜은 TV 광고에서 중독성 있는 힙합 비트와 "맥콜, 입에 털어넣어!"라는 가사의 광고노래로 인기몰이에 성공했다.광고에는 아이돌 가수 박형식과 NS윤지, 파격적인 패션의 배우 김수미가 래퍼로 등장한다. 일화 관계자는 "지난 5월 메이웨더와 파퀴아오와의 권투 경기에서 라운드가 끝날 때마다 맥콜 광고가 등장했다"며 "경기는 시시하게 끝났지만 맥콜 광고가 SNS상에서 화제가 모으는 이색현상이 벌어지기도 했다"고 밝혔다.

배스킨라빈스는 이번 여름 빙수 메뉴인 'All New 2015 아이스크림 빙수'의 주제곡으로 '아빙송'을 선보였다. 크리스마스트리 모양의 제품 특성에 착안해 한여름 크리스마스 파티를 콘셉트로 가사를 만들었다. 또 바닐라 맛, 딸기 맛, 초콜릿 맛 등 빙수 맛을 가사에 표현했다. 배스킨라빈스 관계자는 "아이돌 가수 f(x)와 빙수가 만나 '아빙송'이 탄생했다"며 "매장에서 트는 노래와 페이스북 영상을 통해 접한 소비자들이 '시원하다', '중독된다' 등의 좋은 반응을 보이고 있다"고 밝혔다.

출처: 뉴시스, 2015.06.17. 기사편집

제2절 구매의도

1. 태도와 구매 행동의 관계

소비자가 제품에 대해 호의적인 태도를 가질수록 그 제품을 구매할 가능성이 높을 것으로 여겨지지만 반드시 구매행동으로 이어지는 것은 아니다. 이와 같은 '태도-행동 일관성'에 영향을 미치는 요인들을 살펴보면 다음과 같다.

1) 태도의 강도

상표나 제품에 대한 소비자의 태도는 단순히 포장이나 광고 등을 보고 쉽게 개발되기도 하고, 구매하기 전에 다른 광고나 정보에 접하게 되면서 쉽게 변하게 된다. 이처럼 태도의 강도가 낮으면 상황의 영향을 받기 쉬워 태도-행동 간의 일관성이 낮아진다.

2) 경과된 시간

일반적으로 구매태도 형성시기와 실제 구매행동을 하는 사이에는 시간차가 발생한다. 이 기간 동안 많은 영향요인으로 인하여 결과적으로 태도변화가 발생하게 되고 행동도 변하게 된다. 한 조사에 의하면 조사대상 소비자의 75%가 6개월 이내에 상표 대안에 대한 태도를 변경하였고, 20%가 6개월 이내에 실제로 구매한 상표를 변경하였다고 한다.

3) 개인적 요인

소비자 개인의 경제적·사회적 상황 변화가 태도와 행동에 대한 영향을 미친다. 경제적 여건이 호전된 경우에는 고가품에 대한 태도를 변화시키고 구매계획도 변화를 줄 가능성이 있다.

4) 상황적 요인

구매하려고 생각했던 품목이 품절인 경우나 금전적 손실로 인하여 소비자의 힘으로 어쩔 수 없는 불가항력적인 일이 발생한 경우, 현재 의도대로 행동하는 것을 포기할 수도 있다.

또한 매장내의 상황적 요인으로는 경품판매, 가격할인, 신상표의 출현 등의 요인이 발생하였을 경우에도 소비자는 자신의 태도와 상이한 구매행동을 하게 된다.

2. 구매의도 모델

전통적인 소비자행동 모델에서는 구매의도를 별개의 행동변수로 취급하지 않았으나, Fishbein-Ajzen이 행동의도 모델을 제안한 이래 구매의도는 새로운 의사결정변수로 부각되었다. Engel-Blackwell-Miniard의 소비자행동 모델에서도 구매의도를 중요한 의사결정변수로 포함시키고 있다.

구매의도란 최종선택대안에 대한 구매결심 상태로 실제로 구매할 가능성 여부를 나타낸다. 소비자가 특정상표에 대한 태도는 호의적이지만 구매할 의도가 없다면 실제로 구매할 가능성은 낮다.

소비자행동연구가들은 소비자들이 그들의 태도가 지향하는 대로 구매행동을 수행할 가능성은 높지 않으며, 구매의향이 있을 때에 실제 구매행동이 이루어질 가능성이 있다고 한다. 즉, 구매의도가 태도와 행동을 매개하는 변수로서 구매행동에 대한 예측변수의 역할을 수행하는 것이다.

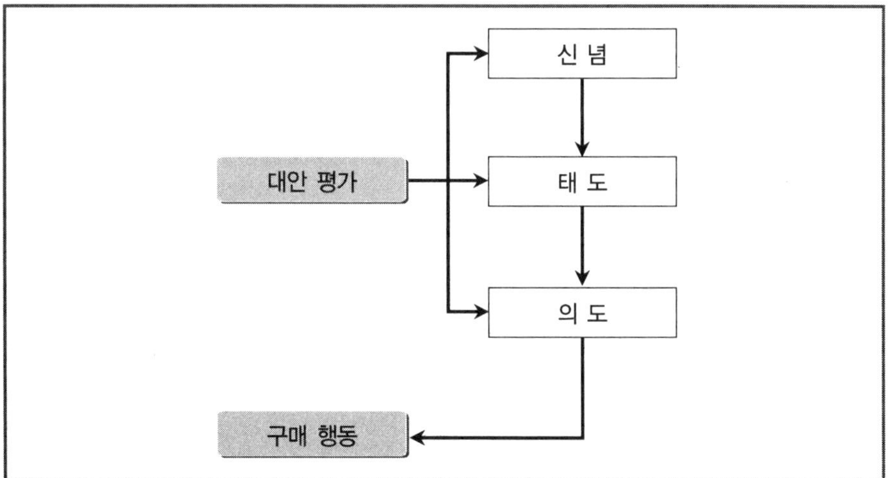

그림 7-7 태도-의도-행동의 관계

◎ **Fishbein- Ajzen의 행동의도 모델**

$$B \sim BI = W_1(A_B) + W_2(SN)$$

$$A_B = \sum_{i=1}^{n} b_i e_i$$

$$SN = \sum_{j=1}^{N} NB_j MC_j$$

B : 구매행동(behavior)

BI : 구매의도(behavioral intention to purchase)

A_B : 행동 B에 대한 태도(attitude toward behavior)

b_i : 행동 B의 수행이 결과 i를 초래할 것인가에 대한 신념

e_i : 결과 i에 대한 소비자 평가

n : 중요한 행동결과(평가수준)의 수

SN : 주관적 규범(subjective norm)

NB_j : 규범적 신념(normative belief)
(자신이 B 행동을 수행하는 것에 대해 준거인 j가 어떻게 생각할 것인가에 대한 자신의 지각)

MC_j : 순응동기(motivation to comply with referent j)
(준거인 j의 지각되는 의견에 순응하려는 의향)

j : 준거인

N : 준거인의 수

W_1, W_2 : 행동의도에 대한 AB와 SN요소의 상대적 영향력의 가중치

특별한 상황적 요인이 개입하지 않는 한, 개인의 행동(B)는 행동수행에 대한 그의 의도(BI)와 거의 일치(B~BI)한다. 즉, 사람들은 의도한 대로 행동할 가능성이 매우 높다. 이 모델은 소비자의 구매의도를 알아낸다면 소비자의 구매행동을 예측할 수 있음을 시사한다.

① 구매의도는 구매행동에 대한 그의 태도(A_B)와 주관적 규범(SN)의 함수로 본다.

② 주관적 규범이란 자신이 특정 상표를 구매한다면 이에 대하여 다른 사람들이 어떻게 생각할 것인가에 대한 자신의 지각이다. 즉, 특정상표에

대한 구매의도는 그 상표를 구매하는 자신의 태도뿐만 아니라 다른 사람의 기대에 대한 자신의 지각에 의해서도 영향을 받는다는 것이다. 다만 구매의도에 영향을 미치는 태도변수(A_B)와 규범변수(SN)의 상대적 영향력의 정도는 개인이나 제품과 상황에 따라 다르다고 보고 있다. 그 상대적 비중은 회귀분석을 통하여 측정될 수 있는데 그 가중치를 W_1, W_2로 표시하고 있다. 가령, 어떤 제품을 구매하는데 있어서 다른 사람들의 생각에는 관계치 않고 자신의 구매의도를 형성하였다면 이 소비자는 자신의 태도요소에 의해 결정한 것이고 따라서 $W_1=1$, $W_2=0$이 되며, 결국 구매의도대로 구매행동을 할 확률이 높은 것이다.

③ 이 모델에서 구매의도는 주관적인 확률(subjective probability to perform)로 표시된다.

④ 이 모델에서의 태도요소(A_B)는 특정 대상물에 대한 태도를 변수로 보지 않고 행동수행에 대한 태도를 변수로 보고 있다.

⑤ 주관적 규범(SN)은 개인의 행동에 영향을 주는 어떤 규범에 대한 주관적인 판단이다. 주관적 규범은 규범적 신념(NB_j)과 순응동기(MC_j)에 의해 결정된다.

⑥ 규범적 신념이란 자신에게 중요한 준거인(j)이 자신이 특정행동을 수행해야 한다고 생각할 것인가 수행해서는 안 된다고 생각할 것인가에 대한 자신의 신념을 나타낸다. 즉, 주변인들의 기대에 대한 자신의 지각이다.

⑦ 순응동기(MC_j)란 이들 준거인들의 기대에 순응하고 싶은 의향의 정도를 나타낸다. 아무리 중요한 사람이라도 순응하고 싶은 의사가 없으면 그 준거인에 대한 순응동기 $MC_j=0$이 될 것이다. 만일 준거인이 3명이라면 세 사람에 대하여 각각 주관적 규범치가 계산된 다음 이들을 합산한 값이 총규범치($\sum NB_j MC_j$)가 된다.

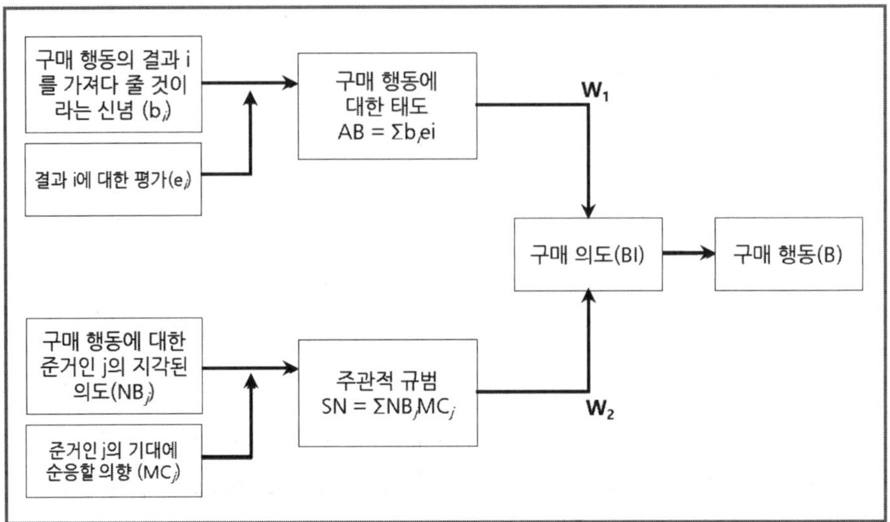

그림 7-8 행동의도모델의 구성요소

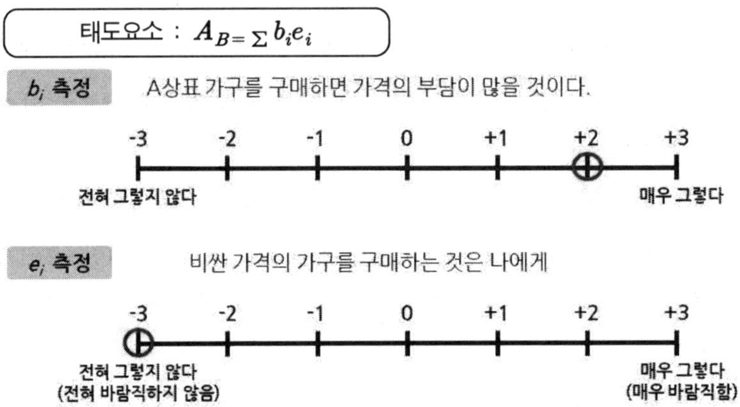

A 상표 가구의 구매결과 i	신념 b_i	평가 e_i	$b_i \cdot e_i$
• 가격부담이 클 것이다.	+2	-3	-6
• 오랜 기간 사용할 수 있을 것이다.	+3	+2	+6
• 디자인에 만족할 것이다.	+3	+3	+9
• 집안 분위기와 어울릴 것이다.	+2	+2	+4
⋮			
A 상표 가구구매에 대한 태도	$A_B = \Sigma b_i e_i = 13$		

그림 7-9 행동의도 모델 변수의 측정 예시(태도요소)

규범요소 : $SN = \sum NB_i MC_i$

NB_i 측정 나의 남편은 A상표 가구를 구매하는 것을

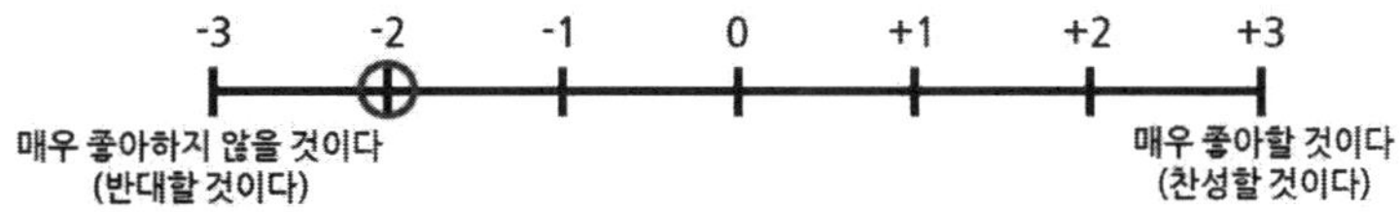

MC_{ij} 측정 나는 남편의 의사를

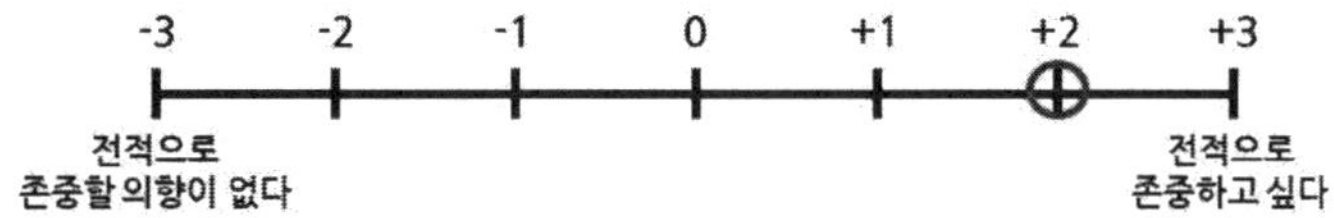

A 상표 가구의 구매결과 준거인 i	신념 NB_i	평가 MC_j	$NB_i \cdot MC_j$
남 편	-2	+2	-4
자 녀	+3	+1	+3
⋮			
A 상표 구매에 대한 주관적 규범	$SN = \Sigma NB_i \cdot MC_j = -1$		

그림 7-10 행동의도 모델 변수의 측정 예시(규범요소)

몇 가지의 문제점이 지적된 가운데에서도 대부분의 소비자행동 연구가들은 규범요소는 분명히 행동의도에 영향을 미치는 중요한 요인이며, 행도의도 모델은 태도모델에 비해 행동의 예측능력이 높다는 점을 인정하고 있다. 특히 규범요소는 마케팅담당자에게 유용한 정보를 시사하기 때문에 이 모델의 유용성은 크다.

사례 7-5

참기름, 인식은 재래시장..실제 구입은 대형마트

최근 소비자 단체에서는 참기름, 들기름에 대한 소비자 인식과 판매 실태조사결과를 발표했습니다.

◎ 구체적으로 어떤 조사를 실시하셨나요?

참기름과 들기름은 대형마트 뿐만 아니라 전통시장 등 구입할 수 있는 곳은 굉장히 다양하고, 브랜드 제품뿐만 아니라 시장에서 즉석에서 짜서 판매하는 비브랜드 제품이 시중에 유통되고 있습니다. 이번 조사는 소비자 200명을 대상으로 한 참기름·들기름에 대한 소비자사용실태 조사와 참기름, 들기름 판매처 110곳을 대상으로 한 시장 판매 실태조사로 나누어 진행이 되었습니다.

◎ 아무래도 한식에서는 갖가지 양념이 들어가다 보니까, 실제로도 소비자들이 참기름, 들기름을 많이 사용하고 있지요?

대체로 모든 소비자들이 참기름과 들기름을 구입하여 사용하고 있는 것으로 나타났습니다. 그리고 조사 결과 대형마트나 큰 슈퍼에서 판매하는 브랜드 제품보다 전통시장이나 골목시장의 방앗간 등에서 직접 짠 제품을 참기름, 들기름 모두 조사대상인 소비자의 80% 이상이 선호하는 것으로 나타났습니다. 아무래도 직접 짠 즉석가공제품은 풍미나 향, 신선도 등이 더 좋을 것이라는 것이 일반적인 소비자들의 생각이었습니다.

◎ 소비자들이 전통시장이나 골목시장의 방앗간을 많이 이용하고 있는 것이네요?

많은 소비자들이 직접 짠 제품에 호의적인 의견을 보여주었지만, 실제 구매는 대형마트나 큰 슈퍼 등을 이용하는 것으로 나타났습니다, 참기름의 경우 응답자의 34%가 대형할인마트를 이용한다고 응답하였고, 결론적으로 보자면 소비자가 선호하는 것과 실제구매선택에 차이가 발생하는 것이었는데요.

◎ 대체 왜 이런 차이가 발생하는 것인가요?

참기름 및 들기름 구입에 있어 선호 구입 장소와 실제 구입 장소 간의 차이가 나타나는 이유는 바로 전통시장, 골목시장 및 방앗간의 즉석가공제품에 대한 표시사항이 미흡해서 소비자가 구매를 꺼리는 까닭인 것으로 나타났습니다. 소비자는 방앗간의 제품에 대해 완전하게 신뢰할 수 없어 실제 구매를 꺼리게 되는 것이죠.

장기적인 태도로 소비자의 기본권을 지켜줌과 동시에 수요자 중심의 판매 전략을 통해 소비자와의 신뢰관계를 구축해야 할 것입니다. 그리고 소비자 또한 품질비교에 있어 제품의 표시정보를 활용하는 합리적인 소비습관을 길러야 할 것입니다.

출처: PBC뉴스, 2014.09.12. 기사편집

제3절 태도변화전략

1. 태도변화

일반적으로 태도는 장기간에 걸쳐 다양한 요인들에 의해 형성되며, 일단 형성된 태도는 비교적 안정적 균형 상태를 이루고 있는 것으로 알려져 있다. 태도의 인지적요소와 감정적 요소가 균형을 이루면 행동의 일관성을 유지하려는 경향이 나타나고, 일관성에 저촉되는 정보나 자극에 대하여 저항하는 성질을 지닌다.

아울러 태도변화도 태도형성과 근본적으로 동일하다. 즉, 태도변화도 학습되며 개인적 경험이나 다른 정보원천에 의하여 영향을 받고, 개성에 따라 태도를 수정하는 수용성과 속도에도 차이가 있다.

태도가 일관성을 유지하지 못할 만큼 강한 외적 자극이 주어지면, 태도의 안정성이 깨지고 소비자는 기존의 태도를 재조직하게 된다. 그러므로 소비자의 태도를 변화시키려는 일은 마케팅담당자에게 있어서 핵심적으로 고려해야하는 전략사항이다.

2. 태도변화전략

소비자의 부정적인 상표이미지나 비호의적인 태도를 변화시키기 위한 전략을 살펴보면 다음과 같다.

1) 다속성 태도모델에 근거한 전략

(1) 제품의 재포지셔닝을 통한 상표이미지 변경

다속성모델, 특히 Fishbein의 확장모델의 기본구조에서는 상표신념과 소비자 욕구는 상표의 전반적 평가에 영향을 미치며, 나아가 행동의도에 영향을 미쳐 최종적으로는 행동으로 나타난다는 가정에 입각하고 있다.

제품의 재포지셔닝을 통해 소비자의 상표이미지와 태도를 변경시킬 수 있다. 제품의 재포지셔닝은 상표의 대표적 속성을 변경시키거나 새로운 속성이나 혜택을 부가함으로써 가능하다. 즉, 자사제품의 특성을 바꾸게 되면 소비자의 상표신념에 변화를 줄 수 있다.

(2) 제품속성의 중요도에 대한 소비자지각의 변화

소비자가 가장 중요하게 여기는 결정적 속성을 현재의 것에서 다른 것으로 변화시키는 방법이다. 특히 자사상표가 갖고 있는 속성으로 변경시킨다면 자사상표의 이미지를 어렵지 않게 변경시킬 수 있다. 이 전략을 이용하려면 먼저 경쟁상표에 비해 강점을 갖고 있는 속성을 선택한 후, 소비자에게 이 속성이 제품선택에 있어서 제일 중요하다는 사실을 인식시켜야 한다.

(3) 사회적 관습 또는 활동에 대한 소비자가치 변경 시도

사회적 관습이나 활동에 대한 가치에 영향을 미쳐 제품이나 상표에 대한 소비자의 태도에 변화를 주려는 전략이다. 소비자들은 기존의 가치기준에 혼란을 일으키는 제품이나 상표에 대해서는 부정적인 태도를 보이고 쉽게 수용하지 않는 경향이 있다. 이런 경우 마케팅담당자는 우선 소비자의 가치기준의 변화를 모색해야 한다. 이외에도 소비자지각의 변화를 시도하는 전략, 경쟁사의 약점을 찾아내어 이를 부각시키는 방안 등 여러 가지가 있을 수 있다.

2) 정교화가능성 모델에 근거한 태도 변경 전략

정교화 가능성 모델에 의하면 고관여 소비자는 중심경로를 통해 정보를 처리하고 태도를 형성하기 때문에 고관여 소비자의 태도변화를 목적으로 할 경우, 우선적으로 제품의 특징을 부각시키는 설득적 커뮤니케이션을 해야 한다. 그러나 저관여 소비자로 하여금 자사제품에 대하여 호의적인 태도를 갖게 하려면 메시지 내용보다는 커뮤니케이션의 주변요소에 호기심이나 호감을 갖도록 하는 것이 중요하다.

3) 저관여 소비자의 태도변경을 위한 커뮤니케이션전략

저관여 소비자는 광고에 노출 되었을 때 광고메시지에는 별로 관심을 보이지 않기 때문에 다속성 태도모델에 근거한 태도변화 전략은 효과를 기대하기 어렵다. 그러나 Krugman의 저관여 학습이론에 의하면, 광고에 반복적 노출을 통해 소비자에게 약간의 인지적 반응을 일으키면 행동을 유발시킬 수 있고, 행동 후에 긍정적인 태도를 갖게 할 수 있다. 또한 Zajonc 의 단순노출 이론에 의하면, 반복노출에 의한 친숙한 감정적 반응은 호의적인 태도를 갖게 한다. 따라서 저관여 소비자인 경우에는 광고의 노출빈도를 높이거나 호의적인 광고태도를 유발시키는 감성소구 광고를 함으로써 소비자가 광고제품을 상기할 수 있도록 하는 것이 효과적이다.

사례 7-6

혁신적 제품 만들면 끝? No!…고객행동 자체를 변화시켜라

모두가 암울했던 미국 대공황 시기에 혁신적인 아이디어가 하나 탄생했다고 말하면 믿을 수 있겠는가. 그것도 쇼핑과 관련한 아이디어가 말이다. 오클라호마시티에서 슈퍼마켓을 운영하고 있던 실반 골드먼(Sylvan Goldman)은 1936년 최초의 쇼핑카트를 만들었다. 그러나 사람들 반응은 냉담했다. 남자들은 쇼핑카트를 끄는 모습이 여성스러워 보인다는 이유로 거부했고, 여자들은 유모차를 연상시키는 쇼핑카트를 사용하지 않았다. 이런 고객 반응에 그는 매장마다 쇼핑카트를 사용하는 '바람잡이(shills)'를 배치했다.

이들이 매장 안에서 카트를 끌고 돌아다니는 모습을 본 손님들 마음속에서는 쇼핑카트에 대한 거부감이 서서히 사라졌고, 카트를 끌고 장을 보는 것이 자연스러운 현상이 됐다. 결국 골드먼은 혁신적인 제품을 내놓는 데서 그치지 않고 고객들 행동을 혁신하는 데 성공한 것이다. 마이클 슈라지(Michael Schrage) MIT 슬로언 경영대학원 디지털 비즈니스 센터 연구원은 저서 '고객이 어떤 사람으로 변화하길 바라는가?(Who do you want your customers to become?)'에서 골드먼의 쇼핑카트는 금방 사라졌을 수도 있다고 말했다. 그가 고객들에게서 이끌어내고 싶었던 행동(쇼핑카트를 사용하며 장보기)을 고객들이 받아들이고 실천했기에 카트가 '살았다'는 것이다.

출처: 매일경제, 2015.04.25. 기사편집

chapter

08 동기유발

제1절 동기유발의 본질과 제이론

1. 동기유발의 본질

1) 동기유발의 의의

동기는 사람들이 욕구를 충족시키고자 할 때 발생한다. 소비자의 욕구는 개인 심층에 잠재되어 있다가 어떤 계기로 인하여 활성화되는데, 활성화된 욕구가 충족되지 않으면 심리적으로 균형을 잃고 긴장이 유발된다. 긴장상태는 불안하고 불편하기 때문에 사람들은 심리적 안정을 추구하며 어떤 행동을 하게 된다. 이러한 행동을 유발시키는 강력하고 지속성 있는 내적 자극이 동기(motives)이다. 단순한 행동유발이 아닌 야기된 행동이 특정목표를 지향할 수 있도록 강한 추진력을 가진 비교적 지속성 있는 내적 성향을 말한다.

결국 미충족된 욕구로 인하여 야기된 심리적 긴장감이 행동유발의 직접적인 동기로 작용한다고 하여 흔히 욕구와 동기를 같은 의미로 사용하기도 하지만, 엄밀히 구분하면 욕구는 동기의 원천이라고 할 수 있다. 즉, 어떤 욕구가 충족되지 않았을 때 사람은 긴장을 경험하게 되고, 이 긴장은 욕구가 합리적인 방향으로 충족되도록 동기를 유도한다. 따라서 욕구는 동기를 유발하는 필요조건이다.

동기가 활성화되어 행동을 유발시키는 과정을 동기유발(motivation)이라고 한다. 동기가 활성화되면 행동이 시작돼서 일정한 목표가 달성될 때까지 그 행동은 지속된다. 그러므로 동기는 정태적 시점에서 보는 행동의 원인이 되며, 동기유발은 원인이 활성화되어 행동을 유발시키는 과정을 의미하므로 동기와 동기유발의 개념은 불가분의 관계로 혼용하여 사용하기도 한다.

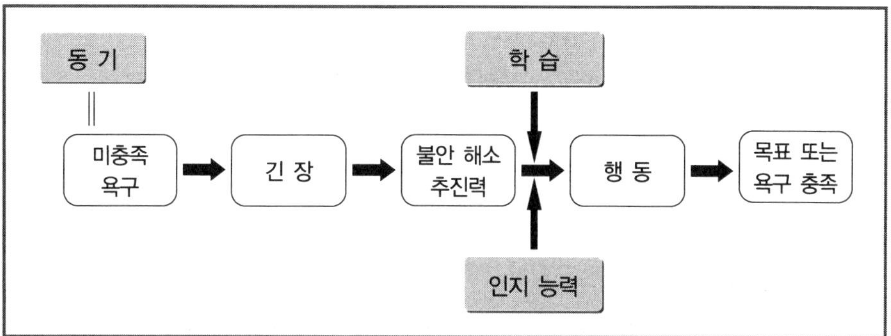

그림 8-1 동기유발 모형

2) 동기와 동기유발의 특성

(1) 동기(motives)의 특성

첫째, 동기는 관찰이 불가능하다. 상이한 동기가 동일한 행동을 유발시킬 수 도 있고 동일한 동기가 상이한 행동을 유발시킬 수도 있으므로 동기의 정확한 추정은 어렵다. 다만 행동을 관찰함으로써 추정할 수가 있다.

둘째, 동기는 소비자 자신에 의해 인지가 가능한 의식적 동기와 인지가 불가능한 무의식 동기가 있다. 소비자 자신이 의식하지 못한 상태에서 어떤 행동을 유발시키는 숨은 동기는 소비자 자신도 분명하게 식별하기 힘들다.

셋째, 소비자들은 일반적으로 복수의 동기를 갖는다. 소비자행동은 단일한 동기에 의해 유발되는 경우보다 여러 동기가 복합적으로 작용하여 유발되는 경우가 더 많다.

넷째, 동기는 유인가(valence)를 갖는다. 유인가가 높은 동기일수록 행동에의 영향력이 높다. 양(+)의 유인가는 행동을 발생시키는 긍정적인 동기이며, 음(-)의 유인가는 행동을 억제시키는 부정적인 동기이다.

(2) 동기유발(motivation)의 특성

소비자행동은 내부적 동기유발뿐만 아니라 외부적 자극에 의해서도 동기가 유발된다. 마케팅담당자는 소비자의 동기를 자극하는 요인을 분석하여 마케팅활동에 유용하게 응용할 수 있다.

첫째, 에너지와 방향을 갖는다.

에너지란 행동을 유발하고 수행하는데 필요한 활력이고, 방향이란 유발된 행동이 목표를 향하도록 하는 좌표에 대한 영향력이다.

둘째, 동기유발의 근간은 심리적 긴장상태를 완화시키려는 인간의 본능적 충동에 기인한다. 소비자 동기의 근본적인 목적은 긴장을 감소시키는 것이다. 모든 긴장이 오직 생리적인 것뿐이라면 소비자의 동기는 훨씬 단순한 문제이겠으나 소비자 동기는 감정에 의해 유발되기 때문에 훨씬 더 복잡하다.

셋째, 동기유발에는 개인차가 존재한다. 개인마다 생리적·외형적 조건이 다르듯이 욕구도 개인마다 다르기 때문에 동기유발에도 개인마다 차이가 있다. 개인의 나이, 소득, 직업, 개성 등이 다르기 때문에 호기심이 다르고 어떤 상황에 대한 학습과 경험이 다르다. 따라서 행동을 야기하는 직접적인 동기와 동기유발 과정이 개인에 따라 전혀 다른 형태로 나타난다.

사례 8-1

김치냉장고의 진화

김치냉장고는 1995년 만도기계(현 위니아만도)가 대중화시켰다. 김치냉장고는 김장독의 김치 숙성과 보관 원리를 본 뜬 제품이다. 김치냉장고의 성공은 가전업계에 쌀저장 냉장고, 반찬 냉장고, 화장품 냉장고 등과 같이 우리 식생활이나 생활 습관에 뿌리를 둔 기능성 가전 붐을 형성하기도 했다.

토종 가전의 의미를 부여해 김치의 고어인 딤채로 확정했다. 딤채는 김장독 원리를 본떴다. 김장철인 11월 하순, 땅속 온도는 평균 5도다. 12월 초순부터 이듬해 2월까지는 0~영하 1도 사이에서 유지되는 것이 우리나라 전통 김장독의 김치 숙성과 보관 원리다. 겨울철 땅속에 묻힌 김장독이 냉기 유출을 차단하고, 외부 공기 접촉을 줄이면서 김장독 내 온도를 0도에서 영하 1도 사이에서 유지해 준다. 김치 보관 원리를

'직접냉각방식'이라는 기술로 구현했다.

일반냉장고는 서양의 건조 음식 보관에 맞춰 냉기를 순환시키는 간접냉각방식이다. 냉장실 내부의 온도편차가 10도를 넘나들고, 저장 공간의 공기를 끌어들여서 냉기로 전환시킨다. 이 때문에 음식물 수분도 함께 빠져나가 김치나 탕, 찌개처럼 국물 음식이 많은 음식 보관은 어렵다. 장기간 수분 유지를 위해서는 직접냉각방식이 필요하다.

딤채의 성공은 냉장고뿐만 아니라 김치 '발효과학' 기술과 김치연구소 등을 함께 마케팅 한 것이 주효했다. 위니아만도는 김치유산균과 비타민 C, 간기능 개선에 도움을 주는 오르니틴 생성을 촉진하는 알고리즘으로 기술을 발전시켰다.

2000년대 들어 김치냉장고는 대형화된다. 직접냉각방식이 김치의 장기 보관에 유리할 뿐만 아니라 수분에 민감한 채소나 육류, 생선과 같은 신석식품 보관에도 장점이 있어 소비자들은 보다 큰 김치냉장고를 찾았다.

서랍식은 편리했지만 냉기효율이 뚜껑식보다 부족했다. 업체들은 이를 보완해 뚜껑과 서랍을 혼용한 제품들을 출시했다. 용량도 53리터로 시작한 김치냉장고는 120리터, 180리터를 넘어 200리터까지 커졌다. 2000년 중반에는 스탠드형 제품이 시장에 나왔다. 스탠드형은 김치뿐만 아니라 다양한 야채나 식품, 와인 등을 보관하는 다용도로 쓰이고 김치를 손쉽게 꺼낼 수 있다는 장점이 있다.

출처: 전자신문, 2014.10.26. 기사편집

2. 동기유발에 관한 제이론

동기와 개성은 밀접한 관계에 있기 때문에 동기유발이론과 개성이론을 구분하지 않는 경우도 있다. 본능이론(instinct theroy)이나 정신분석이론(psychoanalytic theory) 등은 실제로 동기유발에 관한 이론이기도 하며 개성이론이 될 수도 있다. 그러나 엄밀한 의미에서의 동기유발이론은 사람들이 지니고 있는 공통적인 속성에 초점을 맞추고 있으며, 개성이론은 인간속성상의 개인차에 초점을 맞추고 있다는 점에서 그 차이가 있다.

동기유발이론에 관한 이론은 많이 있지만 소비자행동을 이해하고 설명하는데 도움이 되는 몇 가지 이론을 보면 다음과 같다.

1) 장의 이론(Field Theory)

K. Lewin에 의해 제안된 장의 이론은 인지적 접근방법을 택하고 있다. 행

동유발의 동인으로서 본능이나 습관보다는 지식과 사고력을 더 중요하게 여긴다.

장의 이론은 인간의 행동을 개인과 환경의 함수관계로 보며, 인간의 행동은 그의 개인적 특성과 환경 요인 간 상호작용에 의해 결정된다고 한다.

$$B=f(P \cdot E)$$

B : 행동(Behavior)
P : 개인(Person)
E : 환경(Environment)
F : 함수(Function) 관계임을 표시함

Lewin에 의하면, 개인과 환경은 하나의 심리적 장(Psychological field)인 생활공간을 형성하는데 인간의 행동은 특정시점에서 이 장(field)의 함수라고 하였다. 여기서 생활공간이라 함은 현실에 대하여 개인이 지각하고 있는 심리적인 실체를 의미한다. 즉, 개인이 보는 현실 세계는 객관적인 실체 그 자체가 아니고 그의 개인적 요인과 환경적 요인의 상호작용에 의해 창조된 심리적인 현상이라는 것이다. 따라서 개인마다 다를 수 밖에 없으며 똑같은 환경 하에서도 개인의 행동은 상이하게 나타나게 된다고 설명한다.

2) 욕구 이론(Need Theory)

욕구 이론이란 인간 행동은 내재하는 욕구에 의해 유발된다는 이론이다. 대표적인 욕구 이론을 살펴보면 다음과 같다.

(1) Murray의 사회적 욕구 이론(Murray's theory of social needs)

Henry A. Murray는 욕구란 불만족 상태를 조금 더 만족한 상태로 변화시키기 위한 방법을 생각해 내게 하고, 그 방법대로 행동하도록 하는 인간두뇌에 내재하는 추진력(force)이라고 정의하였다.

특정인을 여러 상황하에 두고 관찰한 결과 그의 욕구가 상당히 체계적임을 알 수 있었다. 이러한 체계적인 욕구가 그 사람의 성격을 형성한다는 것이다. 특히 사회적 욕구가 성격형성과 행동유발의 근원이 된다.

Murray와 그의 연구진은 수차례에 걸친 심층조사 결과를 종합하여 인간의 욕구를 12종의 생리적 욕구(physiological needs)와 28종의 심리적 욕구(psychogenic needs)로 분류하고 완성하여, 인간의 사회적 욕구목록(Murray's inventory of social needs)이라고 하였다. 생리적 욕구보다 심리적 욕구의 연구에 더욱 관심을 보인 것은 심리적 욕구(사회적 욕구 또는 수단적 욕구)가 인간의 사회적 활동에 보다 직접적으로 관련되어 있으므로 인간이 어떻게 행동해야 하는가를 결정하는가, 직접적인 영향을 주기 때문에 이들이 더 중요한 동기유발요인이 된다고 보았기 때문이다.

또한 인간의 욕구는 개인차가 커서, 개개인이 가지고 있는 욕구의 유형이나 강도에는 차이가 있으며, 다양한 욕구들은 서로 밀접히 관련되어 있고, 둘 또는 그 이상의 욕구가 결합하여 특정행동을 유발시키는 경우가 많아서 개인의 행동패턴이 다양성을 보이게 된다고 하였다.

표 8-1 Murray의 사회적 욕구

야망, 권위, 성공과 관련된 욕구	권력과 관련된 욕구	가학-피해성과 관련된 욕구	우호적 인간관계와 관련된 욕구
우월	지배	공격	친교
성취	도전	굴복	양육
인정	돌출	복종	동정
과시	존경	인내	유희
신성불가침	칭찬		무관심
굴욕회피	자율		포기
방어			거부
저항			구원
			구세

이 연구가 소비자행동분야에 대한 기여한 바를 보면, 다른 연구원과 공동개발한 TAT(the Thematic Apperception Test)기법이 소비자들의 은폐된 동기와 동기유발과정의 조사·연구에 많이 이용됨으로써 마케팅담당자들은 소

비자들의 다양한 욕구와 동기에 기초하여 효과적인 마케팅전략을 전개할 수 있게 되었다. 소비자들의 개성조사기법으로 많이 이용되고 있는 EPPS(the Edwards Personal Preference Schedule)도 Murray의 욕구목록 중에 있는 15개의 욕구에 기초하여 개발된 것이다.

(2) Maslow의 욕구계층이론(Hierarchy of need theory)

A. H. Maslow에 의하면, 인간의 행동은 자신의 욕구를 충족시키는 과정에서 형성된다고 전제하고, 인간행동에 동기를 부여할 수 있는 인간의 욕구를 다섯 유형으로 범주화하여 이들 욕구가 활성화 되는 순서에 따라서 다음과 같이 계층화하였다.

제1단계: 생리적 요구(physiological needs)

인간의 생명을 유지하기 위한 가장 기본적인 욕구로서 음식, 주택, 성, 의복 등에 대한 욕구를 말한다. 가장 강력한 욕구수준을 지니기 때문에 생리적 욕구가 충족되지 않은 상태에서는 오직 생리적 욕구만 활성화되며, 생리적 욕구가 충족이 되면 더 이상 동기유발 되지 않고 다음 단계의 욕구가 동기유발 된다는 것이다.

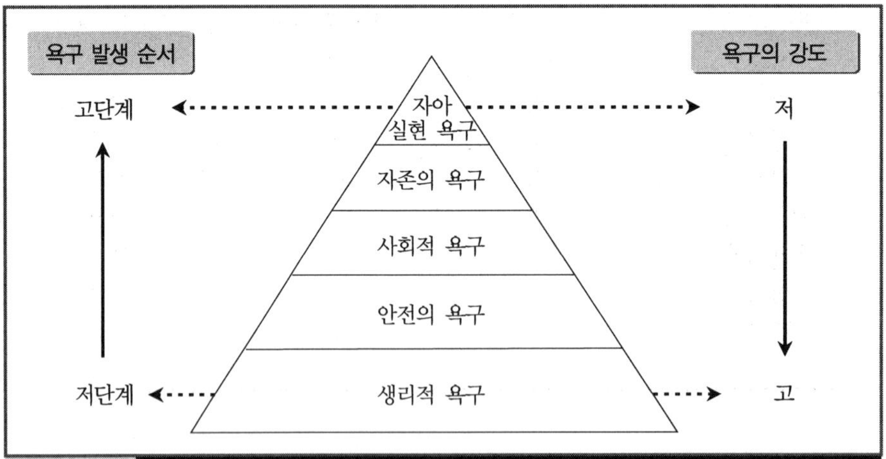

그림 8-2 Maslow의 욕구계층이론(Hierarchy of need theory)

제2단계: 안전의 욕구(safety & security needs)

생리적 욕구 충족 후에 느끼는 욕구로 신체적인 안전과 심리적인 안정을 추구하려는 욕구이다. 외부로부터 자신에 대한 보호나 직업의 안정처럼 사회적 위협으로부터 벗어나고 싶은 욕구, 생리적 욕구의 유지를 위해 필요한 행동을 하고자 하는 욕구 등이다.

제3단계: 소속과 애정의 욕구(belongingingness & affection needs)

생리적 욕구와 안정·안전에 대한 욕구가 충족되고 나면 소속, 친교, 애정, 우정 등에 대한 욕구가 지배적 욕구로 나타난다. 이는 특정 집단에 가입해 타인과 사귀거나 사랑하는 관계를 맺고 싶어 하는 욕구로 사회적 욕구(social needs), 친화욕구(affiliation needs)라고도 불린다. 대개 우정이나 대인관계 및 타인과의 상호작용을 원만하게 하려는 욕구를 의미한다.

제4단계: 자존의 욕구(esteem needs)

자신의 신분이나 자아(ego)를 표현하고 타인으로부터 인정받고 싶은 욕구이다. 단지 특정 집단의 구성원으로서만 만족할 수 없게 되어 타인으로부터 존경과 인정을 추구하게 된다. 명예, 신분, 권력, 존경 등에 대한 욕구이다. 이런 욕구가 충족되면 자신을 사회적으로 필요한 사람이라고 생각하고 주위에 대하여 특정한 영향력을 행사할 수 있다고 생각하게 된다.

제5단계: 자아실현의 욕구(self-actualization needs)

인간의 욕구 중 가장 높은 단계에 속하는 것으로 다른 욕구를 모두 충족시킨 후 자신의 능력, 기술, 잠재력 등을 극대화시킬 수 있도록 개발하고 자신이 갖고 있는 모든 가능성을 실현시키고자 하는 욕구이다. 자신의 분야에서 최고가 되기 위해 노력하는 행동은 자아실현욕구에 의해 이루어지는 것이라고 할 수 있다. 자기개발, 성장, 성취 등에 대한 욕구가 이에 속한다.

Maslow의 욕구이론이 시사하는 의미는 인간은 다양한 욕구를 지니고 있으며 이들은 서로 다른 수준에 위치하고 충족의 순위가 확정되어 있다는 것이다. 그러나 많은 학자들에 의하여 Maslow의 욕구이론에 대한 문제점이 제기되고 있다.

① 일단 충족된 욕구는 더 이상 동기유발이 되지 않는다고 하였지만, 사람들은 일단 충족된 욕구에 의해서 또다시 계속적으로 영향을 받는다.

② 욕구가 단계성을 갖는다고 가정하고 있지만, 욕구에 대한 개인의 차이를 전혀 고려하지 않고 있다는 점이다. 개인에 따라서는 안전이나 애정에 대한 욕구보다 자아실현욕구가 우선하는 사람도 얼마든지 있기 때문이다.

③ Maslow의 주장과는 달리 두 단계 이상의 복수 욕구를 동시에 가질 수 있으며, 복수 욕구에 의해 개인의 행동은 영향을 받는 경우가 많다.

이러한 문제점의 지적에도 불구하고 Maslow의 욕구이론은 소비자행동의 동기를 이해하는데 유용한 동기유발이론으로 인정받고 있으며, 광고를 위시하여 다양한 마케팅 전략개발에 직접·간접으로 많이 적용되고 있다.

사례 8-2

똑똑한 소비자, 신용카드도 변화시켰다…
맞춤형 게릴라식 마케팅으로 진화

나에게 맞는 카드와 혜택을 찾는 소비자들이 늘면서 기존의 무작위 대량 카드 발급 및 카드 혜택이라는 고리타분한 카드 마케팅이 변하고 있는 것. 특정 계층을 겨냥한 카드가 나오는가 하면, 카드 사용자들이 혜택을 선택할 수 있도록 하는 등 카드업계에도 맞춤형 게릴라 마케팅이 대안으로 떠오르고 있다.

카드업계에 따르면 카드사들은 최근 빅데이터로 고객의 결제 패턴을 분석해 맞춤형 할인 혜택을 제공하는 'CLO(Card Linked Offer)' 서비스를 잇따라 내놓고 있다. 신용카드 발급이 이처럼 변하는 데에는 똑똑한 소비자의 힘이 크다고 한다. 특정 계층을 겨냥한 맞춤형 매칭 발급 시스템은 무작위로 카드를 발급했을 때보다 이용률이 훨씬 높다.

실제 신한카드에 따르면 '23.5' 카드는 20~30대 사회 초년생 대상 매칭 발급 시스템을 적용한 결과 기존에 대량으로 발급하던 것에 비해 이용액이 40% 가량 늘어났다. 또 고객 코드(Code)별 맞춤 마케팅을 실시한 결과 기존 프로모션 대비 2~5배 효과 발생했다. 신한카드 관계자는 "제휴사들이 각종 무료체험 이용 등 고객 대상 테스트 마케팅 차원에서 CLO를 활용하는 경향이 늘어나고 있다"며 "이 과정에서 고객들의 니즈(needs)가 자연스럽게 파악되면서 프로모션에 대한 반응률이 올라가고, 제휴사들이 마케팅 오퍼를 강화시키고 결국 소비자혜택으로 돌아가는 효과가 점점 일어나고 있다"고 말했다.

또 다른 업계 관계자도 "40~50대 이상은 과거 패턴대로 마케팅을 펼쳐도 움직이는 게 보이는데 20~30대의 경우엔 과거 방식으론 안된다"며 "똑똑한 소비자는 무작위 카드 발급 및 혜택이라는 기존의 카드 문법을 새로 쓰게 하고 있다"고 설명했다.

출처: 헤럴드경제, 2015.07.09. 기사편집

제2절 동기갈등과 동기유발조사

1. 동기갈등

소비자에게 동시에 여러 가지의 동기가 발생하게 되면 동기가 활성화되는 과정에서 흔히 갈등이 발생하게 된다. 소비자가 제품의 구매와 관련하여 동기갈등을 느끼게 되면 구매결정이 지연되거나 결정불능상태를 초래할 수도 있다. 동기갈등은 주로 시간, 돈, 에너지 등의 소비자 자원이 한정되어 있기 때문에 발생하며, 이를 해결하는 방법에 따라서 소비형태가 달라질 수 있다. K. Lewin은 동기갈등의 유형을 다음과 같이 구분하였다.

1) 접근-회피 갈등(Approach-avoidance conflicts)

소비자의 구매행위가 긍정적 특성과 부정적 특성을 동시에 가지고 있는 대안을 고려할 때 경험하는 갈등이다. 즉, 대안의 긍정적인 측면을 고려하면 행동을 수행하고 싶지만, 대안의 부정적인 측면을 고려하면 행동을 수행해서는 안 된다는 생각이 들어서 의사결정을 함에 있어 갈등을 겪게 되는 경우이다. 예를 들면, 커피를 마시고 싶지만 밤에 잠이 안 올까봐 걱정이 된다든지, 맥주를 마시고 싶은데 살이 찌는 것이 신경 쓰인다든지 하는 경우를 들 수가 있다. 제품이나 서비스는 대개 일장일단의 속성을 지니고 있기 때문에 소비자들은 이와 유사한 '접근-회피 갈등'을 흔히 경험하게 된다. 품질은 우수한데 가격이 비싸거나, 맛은 있으나 영양가가 없다거나, 디자인은 세련되었지만 견고하지 못하다거나 하는 식으로 긍정적인 측면과 부정적인 측면을 동시에 지니고 있는 제품을 흔히 접하게 된다.

이러한 경우, 소비자들은 상반되는 특성의 상대적 비중에 따라 최종적인 의사결정을 하게 되는데, 구매의사를 결정하고 난 후에도 심리적으로 갈등을 경험하게 될 가능성이 높다. 그러므로 마케팅담당자는 소비자의 접근-회피갈등을 해소시켜주고 긍정적인 방향으로 동기 활성화를 유인할 수 있는 전략을 수행해야 한다.

(+) 맛 ⟷ (-) 건강: 카페인성분, 설탕성분

2) 접근-접근 갈등(Approach-approach conflicts)

접근-접근 갈등은 소비자가 두 가지의 매력적인 대안 가운데 하나만 선택해야 하기 때문에 발생되는 갈등이다. 특히 두 가지 대안의 매력도가 서로 비슷할수록 갈등은 증폭되게 된다. 이때 소비자는 두 가지 대안에 대하여 모두 강한 관심이 있으나 이 둘을 동시에 해결할 수 없는 상황이므로 하나의 대안을 선택한 경우 인지부조화를 경험할 가능성이 높다.

이와 같은 갈등이 발생하는 경우 두 가지 해결방안을 생각할 수 있다.

첫째는 Lewin이 제안한 것처럼 두 개의 대안을 재평가하여 더 나은 대안을 선정하는 방법이다. 추가적인 정보를 더 탐색하고 대안을 면밀히 비교하여 검토한 후, 조금이라도 더 나은 대안을 선택하는 것이다.

둘째 방안은 두 개의 대안이 지니고 있는 서로 다른 두 개의 장점을 동시에 충족시킬 수 있는 새로운 방안을 모색하는 것이다. 마케팅담당자는 소비자들의 이러한 갈등을 해결할 방안을 제시함으로써 고객을 유인할 수 있다.

에어컨 구매 ⟷ 피서여행

3) 회피-회피 갈등(Avoidance-avoidance conflicts)

두 가지 대안 모두 부정적 특징을 가지고 있는 대안 중에서 하나를 선택해야 할 때 느끼는 갈등이다. 이런 갈등에 직면하게 되면 소비자는 가능한 한 대안과 관련된 정보탐색노력을 증가시키게 되지만 모든 대안이 바람직하지 않은 것이라고 인식하고 있기 때문에 특정 안을 선택하는 데 망설이게 된다. 그러므로 마케팅담당자는 제품의 가격을 할인한다든지, 신용으로 제품구매를 할 수 있게 한다든지 하는 방안을 제시함으로써 소비자들의 동기갈등을 해소시켜 줄 수 있는 전략개발이 필요하다.

고장난 냉장고 수리 ⟷ 새 냉장고 구매

사례 8-3

"더 마셔도 될까?" 커피와 피부의 상관관계

수분을 빼앗는 커피, 피부 건조의 주범?

커피의 탄닌 성분은 피부에 건조함을 일으킬 소지가 다분하다. 동물의 가죽을 무두질 할 때 사용되기도 하는 탄닌은 체내의 수분을 빼앗아 피부를 메마르게 한다. 피부 건조는 노화와 직결되는 문제로 물 대신 커피를 마시는 습관이 있다면 반드시 개선이 필요한 사항. 커피를 마시면 그만큼의 물을 더 보충해 주는 것이 좋다.

진짜 문제는 휘핑을 잔뜩 올린 달달한 커피

커피가 피부에 해롭기만 하다고 단정 지을 수는 없다. 커피는 폴리페놀 성분을 가지고 있는데 이는 항산화물질로 피부 노화를 예방해 주기 때문. 커피가 피부에 해로운 이유는 다름 아닌 달달한 휘핑크림과 설탕이다. 우유와 함께 마시는 라떼 종류는 자연히 유지방 섭취량을 늘린다. 거기에 각종 시럽을 더하면 맛은 달콤해도 피부에는 적신호가 켜질 수 있다. 이유 없이 갑자기 여드름이나 뾰루지 등 피부 트러블이 생긴다면 우유나 휘핑크림 등을 통해 유지방을 지나치게 섭취하진 않았는지, 평소 달콤한 커피만 선호한 건 아닌지 따져 봐야한다.

과유불급, 뭐든지 적당해야

결론은 뭐든지 적당해야 한다는 것. 하루 3잔 이상의 커피를 마신다면 카페인 하루

권장량 400mg을 초과해 건강에 해로울 뿐 아니라 피부 속이 건조해져 노화를 가속화 할 수 있다는 사실을 명심하자. 커피를 많이 마셔 잠이 오지 않는 다면 수면의 질이 하락하면서 간접적으로 피부 건강에 영향을 미치게 되므로 늦은 밤 커피 섭취는 피하는 게 좋다.

출처: bnt뉴스, 2015.07.02. 기사편집

2. 동기유발조사

동기유발조사(MR: motivational research)란 소비자의 진정한 구매동기를 찾아내기 위한 정성적 조사기법이다. 원래 동기유발조사란 임상심리학자들에 의해 개발된 일군의 투영기법(projective tests)을 일컬었으나 최근에는 다양한 기법들이 동기유발조사에 이용되고 있다.

1) 투영법(Projective tests)

응답자로 하여금 특정 상황에서 다른 사람이 어떻게 행동할 것이며, 왜 그렇게 행동할 것이라고 생각하는가에 대하여 응답하게 하고, 그 응답의 내용을 분석하여 행동의 동기를 추정하는 방법이다. 사람들은 자신의 태도나 동기를 솔직하게 표현해야 하는 경우에는 응답을 피하거나 왜곡하는 경향이 있지만 타인의 행동이나 태도를 설명하는 데는 주저하지 않는다. 따라서 이 투영법은 응답자가 다른 사람의 태도나 행동을 추론하고 설명하는 과정에 응답자 자신의 태도나 동기가 반영될 것이라는 가정 하에 간접적인 방법을 통해 응답자의 은폐된 동기나 태도를 발견하기 위한 조사기법이다.

2) 심층면접법(Depth interview)

전문적으로 훈련받은 면담자가 자유로운 대화를 통해서 피면담자의 의중을 탐색하는 기법이다. 피면담자의 욕구, 동기, 태도 등에 관련되는 구체적인 문제를 자연스럽게 유도하여 질문하는 방법이다. 이 기법은 자칫하면 편견된 결과를 창출할 가능성이 매우 높으므로 면담자의 전문적이고 숙달된

기술이 요구되며 가능한 많은 면담 대상자를 대상으로 조사하는 것이 바람직하다.

3) 표적집단 면접법(FGI: focus group interviewing)

심층면접법의 한 형태로서 8~12명 정도로 구성된 토론집단을 형성한 후, 자유로운 토론을 하도록 하여 그 과정을 통하여 그들의 의중을 노출시키는 방법이다.

4) 단어연상법(Word-association test)

응답자로 하여금 제시되는 단어를 보거나 듣도록 하고 연상되는 용어 또는 상황을 묘사하게 하는 방법이다. 이 방법은 소비자의 내적 감정을 조사할 때뿐 만 아니라, 상표에 대한 인지도 등을 조사할 때도 많이 이용된다.

5) 문장완성법(sentence-completion test)

단어연상법의 한 변형으로서 미완성된 문장을 완성하도록 하여 그 내용을 분석하는 기법이다. 미완성된 문장을 완성하도록 요청한 후, 응답내용을 분석하여 응답자의 욕망, 동기, 호기심, 공포심 등을 찾아내는 것이다.

6) 설화완성법(story-completion test)

문장완성법과 동일한 방법으로 미완성된 이야기를 완성하도록 요청한 후 응답내용을 분석하는 조사법이다.

3. 동기유발을 위한 마케팅 전략

마케팅 전략적 측면에서 동기유발은 다음과 같은 시사점을 제시해 준다.

1) 소비자의 목표, 동기, 행동은 그의 욕구와 밀접히 관련되어 있다.
2) 소비자의 욕구는 다양하고 무한하다. 한 욕구가 어느 정도 충족이 되면 다른 욕구가 활성화되며, 욕구의 특성이나 개인의 성향에 따라 끝없이

충족되어야 하는 욕구도 있다.

3) 욕구계층구조에는 개인차가 있지만, 일반적으로 동기는 욕구계층에 의해 많은 영향을 받는다.
4) 사회가 풍요로울수록 Murray의 주장대로 생리적 욕구보다는 사회적 욕구가, 그리고 Maslow가 말하는 소위 고단계 욕구가 소비자행동을 지배하는 경향이 있다.
5) 소비자행동은 무의식적 동기에 의해서 유발되는 경우도 적지 않다.
6) 동기는 외적 정보나 자극에 의해서도 충분히 활성화시킬 수 있다.

그러므로 마케팅담당자는 소비자의 잠재된 욕구를 환기시키거나 미충족된 욕구를 자극시킴으로써 동기를 활성화시킬 수 있기에, 신제품개발, 포장개량, 광고, 다양한 판촉활동 등을 통해 소비자들의 욕구와 동기를 활성화시키려고 한다.

사례 8-4

스타벅스도 KFC도 던킨도너츠도 시간을 팝니다

특정 요일, 시간대 이용해 이벤트 진행

식음료업계가 특정한 시간이나 요일을 지정해 할인 등 이벤트를 진행하고 있어 주목을 끌고 있다.

스타벅스는 16주년을 기념해 전 음료를 50% 할인 제공하는 해피아워 이벤트를 진행한다. 일부 매장을 제외한 전국 780여개 매장에서 진행하는 이번 이벤트는 오후3시부터 5시까지 2시간 동안 방문하는 고객이라면 혜택을 누릴 수 있다.

KFC는 알찬밀(MEAL)과 알찬스낵 이벤트를 벌이고 있다. 알찬밀은 고객들에게 아침, 점심, 저녁 든든한 한끼 식사를 합리적인 가격으로 제공하는 행사다. 오전 11시부터 오후 2시까지, 오후 6시부터 오후 8시까지 하루 두 차례 적용된다.

◎ 요일별 이벤트를 하는 곳들도 있다.

빚은은 매월 10월 오전 10시 빚은타임을 진행하며, 잠바주스는 매월 7일 '잠바데이'를 진행한다. 던킨도너츠도 매달 화요일과 수요일마다 프로모션을 진행한다. 던킨도너츠는 이달 매주 화요일과 수요일 할인된 가격에 제공하는 '콤보 화요일', '해피수요일' 프로모션을 하고 있다.

식음료업계 관계자는 "특정한 시간대나 요일을 활용해 이벤트를 하게 되면 고객들의 관심을 모을 수 있을 뿐만 아니라 할인 등을 통해 실질적인 혜택을 줄 수 있다"고 설명했다.

출처: 미디어펜, 2015.07.16. 기사편집

사례 8-5

소비자 만족도 높이는 '180도'의 법칙은?

◎ 일상생활 중 사소한 부분에서 불편을 느끼는 경우가 많다.

'180도'의 법칙은 평소 소비자들이 사용하는 물건 중 불만족스러웠던 부분을 180도로 회전하거나, 접거나, 펼치는 등의 방법을 적용해 깔끔하게 해결해주는 것을 의미한다. 제품의 일부를 '180도'로 회전 시키거나, '180도'로 접힐 수 있도록 제작해 공간과 각도의 제약 없이 유동적으로 사용할 수 있도록 도와주는 것.

◎ 180도 회전되는 쿠킹탭 적용한!

갈수록 가정용 정수기의 사용률이 높아지고 있지만 물이 나오는 입구가 본체와 가까이 붙어 있어 폭이 넓은 용기에 물을 받는 것은 불편한 점이 있었다. 하지만 이러한 불편사항을 잘 간파해 해결한 정수기가 등장해 소비자의 눈길을 끌고 있다.

LG전자의 직수형 냉온정수기는 180도 회전이 가능한 쿠킹탭을 적용해 기존 정수기와는 다른 편리성을 대폭 강화했다. 일반 정수기들과는 달리 180도로 회전이 가능한 돌출 출수구인 쿠킹탭이 있어 냄비와 같이 폭이 깊은 용기에도 손쉽게 물을 받을 수 있다. 뿐만 아니라 당기면 늘어나는 무빙 트레이가 정수기 하단에 삽입되어 있어 큰 그릇을 놓을 때는 무빙 트레이를 당겨서 손쉽게 물을 받으면 된다.

◎ 물 속에서도 180도 화면을 돌려 셀카 찍는다.

방수 카메라의 원조인 뮤 터프 시리즈의 최신작 올림푸스 터프 TG-850은 방수 카메라 중 보기 드물게 180도 플립형 모니터를 내장했다. 180도 플립형 모니터와 얼굴인식 AF 기능을 사용하면 물 속에서도 셀프 카메라 촬영이 가능해 독특한 느낌의 사진을 남길 수 있다. 뿐만 아니라 수심 10m 방수 및 2.1m 높이에서의 낙하 파손 방지 기능도 탑재되어 있어 물이 묻어 미끄러운 손으로도 안심하고 사용할 수 있다.

◎ 더 이상 자전거는 짐이 아니에요,

에이모션의 접이식 자전거 미니벨로는 180도로 펼쳐지고 접어져 운반이 편리하다. 간단한 방법으로 견고하게 접어지고 펼칠 수 있어 손쉽게 들어서 옮길 수 있고 보관시에도 공간의 제약을 덜 받는다.

◎ 이제 안마의자도 리클라이너 시대,

리클라이너란 사람이 소파나 의자에 앉았을 때 등받이가 젖혀지면서 가장 자연스럽고 최대한 편안한 자세를 취할 수 있도록 도와주는 시스템을 말한다. LG전자의 안마의자는 다리 부분과 등받이 부분의 리클라이닝 각도가 각각 120도, 170도로 평평한 침대에 누운 듯 편안한 자세로 안마를 받을 수 있는 제품이다. 또한 다리 길이와 팔 안마 위치도 조절이 가능해 어느 위치에서도 바른 자세로 안마를 받을 수 있고 89개의 안마볼과 진동 마사지로 섬세한 진동 마사지를 제공한다.

LG전자 관계자는 "최근 소비자의 입장에서 사소한 불편함까지 파악하고 배려하는 센스 있는 아이템이 인기를 끌고 있다"며 "'180도의 법칙'처럼 단순하지만 소비자들에게 큰 만족감을 안겨줄 수 있는 기능을 적용하는 트렌드가 앞으로도 지속될 것"이라고 말했다.

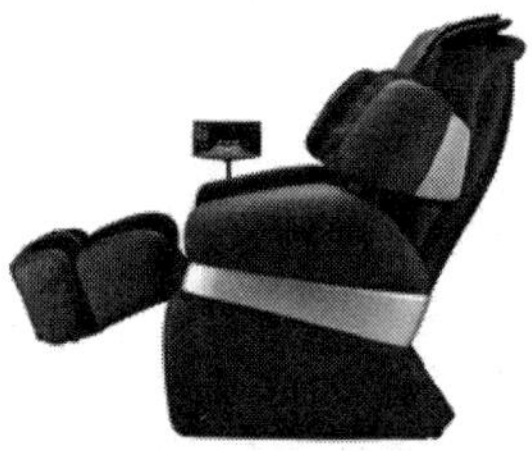
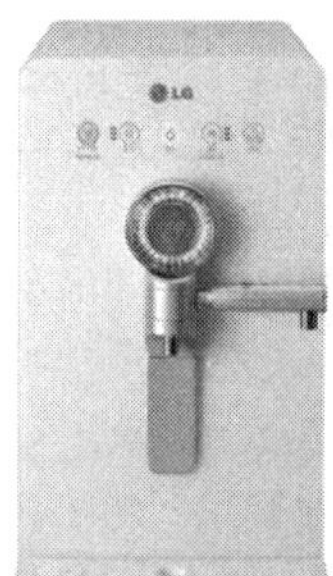

출처: 스포츠조선, 2014.08.28. 기사편집

chapter

09 학 습

제1절 학습의 개념

1. 학습의 정의

소비자행동에는 소비자가 인지적으로 학습한 것 외에 어떤 단순한 자극에 의한 학습도 상품의 선호나 구매에 중요한 역할을 한다. 소비자들은 상표에 대한 신념과 태도, 가치, 습관, 기호 등 자신들의 구매와 소비에 영향을 미치는 많은 것들을 학습을 통해 습득한다. 따라서 소비자행동은 본질적으로 학습된 행동(learned behavior)이라고 할 수 있다.

학습은 기업의 마케팅활동이나 준거집단과의 의사소통행위 등 환경에 의해 노출되는 경험과 소비자의 배경특성 즉, 문화, 가치관, 개성, 생활양식 및 소비자의 인구통계적 심리적 특성에 의해 이루어진다.

그러므로 학습이란 경험의 결과로 표출되는 비교적 항구적인 행동의 변화(Learning is any relatively permanent changed behavior that occurs as a result of experience)라고 정의한다.

2. 학습의 특징

학습은 다음과 같은 특징이 있다.

첫째, 학습은 반드시 행동의 변화를 수반한다.

행동이란 육체적 행동뿐만 아니라 태도, 신념, 지식축적과 같은 내적인 심리적·인지적활동도 포함된다. 학습의 효과는 세 가지 유형의 행동변화로 판단될 수 있다.

① **물리적 행동의 변화** : 육체적인 물리적 행동은 자신이 직접 생활하는 과정에서 습득하기도 하지만 타인이나 외부의 영향을 통해 배우기도 한다. 친구나 친지의 영향에 의해 상표전환을 하는 행동을 한다던가, 구매하고 사용하는 상황에서도 자신의 경험이나 주변의 영향에 의해 학습하고 행동을 변화시킬 수 있다. 따라서 학습은 소비자의 경험이라고 할 수 있다.

② **인지적 측면의 변화** : 소비자들은 욕구와 필요를 충족시킬 수 있는 방법을 지식의 축적, 사고능력의 개발, 그리고 신념의 정립 등을 통하여 터득하게 된다. 어려운 상황에 처했을 때 대처하는 방법이나 배고플 때 어떻게 해야 되는지를 경험을 통해 학습하게 된다.

③ **심리적 측면의 변화** : 어떤 대상에 대한 태도와 감정도 학습을 통해 형성된다. 학습을 통해 제품, 상표, 상점, 기업, 광고 등에 대한 태도와 감정 등이 변화될 수 있다.

둘째, 학습은 경험의 결과로 발생한다.

즉, 행동의 변화를 일으킬 만큼 강력한 경험이 학습의 실체이다. 경험이란 물리적 경험뿐만 아니라 정신적 경험도 포함되며 직접경험·간접경험이 모두 포함된다.

셋째, 학습은 상당히 지속적인 행동의 변화이다.

일반적으로 학습이 어린 시절 이루어지거나 학습의 효과가 큰 경우일수록 변화된 행동은 보다 오랜 기간 지속성을 갖는다.

그러므로 학습이란 물리적 또는 행동변화를 야기시킬 정도로 강하게 반복되는 경험의 습득과정이라고 할 수 있다.

사례 9-1

"아무리 그래도… 매장에서 통하는 게 있다"
美 IT기업 오프라인 매장 붐

체험형 오프라인 매장 연 아마존

온라인으로만 판매하는 줄 알았던 전자책 단말기 '킨들(Kindle)', 스마트폰 '파이어폰', 온라인 영화와 드라마를 볼 수 있는 셋톱박스 '파이어TV', 태블릿PC '파이어HD', 헤드폰, 스피커, 오디오 등 아마존 브랜드의 다양한 제품을 모두 체험해 볼 수 있었다. 판매 가격은 인터넷과 동일했다.

스탁턴씨는 "3가지 이유가 있다"고 설명했다. "첫째, 인터넷으로만 제품을 팔면 소비자들은 실제 제품이 어떤지 직접 경험해 보고 선택할 기회가 적습니다. 둘째, 매장 자체가 아마존의 브랜드를 알리는 '광고판' 역할을 하기 때문에 상당한 홍보 효과가 있죠. 셋째, 소비자들의 반응을 직접 확인하고 서로 소통할 수 있죠. 제품의 어떤 점이 좋은지, 불편한 점은 무엇인지 알아보고, 궁금해 하는 것을 바로 상담해 줄 수 있습니다." 아마존은 바로 이런 이유 때문에 매장 운영비도 못 뽑을 줄 알면서도 지난해 10월 뉴욕과 이곳 샌프란시스코에 사상 첫 오프라인 매장을 연 것이다.

사용자 경험 중시하는 MS

이 매장에선 국내에서는 보기 드문 윈도 스마트폰을 비롯해 태블릿PC 서피스(Surface), 게임기인 엑스박스원(Xbox ONE), 윈도를 탑재한 다양한 형태의 PC를 모두 전시하고 있었다. 관계자는 "첨단 제품일수록 사용자 경험(user experience)이 중요하고, 이는 그 회사의 브랜드 이미지와 직결된다"면서 "비용이 들더라도 이런 공간을 통해 가능한 한 많은 사람에게 MS가 공들여 만든 제품을 경험해 보도록 하는 것이 중요하다"고 말했다.

브랜드 이미지 높이는 애플숍

전 세계 주요 도시에 있는 애플의 직영 매장 '애플숍'은 제품 시연·판매장일 뿐만 아니라 브랜드 이미지를 홍보하는 홍보관이다. 아직 우리나라에는 직영 '애플숍'이 한 곳도 없다. 아이폰·아이패드·노트북PC·데스크톱PC 등 애플의 제품 외에도 다양한 주변기기를 전시·판매하고 있다. 손님들은 100개 이상의 애플워치를 직접 체험해 보고, 손목에 차 볼 수도 있다.

출처: ChosunBiz, 2015.07.16. 기사편집

제2절 학습이론

소비자의 학습과정은 행동적 학습(behavior learning)과 인지적 학습(cognitive learning)을 통해 이해할 수 있다.

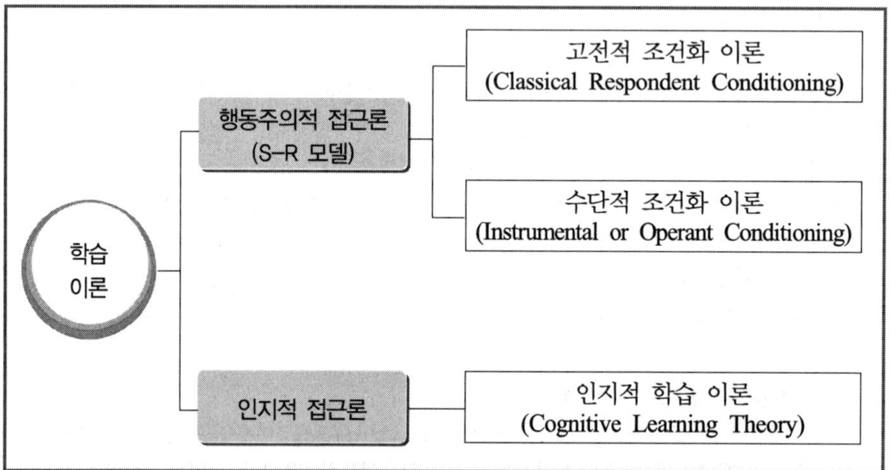

그림 9-1 학습이론의 분류

행동주의적 접근론에서는 학습을 경험을 통해 자극과 반응의 관계가 개발되는 과정으로 본다. 반응이란 외부에서 관찰 가능한 표현적(물리적)행동만을 의미하기 때문에 개인내적인 심리적·인지적 변화는 제외된다.

이 학파의 대표적인 학습이론에는 고전적 조건화 이론(classical conditioning)과 수단적 조건화 이론(instrumental conditioning)이 있다.

인지적 학습이론은 사람들이 정보를 처리하고 지식을 축적하는 방법을 이해하는데 초점이 맞추어져 있다. 이 이론은 학습의 결과가 반드시 외적 행동의 변화로 나타난다고 보지 않으며, 내적 인지상태의 변화를 학습의 척도로 더 중요시한다.

소비자는 인지적 노력 없이도 호의적 태도 또는 구매행동과 같은 어떤 반응을 나타내도록 유도될 수 있다. 행동적 학습은 환경 내의 사건들 간에 관련성이 있다고 보게 될 때에 일어나며 고전적조건화와 수단적조건화 그리고 대리적 학습에 의해서 이루어진다.

표 9-1 학습이론의 비교

	행동주의적 접근론	인지적 접근론
학습의 정의	• 자극과 행동간의 관계 개발	• 사고 능력의 개발과정
학습의 척도	• 행동(또는 성과)의 변화	• 지식의 축적, 태도, 동기 등의 변화
연구 대상	• 학습시스템의 외적 구조 • 관찰가능요인	• 학습시스템의 인지구조 • 정보처리 및 문제 해결 능력 • 장기기억
대표적 이론	• 고전적 조건화 이론 • 수단적 조건화 이론	• 인지적 학습이론

1. 고전적 조건화 이론

1) 고전적 조건화의 학습과정

자극-반응 관계에서 연상이 이루어지면 학습으로 이어진다. 연상의 발달은 고전적조건화의 초점이다. 고전적 조건화는 소련의 생리학자이며 약리학자인 Pavlo에 의해 제안되었다. 그는 조건자극(CS: Conditioned stimulus)을 무조건자극(US: unconditioned stimulus)과 연관시킴으로써 조건자극으로부터 새로운 조건반응(CR)을 얻어 낼 수 있다고 주장하였다. 개를 대상으로 먹이와 종 울림의 관계가 학습되는 결과를 관찰하였다. 개에게 음식을 곧 바로 주지 않고 반드시 종을 울리고 난 후 음식을 주는 일을 반복하였다. 그 결과 개는 종소리만 듣고도 침을 흘리는 것을 관찰할 수 있었다. 이 사실은 개가 경험을 통하여 종 울림과 먹이와의 관계를 학습한 것으로 볼 수 있다.

음식과 타액분비의 관계는 조건화가 필요하지 않은 지극히 자연스러운 자극-반응관계이다. 즉, 음식은 보기만 해도 군침을 흘리게 하는 '무조건부 자극(US: unconditioned stimulus)'이며 침을 흘리는 행동은 본능적인 것으로서 학습이 전혀 필요하지 않은 '무조건부 반응(UR: unconditioned response)'이다. 종소리는 타액분비행동과는 전혀 관계가 없는 중성자극(neutral stimulus)이지만 이 종소리를 음식(US)과 연계시켜 두 요인이 관련 있는 것으로 학습시킴으로써, 종소리는 타액을 분비시키는 조건부 반응으로 무조건부반응과 같거나 유사한 반응을 나타낸다.

고전적 조건화이론에서는 처음에 무관했던 중성자극의 조건화가 학습을 통해 가능하다는 것이다. 이 이론은 학습주체가 수동적인 학습을 통해 특정 행동을 개발하게 되는 과정을 설명하는데 초점이 있으므로 수동적 조건화(respondent conditioning)라고도 한다.

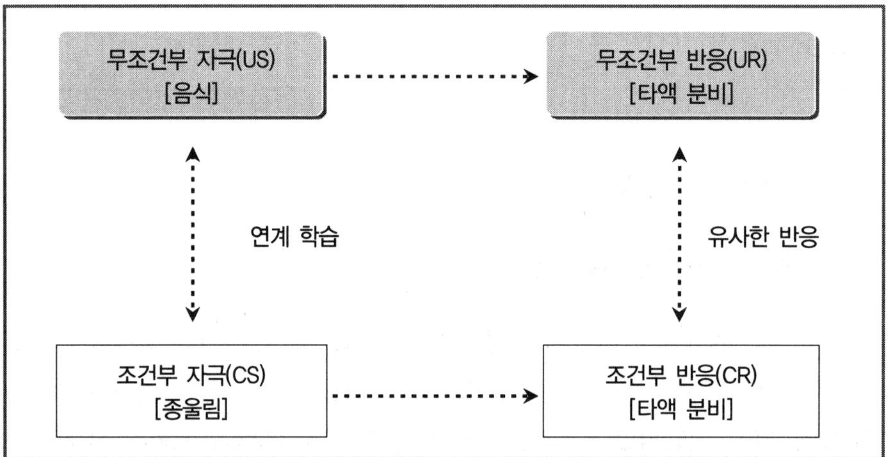

그림 9-2 파블로프의 고전적 조건반사

2) 고전적 조건화와 소비자 학습

고전적 조건화가 소비자 학습에 어떻게 활용되고 또한 어떤 영향을 주고 있는지 알아보면 다음과 같다.

(1) 고전적 조건화는 소비자가 외부자극(광고)에 의해 무엇을 학습하고 어떻게 행동하는가를 설명하는데 매우 유용하게 적용할 수 있다.

(2) 마케팅 주체가 자사제품 및 상표에 대하여 소비자를 어떻게 학습시켜

야 하는가를 이해하고 설명하는데 도움을 줄 수 있다.

(3) 광고에서 소비자들의 호의적인 감정을 야기할 수 있는 '흥겨운 음악', '아름다운 색상', '행복한 장면' 등을 무조건부자극으로 이용하여, 자사의 제품이나 상표의 이미지를 이에 연계시키는 방법을 이용함으로써 소비자 학습이 가능하도록 한다.

G. J. Gorn은 학생을 대상으로 광고 배경음악과 소비자의 상표선호도 관계에 관하여 연구한 결과 그것들이 서로 관계가 있음을 증명하였다.

Gorn은 실험대상에게 볼펜(조건자극)사진을 보여주면서 동시에 배경음악(무조건자극)을 들려주는 실험을 하였다. 무조건자극인 음악은 실험 대상들이 좋아하는 음악과 싫어하는 음악으로 구분하고 조건자극인 볼펜은 파란색과 베이지색을 준비하여 4개의 집단으로 나누어 실험하였다.

1집단은 좋아하는 음악(긍정적 무조건자극으로 제시)을 들려주면서 파란색 펜을 함께 보여주었다.

2집단은 좋아하는 음악과 베이지색 펜을 제시하였다.

3집단은 싫어하는 음악과(부정적 무조건자극으로 제시) 파란색 펜을 함께 보여주었다.

4집단은 싫어하는 음악과 베이지색 펜을 보여주었다.

실험이 끝난 후 학생들에게 협조에 대한 감사의 표시로 파란색 펜과 베이지색 펜 중 하나를 선택하라고 하였다. 결과에 따르면 79%의 학생들이 좋아하는 음악과 함께 보여준 펜의 색깔을 선택하였고 나머지 21%의 학생들만이 함께 보여주지 않은 펜을 택하였다. 또 30%의 학생들이 싫어하는 음악과 함께 보여준 색의 펜을 선택하였고 나머지 70%의 학생들은 싫어하는 음악과 함께 보여준 펜을 선택하지 않음으로써 조건화 이론의 예측과 일치된 결과를 보여주었다.

사례 9-2

변화하는 보험사 광고… '공포' 지우고 '희망' 전한다.

"내일 당장 어떤 위험이 생길지 모릅니다. 이래도 보험에 가입 안 하시겠습니까." 그동안 국내 보험사들이 어떤 어려움이 발생할지 모르니 보험에 가입해야 한다는 점을 광고한 것. 이 때문에 광고업계는 보험사 광고를 '공포마케팅'이라고 부른다.

보험업계에 따르면 최근 국내 주요 보험사 광고마케팅 전략이 공포가 아닌 희망으로 변화하고 있다. 좀 더 밝은 미래에 대한 희망을 제시하고 있는 것. '희망'과 함께 고객의 미래와 함께하는 '동반자'로서의 이미지를 제시하고 있다.

과거 보험사 공포마케팅의 가장 대표적인 사례는 노후를 대비하지 않으면 비참한 미래를 맞게 된다는 것이었다. 그러나 최근 보험 광고 트렌드는 노후대비로 즐거운 노후를 보내자는 메시지를 전달하는 등 '절망'보다는 '희망'을 강조하고 있다.

미래에셋생명은 지난 1월 '변액보험'에 대한 극장광고를 내보냈다. 이 광고는 기존 변액보험 광고처럼 수익률을 강조하거나 노후보장에 대한 필요성을 강조하지는 않는다. 모델이 나와 신나는 춤을 추고 있고 배경에는 '지금 여러분은 든든한 노후의 기쁨을 온몸으로 표현하는 춤을 보고 계십니다'라는 메시지만 전달한다. 광고 막판에는 당신의 행복한 미래를 생각한다는 내레이션만 흘러나올 뿐이다. 이를 본 금융소비자들이 신나는 춤과 함께 나도 노후에 저렇게 되고 싶다는 생각을 하게끔 유도하고 있다.

지난 3월 방영된 'SNL 코리아' 예고편에서는 '지금 여러분은', '보고 계십니다'라는 문구가 그대로 나왔으며 카피 배치 형태 역시 같았다. 또한 경북지방경찰청 보이스피싱 방지 교육 및 홍보 영상은 경찰관이 춤을 추는 점, 광고카피의 형태, 배경음악까지 미래에셋생명의 광고가 그대로 사용됐다.

한화생명도 '당신답게 오늘을 사세요'라는 광고로 고객의 큰 호응을 얻은 바 있다. '따듯한 잔소리' 캠페인 일환으로 시작된 이 광고는 '아픔 없이 성공 없다', '1년만 미쳐라'처럼 사회적 압박에 대해 미래를 위한 오늘의 희생보다 자신만의 가치 기준에 따라 현재에 충실하라는 점을 강조했다. 이를 통해 한화생명은 광고 이전에 비해 소비자 인지도 조사에서 3배 가까운 상승을 보였다.

신한생명은 '신씨네 가족'이라는 영상을 통해 고객의 살맛나는 인생에 회사가 함께 하겠다는 메시지를 전달하고 있다. 신한생명 브랜드 슬로건인 '따뜻한 금융'에서 출발한 이 광고는 고객과 함께하는 '인생 동반자'의 모습을 담고 있다.

출처: 브릿지경제, 2015.05.05. 기사편집

3) 고전적 조건화의 제 원리

(1) 습득

습득(acquisition)이란 학습주체가 조건부자극(CS)과 무조건부 자극(US) 사이의 관계를 터득하는 과정으로 습득의 효과를 얻기 위해서는 일정한 기간과 특별한 방법이 요구된다.

학습주체는 [CS-US]연계를 위한 조건화에 한 번 이상 노출되어야만 연계관계에 대한 습득이 가능해진다. 단 한 번의 노출에 의해서는 학습주체가 그 연계관계를 거의 의식하지 못하는 것으로 밝혀졌다.

또한 습득의 효과는 중성자극이 연계되는 순서에 의해서도 영향을 받는 것으로 알려졌다. 중성자극의 조건화는 선행조건화, 후행조건화 그리고 동시조건화의 3가지 방법으로 가능하다. 이 중에 중성자극을 무조건부자극보다 먼저 노출시키는 선행적 조건화의 경우가 가장 습득효과가 큰 것으로 연구결과가 발표되었다.

마케팅담당자는 광고할 때 이미지 구축을 위해 사용하려는 무조건부자극과 제품의 노출순서를 신중히 고려하여 광고효과를 최대화할 수 있도록 배열해야 한다.

표 9-2 중성자극 조건화의 유형

선행 조건화 (toward conditioning)	후행 조건화 (backward conditioning)	동시 조건화 (simultaneous conditioning)
중성 자극(조건부 자극: CS)을 먼저 노출시키고, 이에 무조건부 자극(US)을 연계시키는 방법 (예 종을 먼저 울린 다음 음식을 줌)	무조건부 자극을 먼저 노출시키고 다음에 중성 자극을 이에 연계시키는 방법 (예 음식을 주고 나서 종을 울림)	중성자극과 무조건부 자극을 동시에 연결시키는 방법 (예 음식을 주는 것과 동시에 종을 울림)

(2) 소멸

소멸(extinction)이란 조건자극이 더 이상 조건반응을 유발시키지 않을 때 나타나는 현상이다. 고전적으로 학습된 조건반응은 시간의 경과로 인하여 사라지는 것이 아니라 조건자극과 무조건자극 간의 관계가 파기될 때 나타나는 현상이다.

조건부 자극과 무조건부 자극의 관계가 깨어지는 것은 무조건부 자극이 없이 조건부 자극을 많이 접하는 경우에 발생한다. 조건화 되어 나타나던 반응이 조건화시키기 위하여 사용되던 무조건부 자극이 철회됨과 동시에 사라지는 현상을 소멸이라고 한다.

예를 들어, 특정음악과 제품을 연계시켜 광고하다가 그 배경음악을 없애고 제품만 광고를 하면 광고의 효과가 감소될 뿐만 아니라 종래와는 다른 반응이 나타나게 되는 현상을 소멸라고 한다. 조건자극이 없이 무조건자극을 많이 접하는 경우에도 깨어진다. 여러 광고에 동시에 출연하는 유명 연예인이 등장할 때 이런 문제가 생긴다.

자사제품의 광고가 아닌 경우에도 이 광고 모델을 접하게 되는 기회가 많기 때문에 자사제품과 그 연예인의 관계가 소멸되기 쉽다. 반면에 특정제품 광고에만 오랫동안 출연하는 연예인의 경우 조건화가 보다 효과적으로 이루어진다.

또한 조건화를 위한 학습 횟수가 많고 학습 기간이 긴 경우에는 학습을 위해 연계시킨 무조건부 자극요인을 철회하더라도 소멸현상이 즉각 발생하지 않고 상당기간 지속된 후 나타난다.

(3) 자극의 일반화

자극의 일반화(generalization)란 기존의 자극-반응 관계에서처럼 일단 특정 자극에 의해 조건화가 되면 그와 비슷한 자극에 의해서도 유사한 반응이 나타나는 현상을 말한다. Pavlov에 의하면, 일단 종소리에 의해 조건화가 형성되자 종소리와 비슷한 소음까지도 모두 동일한 반응을 야기시켰다고 한다. 이것은 어떤 자극에 대한 기억이 그와 유사한 다른 자극에 대해서 일반화되는 현상 때문이다.

기업들의 마케팅전략으로는 상이한 제품에 같은 이름을 붙이는 공통상표전략(family branding strategy)이나 라이센싱(licensing)의 형태로 일반화를 사용한다. 이는 기존에 형성된 호의적 상표이미지를 기업의 후속적 신제품까지 확장시키려는 상표확장전략(brand extension strategy)의 일환이라고 할 수 있다. 라이센싱 전략은 유명상표나 유명디자이너, 캐릭터 등에 로얄티를 주고 자사상품에 활용함으로써 소비자가 품질과 연관하여 쉽게 회상(recognition)하도록 할 때 이용된다. 기업이 생산하는 모든 제품라인의 상표를 각각의 상표로 개발하는 것보다 기존의 제품계열로 일반화하여 신제품을 포지셔닝하는 경향이 있다.

(4) 자극의 차별화

자극의 차별화(discrimination)란 상이하게 조건화시킨 자극요인에 대하여 상이하게 반응하는 방법을 학습하는 과정이다. 두 개의 중성 자극요인이 유사하다 하더라도 두 개의 자극 요인 가운데 하나는 무조건부자극과 연계시키고 다른 하나는 연계시키지 않는다면, 두 자극요인에 대한 반응이 다르게 나타나는 현상을 말한다.

자극차별화는 제품포지셔닝을 위한 전략개발에 이용될 수 있는 유용한 학습개념이다. 이는 소비자의 지각구조 속에 자사상표를 보다 독특한 이미지를 지닌 차별적 제품으로 인식하도록 하는 전략이라고 할 수 있다.

마케팅담당자는 자사상표에 대한 소비자들의 호의적인 반응이 타사상표에까지 전이되는 것을 방지하고 제품을 차별화할 때 이용할 수 있다. 유사한 제품이라고 해도 학습시키는 과정에서 조건화시키는 방법에 따라 소비자의 반응이 달라질 수 있다.

(5) 이차적 조건화

이차적 조건화(higher-order conditioning)란 이미 조건화된 자극을 무조건부자극으로 이용하는 학습과정을 말한다. 조건화를 위해서는 학습이 필요하지 않은 요인을 무조건부 자극이라고 하지만 경우에 따라서는 일단 어떤 학습과정을 거쳐 일차적으로 조건화가 형성된 요인을 다른 조건화를 위해 무조건부 자극으로 이용하기도 한다. 일차적 학습과정에서 조건화가 완벽하게 형성된 조건부 자극요인은 그 자체가 특별한 이미지와 연계되어 있기 때문에 다음 단계의 무조건부 자극요인으로 이용될 수 있다.

4) 고전적 조건화의 제약요인

단순히 조건부 자극을 무조건부 자극과 연계시킴으로 인해 고전적 조건반사효과가 나타나는 것은 아니다. 다음과 같은 경우에는 고전적 조건화의 효과를 제약하는 요인이 된다.

(1) 조건부자극요인의 사전노출

무조건부 자극과 연계되기 전에 조건부 자극요인이 먼저 노출되면 조건화는 어려워진다. 특히 무조건부 자극과 연계되기 전에 조건화시키려는 중성요인의 단독 노출 빈도가 많을수록 조건화시키기가 어려우며 학습효과도 낮아진다.

Pavlov의 실험에 의하면 조건화가 시작되기 전에 이미 종소리를 자주 들었던 것에 익숙해져 있던 개와 그렇지 않은 개는 종소리와 먹이를 연계시켰을 때 학습효과에 큰 차이를 보였다. 그러므로 학습주체가 조건부 자극에 대한 경험을 미리 하지 못하도록 자극요인을 먼저 노출시키는 일이 없도록 하는 것이 조건화의 효과를 높이는 방법이다. 신제품의 조건화가 기존제품의 조건화보다 쉽고 효과적인 이유이다.

(2) 무조건부 자극요인의 사전노출

조건부 자극과 연계되기 전에 무조건부자극요인이 사전에 과잉 노출되는 것도 조건화를 저해하는 요인이다. 무조건부 자극 요인에 대한 친숙도가 증가할수록 동기가 유발되지 않기 때문에 조건화의 효과에 대한 기대가 어렵다.

Pavlov의 실험에서 무조건부 자극인 음식의 사전노출을 제한하기 위하여 개에게 오랫동안 음식을 주지 않음으로써 동기를 유발시킨 후, 종을 울리고 먹이를 주는 일을 반복했다고 한다. 늘 먹이가 충분하여 무조건부 자극의 사전노출이 심하고, 배가 고프지 않았다면 조건화의 형성이 일어나지 않을 것은 당연한 일이다.

제품광고의 경우 상표에 대한 이미지 구축(조건화)을 위해 음악을 이용하려 할 때, 배경음악으로는 잘 알려진 노래보다 그 노래와 유사한 분위기의 새롭게 창작된 노래를 이용하는 것이 더 효과적인 것도 이러한 이유라고 할 수 있다. 소비자가 잘 알고 있는 노래를 무조건부 자극으로 이용하면 호기심을 유발시키지 못하기 때문에 조건화가 어려우며 학습효과도 낮게 나타난다.

(3) 음영효과

음영효과란 조건화가 형성되지 못하거나 조건화의 효과가 약화되는 현상이다. 하나의 무조건부 자극에 두 개 이상의 중성자극을 동시에 연계시키려고 할 때 음영효과가 나타난다.

두 개의 중성자극 중에 하나만 조건화가 형성되고 나머지 하나는 그 그늘에 가려져 조건화가 형성되지 않는 것을 말한다. 그러므로 조건화를 확실하게 하기 위해서는 무조건부 자극 하나에 중성자극 하나만 연계시키는 것이 바람직하다.

반대로 무조건부 자극의 영향이 너무 강한 경우에도 음영효과가 나타난다. 즉, 고전적 조건화를 시도하는 광고에서 모델, 배경 또는 음악 등이 제품을 압도하면 조건화가 어려워진다.

(4) 부적당한 연계

조건부 자극과 무조건부 자극이 서로 어울리지 않으면 조건화는 일어나지 않는다. 의도하는 반응을 유발시킬 수 있는 가장 적합한 무조건부 자극을 선정하여 제품이나 상표와 연계시키는 것이 중요하다.

사례 9-3

S-Oil, 청각 마케팅 새 광고로 소비자 공략

소닉브랜딩 접목 광고 새로 선보여

흥겨운 CM송으로 소비자들의 귀를 즐겁게 해온 에쓰-오일(S-Oil)이 소닉 브랜딩 기법을 적용한 새 광고를 선보였다.

소닉 브랜딩(Sonic Branding)이란 인간의 오감 중 청각을 활용한 감성마케팅으로, 소리나 음악 등 청각적 요소를 이용해 소비자가 특정 브랜드를 떠올리게 하는 마케팅 기업이다. '징글(Jingle)'이나 CM송도 소닉 브랜딩에 포함된다.

이번 광고에서 에쓰-오일은 주유건(주유총)이 주유구에 들어갈 때 나는 '철컥'하는 '주유소 현장음'을 광고에 활용했다. 주유소에서 주유를 해본 경험이 있는 소비자들에게 익숙한 이 소리를 활용해 주유를 하는 순간 에쓰-오일 브랜드를 상기시키도록 한 것. 에쓰-오일의 관계자는 "정유업계를 상장하는 사운드를 광고에 활용해 광고는 물론 주유소에서 이 소리를 듣는 소비자들에게 에쓰-오일이 생각나도록 유도했다"며 "광고 속 주유 장면 전·후에는 상반되는 반전 스토리를 배치해 주유를 통한 행복, 사랑도 채울 수 있다는 점을 강조했다"고 설명했다.

실제로 지난 5월 가정의 달을 맞아 가족의 소통, 사랑을 보여준 '가족행복편'에 이어, 지난 16일에 공개된 '연인사랑편'에서는 화창한 여름 날씨에 데이트를 고민하는 커플이 둘 만의 장소로 떠나 수상 스포츠를 즐기는 장면으로 소비자들의 많은 공감을 이끌어 내고 있다.

출처: 이투뉴스, 2015.06.19. 기사편집

2. 수단적 조건화 이론

1) 수단적 조건화 이론의 개요

하버드 대학의 B.F.Skinner교수는 학습이 단순히 자극에 대한 조건반응에서 발생되는 것이 아니라, 반응행위와 바람직한 결과를 연결시키는 조작을 통해 이루어진다는 수단적 조건화 즉, 도구적 조건화의 원리를 제시하여 비둘기와 쥐의 실험으로 이를 증명하였다. 수단적 조건화에서 학습이 효과적으로 이루어지기 위해서는 반응행위 후에 주어지는 보상이나 처벌 등의 수단적인 요소가 개입되어야 한다는 것이다.

Skinner는 누르면 먹이가 나오는 레버장치가 부착된 상자(skinner box) 속에 쥐를 넣고, 이 쥐가 어떻게 먹이를 획득하는 방법을 터득하는가를 관찰하였다. 처음에 이 쥐는 상자속의 새로운 환경을 탐색하기 위하여 여러 가지 행동을 하였다. 그러다가 어느 순간 레버를 누르게 되고 그로 인해 먹이를 얻게 되면 그때부터 자극(레버를 누름)과 반응(먹이획득) 간의 연계를 인식하게 되는 것이다. 처음부터 곧바로 연계관계를 인식하지 못하지만 몇 번의 경험을 통해 오직 그 레버만 누르면 먹이가 주어진다는 사실을 학습하게 되는 것이다.

수단적 조건화에서는 고전적 조건화와 다르게 학습주체는 항상 환경에 대해 능동적으로 대처하며, 그로 인해 결국 조건화가 형성된다고 가정한다. 따라서 수단적 조건화를 능동적 조건화(operant conditioning)라고도 한다. 쥐가 레버를 누르는 행동은 고전적 조건화에서와 같이 무조건부 자극에 대한 무의식적인 반응의 결과로서 학습된 것이 아니고, 반응 후에 주어지는 보상 때문에 의식적·능동적으로 학습된 것이라고 볼 수 있다. 이러한 학습과정을 수단적 조건화라고 한다.

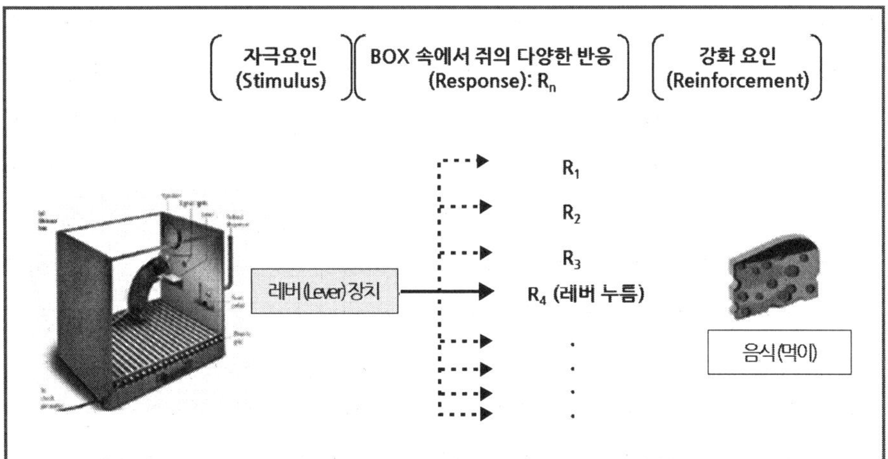

그림 9-3 수단적 조건화의 원리

표 9-3 고전적 조건화와 수단적 조건화의 차이점

고전적(수동적) 조건화	수단적(능동적) 조건화
수동적 학습자(Passive Learner)를 전제로 함	**능동적 학습자**(Active Learner)를 전제로 함
조건과 과정은 이미 확립된 '자극-반응관계'에 기초함	사전의 '자극-반응관계'는 필요하지 않음. 학습자가 자극에 대한 적절한 반응을 발견하면 그에 기초하여 조건화 과정은 형성됨
행동 전의 자극이 조건화의 결정적 요건임	행동 후의 강화 요인이 조건화의 결정적 요건임
무의식적인 반응(Involuntary Responses)이 강화되고 학습됨	반응은 의식적으로(긍정적 보상 때문에) 강화되고 그 결과 학습됨
자극중심적 조건반사론	반응(행동) 중심적 조건반사론
의견, 취향, 목표 등의 개발 및 변화에 대한 학습과정을 설명하는데 적합한 이론	목표지향적 행동의 학습과정을 설명하는데 적합한 이론

2) 수단적 학습이론의 제 원리와 소비자학습

수단적 조건화 원리를 인간의 학습에 적용하는 경우 프로그램 학습(programed learning)이라고 한다. 프로그램 학습에서는 '행동 후의 강화' 문제가 핵심요소가 된다. 소비자가 행동의 주체로서 특정 자극에 대한 선택적 반응을 할 수 있다고 가정하면 학습효과를 증진시키기 위해서는 소비자가 원하는 것을 제공하는 보상이 이루어져야 한다. 이것이 동일한 행동반응의 확률을 높이는 역할을 하는데 이런 활동을 강화(reinforcement)라고 한다. 즉, 강화란 어떤 행동 후에 주어지는 보상, 자극, 그리고 사건들을 의미하는 것이다.

강화개념은 소비자들의 반복구매행동을 이해하고 그것을 유도하는 방안을 강구하는데 결정적인 도움을 주기 때문에 마케팅에서 유용하게 이용되고 있다. 즉, 소비자에게 어떤 보상을 줌으로써 그 제품의 반복구매를 유도할 수 있다. 경품, 할인, 쿠폰, 광고 등은 유용한 보상 및 강화요인으로 이용된다.

소비자 학습에 적용되는 수단적 학습이론의 제 원리는 다음과 같다.

(1) 강화(보상)의 성격

강화를 효과적으로 사용하기 위해서는 강화의 시간계획을 적절히 수립해야 한다. 소비자에게 주는 보상은 그 시기에 따라서 효과가 달라질 것이다. 즉, 소비자가 어떤 반응을 나타내자마자 즉시 보상을 주면 강화의 효과가 더 클 것이다. 행동 후 즉각적으로 보상이 주어지지 않고 지연되면 학습효과는 감소한다. 특히 행동과 강화 간의 간격이 너무 길면 학습효과는 전혀 발생하지 않을 수도 있다. 마케팅담당자는 소비자가 제품을 소비하는 시점에서 소비를 통한 욕구의 만족과 자사상표를 강력히 연계시킬 필요가 있다. 소비자가 기대하는 반응을 지속적으로 유지시키기 위해서는 강화라는 요소가 필요한데 강화는 기대반응의 방향에 따라 4가지 유형으로 나눌 수가 있다.

① 긍정적 강화(positive reinforcement)

긍정적 강화는 소비자의 반응행위에 대해 보상을 제공하여 동일한 반응이 반복적으로 이루어 질 수 있도록 하는 것을 말한다. 어떤 소비자가 특정한 상표를 구매함으로써 기대되는 혜택을 확보할 수 있다면 이 소비자가 동일 상표를 재구매할 확률은 증가하게 될 것이다.

한 연구결과에 의하면, 특정상점에서 상품을 구매한 고객에게 전화를 하여 감사를 표시한 고객과 전화를 하지 않은 고객을 비교하였는데 계속적 구매 반응이 다르게 나타났다고 한다.

② 부정적 강화(negative reinforcement)

부정적 강화는 부정적 결과를 제공하여 특정한 반응을 보일 확률을 증대시키는 것이다. 이 경우 소비자는 부정적 결과를 회피하기 위한 행동을 취하려는 경향을 보일 것이다.

즉, 어떤 소비자가 할인점에서 잘 알려지지 않은 중소업체의 운동복을 구매했는데 얼마 지나지 않아서 운동복이 상하게 되었다면 이 소비자는 다음부터 유명상표의 운동복만 구매하려고 할 것이다.

③ 처벌(punishment)

처벌이란 소비자가 특정한 형태의 부정적 결과를 초래하는 반응을 취할 확률을 감소시키는 것으로 부정적 강화와는 차이가 있다. 처벌을 이용한 마케팅 사례로는 아로마파워라는 다이어트 제품이 대표적이다. 이 제품을 음식을 먹기 전에 뿌리면 그 음식에서 썩은 치즈향이 발생하여 식욕을 저하시키게 하고 다이어트의 효과를 보게 되는 것이다. 또한 약품의 오·남용 방지, 흡연예방을 목적으로 하는 공익광고나 보장성 보험의 광고 등에 처벌의 개념이 이용되고 있다.

④ 소멸(extinction)

강화와 유사한 개념으로 소멸(extinction)이 있다. 소멸이란 자극과 반응의 관계가 깨지는 것을 말한다. 반응으로 인해 중립적 결과가 발생되거나 기대하는 보상이 반복적으로 이루어지지 않는 경우가 되면 특정한 반응을 나타낼 확률이 줄어들게 된다. 소멸이 발생되는 예로는 모델의 중복출연으로 인해 제품과 모델 간의 관계가 모호해지는 경우, 특정 상표를 구매하고자 점포를 방문했는데 해당 상표가 없는 경험을 자주 접하게 되는 경우라고 할 수 있다. 이런 경우 해당점포를 다시 방문할 확률은 감소하게 될 것이다.

(2) 강화스케줄

강화스케줄은 강화가 되기까지의 경과시간 또는 강화와 강화 간의 간격을 기준으로 하는 간격계획과 강화가 되기까지 나타낸 반응의 횟수를 기준으로 실시하는 비율계획으로 나눌 수 있다.

학습효과는 강화스케줄(schedules of reinforcement)에 따라 다음과 같은 차이가 있다.

① 기대한 반응에 대해서는 반드시 보상을 하고, 그렇지 않은 반응에 대해서는 전혀 보상을 하지 않는 '합리적인 강화'가 주어질 때 학습효과는 크게 나타난다.

② 일관성 있는 강화가 지속적으로 주어질 때 학습효과는 가장 확실하게 나타난다.

③ 부분적 강화가 주어지면 학습의 효과는 늦게 나타나며 그 효과는 상당기간 지속되면서 쉽게 망각되지 않는다. 부분적 강화란 바람직한 반응에 대하여 지속적으로 보상하지 않고 일정한 간격을 두고 보상하는 방법이다.

소비자를 학습시키는 경우 부분적 강화가 가장 효과적이다. 소비자의 반복

구매행동을 조건화시키기 위해서는 부분적 강화원리가 많이 이용된다. 그러나 한 연구에 의하면 경품, 가격할인 같은 보상이 주어지지 않는 기간 동안 소비자가 다른 구매경험을 하게 될 가능성이 높기 때문에 상품 간 경쟁이 심한 특별한 상황에서는 오히려 연속적 강화가 바람직하다고 한다.

(3) 차별적 자극에 대한 학습

소비자들은 경험을 통해 보상이 주어지는 자극과 그렇지 않은 자극을 식별할 수 있는 능력을 학습하고 터득하게 된다. '특별세일'이나 '30% 할인'이라는 표지만 보고도 그 상점에서 상품을 구매하게 될 경우 얻게 되는 혜택을 안다. 또한 품질표시, 가격, 상표명, 상호 등을 보고 안전하고 좋은 제품을 식별하는 방법에 대해서도 학습하게 된다. 따라서 마케팅담당자는 자사제품의 특징을 표현하거나 소비자에게 주는 보상 프로그램을 알리는 차별적 강화(discriminative stimuli)에 대하여 소비자들을 신중하게 학습시킬 필요가 있다.

사례 9-4

요즘 3040, '카톡빵 스티커'에 빠졌다

캐릭터빵 인기 부활에 온라인 거래 활발

삼립식품, 수요 늘자 스티커 80종으로 확대

삼립식품에서 내놓은 이 빵은 시중에서 하나에 1200원이다. 빵 가격 1200원, 빵 안에 덤으로 들어간 스티커도 1200원, 그야말로 주객이 전도됐다. 그러나 스티커 모으는 재미에 빠진 사람들이 늘면서 카톡빵 판매량은 점차 증가하고 있다. 온라인 게

시판에도 수집품을 자랑하는 사람, 스티커 교환을 요청하는 사람들의 글을 쉽게 찾을 수 있다.

'카톡빵'이 이처럼 인기를 모은 배경에는 3040세대의 '향수'가 자리 잡고 있다. 1990년대 후반에서 2000년 초중반에 학창시절을 보낸 사람이라면 누구나 기억하는 '포켓몬빵'. 당시 포켓몬빵은 만화영화 '포켓몬스터' 시리즈의 폭발적인 인기를 후광 삼아 학생들을 중심으로 인기몰이를 했다. 포켓몬빵에 들어있는 '피카츄'나 '파이리', '꼬부기'등 캐릭터 스티커를 갖고 싶어서 빵을 사고서는 친구들끼리 이를 자랑하고 교환하면서 수집 경쟁을 부추겼다. 당시 포켓몬빵은 일평균 최대 100만개가 판매될 정도로 인기였다.

그 후 15년여, 당시 학창시절을 보냈던 이들은 강력한 구매력을 지닌 30~40대가 됐다. 이들은 카카오톡을 주요 소통수단으로 쓰면서 카카오프렌즈 캐릭터에 익숙해졌고 과거 '포켓몬빵'의 향수를 느끼며 '카톡빵' 스티커를 모으고 있다. 실제 한 유머 게시판에서는 "낼 모레 마흔인데 이정도 모았습니다"라는 글이 화제가 되기도 했다. 40대의 월급통장을 구경할 것이라는 기대에 부풀어 글을 클릭했다가 생각지도 않게 화면을 가득 채운 카톡빵 실을 보고 폭소하거나 공감한 이들이 많았기 때문이다.

삼립식품은 스티커를 모으는 마니아층이 늘어나자 제품군도 확대했다. 삼림식품 관계자는 "카카오톡을 사용하면서 2000년대 초반 포켓몬빵을 경험해본 어른들이 카톡빵을 좋아한다"며 "최근 키덜트족이 늘어난 것도 영향을 끼쳤다"고 전했다.

출처: 아시아경제, 2014.10.13. 기사편집

3. 인지적 학습이론

1) 인지적 학습의 의의

인지적 관점에서의 학습이란 소비자가 직면하는 수많은 소비문제를 해결할 때 최적안을 도출하기 위한 복잡한 의사결정과정을 전제로 자신에게 적합한 문제해결의 유형을 발견하고 이를 습관화하는 과정이라고 할 수 있다. 따라서 인지적 학습에서는 소비자의 정보처리과정이 필수적이며 이는 소비자가 문제를 해결하기 위해 정보를 획득하고 이를 해석하고 조직화하여 기억 속에 저장하는 과정이라고 할 수 있다.

2) 인지적 학습이론

(1) Wolfgang KÖhler의 연구

인지적 학습이론(cognitive learning theory)은 Wolfgang KÖhler의 연구결과에 근원을 두고 있다. KÖhler는 원숭이(ape)를 대상으로 실험을 하기 위해 우리 속 구석에 나무통 하나를 넣어두고 천정에 바나나를 매달아 놓았다. 원숭이는 높이 매달린 바나나를 먹을 수 없으므로 잠시 망설이다가 구석에 있는 나무통을 가져다가 놓고 그 위에 올라가서 바나나를 따먹었다.

이러한 원숭이의 지혜는 단순히 자극과 반응 간의 관계에 대한 학습을 통해서 개발된 것이라고 할 수 없다. 오히려 바나나에 손이 닿지 않는다는 사실에 대한 문제인식과 동시에 해결방안에 대한 통찰력이 작용한 것으로 보아야 할 것이다. 학습은 자극과 반응이나 강화사이의 결부(contiguity)의 결과가 아니라 학습상황을 관찰한 통찰의 결과이다.

(2) 인지적 학습이론과 Gestalt 심리학의 관계

인지적 학습이론은 Gestalt 심리학에 의해 예증되고 있다. Gestalt 심리학에 의하면 개인의 인지구조는 그것을 구성하고 있는 신념, 가치, 태도, 동기, 목표 중 어느 한 요소에라도 변화가 오면 그 변화에 적응하려는 다른 요소들의 자체 조정작용 때문에 구조전체가 영향을 받게 된다고 한다. 이렇게 개인의 인지구성요소에 변화가 주어짐으로써 야기되는 '인지적 재조직'현상을 Gestalt 심리학에서는 학습이라고 정의하고 있다.

Gestalt 심리학자 중 한 사람인 K.Lewin도 그가 제시한 '장의 이론(field theory)'에서, 학습이란 개인의 마음속에 형성되어 있는 심리적 장(psychological field: 신념, 태도, 가치, 목표 등으로 구성)이 새로운 투입요소로 인해 재조직화 되는 현상이라고 정의했다.

사람들은 물리적인 어떤 보상이나 외부자극이 주어지지 않아도 많은 것에 대해 끊임없이 학습한다. 인지적 학습이론에서는 정보나 지식을 수용하고 저장했다가 이들을 문제해결에 활용하는 일련의 정보처리 과정을 매우 중요한 학습과정으로 본다. 사람들은 동일한 자극이나 정보 또는 지식이 주어질 때 그들의 정보처리 방법과 능력이 동일하지 않으므로 학습의 결과는 상이한 형태로 나타난다.

사례 9-5

대한민국 보통 사람의 피로회복제. 박카스

박카스 광고

'박카스' 하면 가슴이 찡해진다는 사람이 많다. 남들이 알아주지 않아도 음지에서 묵묵히 일하는 보통사람의 모습을 담은 '새 한국인' 시리즈 광고 덕이다.

'남들이 알아주지 않으면 어떤가', '그날의 피로는 그날에 푼다', '지킬 것은 지킨다', '우리는 누군가의 박카스다', '풀려라 대한민국' 같은 광고는 약의 효과만 내세우는 기존 약 광고와 전혀 달랐다.

이렇게 감성을 건드리는 광고가 가능했던 이유는 그만큼 '박카스=피로회복제'라는 등식이 오래전부터 명확하게 소비자의 뇌리에 각인됐기 때문이다.

박카스는 1961년 출시 이후 50년 넘게 대한민국 5000만 국민의 피로를 푸는 데 함께한 피로회복제다. 피로와 술로 약해진 간을 보호하는 종합강간영양제(綜合强肝營養劑)를 셀링 포인트로 잡은 박카스는 아이러니하게도 고대 그리스 신화 속 주신(酒神)인 '바커스(Bacchus)'에서 이름을 따왔다.

동아제약은 1963년 현재와 같은 드링크 형태인 '박카스D'를 출시했다. 출시 후 지금까지 180억 병 이상의 박카스가 팔렸다. 눕혀서 한 줄로 세우면 지구를 53바퀴 돌고도 남는다.

출처: 헬스조선, 2015.01.11. 기사편집

4. 학습곡선

H. Ebbinghaus에 의하면 학습의 효과는 처음 몇 번의 반복에서는 크게 나타나지만 차츰 완만해져 나중에는 여러 번 반복해도 별 효과가 발생하지 않는다고 한다.

학습의 시행회수와 학습효과를 나타낸 것이 학습곡선(S-shaped curve)이다. 초기단계에서는 학습의 효과가 매우 빠르게 나타나지만 점차 슬럼프에 빠져 효과가 정체되는 학습고원(learning plateau)상태에 이르게 된다. 학습고원 상태에 이르면 계속해서 학습이 시행되더라도 더 이상의 효과증대는 기대하기 어렵다.

학습내용의 소멸이나 망각이 발생한 후, 재학습이 실시되는 경우 학습곡선의 기울기가 기본 학습곡선에 비해 훨씬 경사지게 된다. 한번 배웠던 것은 망각이 있었다 하더라도 학습의 효과가 빠르게 나타나기 때문이다. 이처럼 재학습과정에서 효과가 빠르게 나타나는 것을 자발적인 기억회복(spontaneous recover)과정이라고 한다. 학습의 효과는 개인이나 상황에 따라 약간씩 차이가 있다.

학습효과에 영향을 미치는 중요한 요인은 다음과 같다.

① 학습 시행 스케줄

Ebbinghaus에 의하면 학습은 집중시행 하는 것보다 분할시행 하는 것이 훨씬 효과적이다. 분할시행이란 학습과정에 일정한 휴지기간을 두면서 반복시행하는 학습방법이고, 집중시행은 전혀 휴지기간 없이 계속적으로 학습하는 방법이다. 집중시행은 학습주체가 지루함으로 인해 학습동기를 상실하게 되고 따라서 학습의 효과가 정체된다. 그러나 분할시행의 경우에는 휴지기간이 너무 길면 망각을 유발시켜 학습의 효과가 감소될 수 있다. 그러므로 분할시행의 경우 휴지기간을 적절히 설정하여 효과를 높이는 것이 중요하다.

② 학습능력의 개인차

사람의 지능수준에는 상당한 개인차가 있다. 학습의 속도가 빠른 사람이 있고 그렇지 않은 사람이 있다.

그러므로 마케팅담당자는 소비자학습과 관련하여 다음과 같은 사항을 유의해야 한다.

첫째, 광고의 분할시행이 바람직하다. 단일 메시지로 장기간 집중시행하는 것은 바람직하지 못하다.

둘째, 표적시장 고객의 학습능력, 관심, 학습동기 등을 파악해야 한다. 학습에 대한 고객의 성향이나 특성을 정확하게 파악하여 그에 적합한 학습방법을 설계할 필요가 있다.

5. 대리학습

1) 대리학습의 의의

소비자는 자신이 직접 특정 자극에 노출되어 특정한 행동반응을 나타낸 경험이 없어도 단순히 타인의 행동이나 타인에게 발생되는 결과를 관찰함으로써 특정 대상에 대한 학습이 가능하다. 이렇듯 친구, 친지, 부모, 영화나 T.V. 속 주인공들의 행위를 관찰함으로써 일어나는 학습을 대리학습(Vicarious Learning) 또는 모방학습(Modeling)이라고 한다. 대리학습 개념은 특히 광고 전략에 많이 이용되고 있다.

2) 소비자에게 영향을 주는 3가지 대리학습기법

(1) 제품 및 그 사용법에 대한 대리교육

광고에서 한 모델이 제품의 특성이나 사용방법 등에 대하여 질문하고 다른 모델이 설명해주는 장면의 광고를 함으로써 소비자들이 알고 싶어 하는 사항에 대하여 학습시키는 방법이다.

(2) 즉각적인 구매행동 유발을 위한 촉진

광고 모델로 하여금 자사제품을 사용한 결과에 만족감을 표현하도록 함으로써 대리강화(vicarious reinforcement)에 의해 소비자의 즉각적인 구매행동을 유도하기 위한 방법이다.

(3) 부정적인 소비자행동의 억제

흡연, 과식, 에너지 낭비 등의 행동을 억제시키기 위해서도 대리학습기법이 이용된다.

대리학습이 유용하게 사용되는 이유는 마케팅담당자가 제품의 효익을 간접적인 방식으로 전달하여 광고효과를 더 크게 할 수 있다는 점이다. 대리적 학습에는 특히 전달자의 매력이 중요하다. 단순히 신체적 매력이라기보다는 다양한 요소에 의해 구성된 사회적 매력 즉, 전문성, 평가자와의 유사성 등을 소유한 사람을 모델로 하는 것이 중요하다.

사례 9-6

푸르설티아민·비타민B군 등 함유 …
활기차고 신뢰감 넘치는 이미지 표현

한국다케다제약은 최근 고함량 프리미엄 비타민 '액티넘 이엑스 플러스(Actinum EX Plus)'의 국내 출시를 알리기 위해 배우 차승원 씨를 모델로 한 TV 광고를 시작했다고 14일 밝혔다.

이 회사는 활기차고 신뢰할 수 있는 이미지를 가진 차승원 씨가 '1년 열두달 액티브하게'라는 제품 콘셉트에 부합해 모델로 선정했다고 밝혔다. 이번 광고는 노란색의 커다란 공이 벽 쪽으로 굴러오는 동안 차승원 씨가 제품의 장점을 열거하다 벽에 몰리자 "나머지는 약사님에게 물어보세요"라고 외치며 액티넘에 대한 설명을 약사에게 부탁하는 장면으로 구성됐다.

광고속 노란공은 액티넘 이엑스 플러스의 원형 이미지를 나타냈으며 세가지 제조 특허기술, 눈의 피로 및 통증 개선 효능 등 제품 장점을 광고에 담았다. 제품만을 표현하는 기존 광고와 달리 소비자들이 의료전문가를 통해 정확하고 올바른 정보를 얻도록 약사의 역할을 강조했다. 이는 60년 이상 비타민을 연구해온 다케다제약의 자신감이 바탕이 됐다.

한국다케다제약 대표는 "최근 소비자들이 다양한 채널을 통해 비타민제 정보를 접하고 있지만 자신에게 도움이 되는 제품을 올바르게 선택하려면 약국에 먼저 방문해야 한다"며 "TV광고를 통해 액티넘 브랜드를 알리고 의료전문가를 통해 정확한 의학정보를 소비자에게 전달할 기회를 지속적으로 만들겠다"고 말했다.

출처: 조세일보, 2015.07.17. 기사편집

사례 9-7

락앤락, 여름맞이 우리집 냉장고를 부탁해 이벤트 진행

냉장고 관리에 대한 정보도 얻고, 냉장고 정리 세트도 받을 수 있는 절호의 기회

락앤락이 이번에 진행하는 '우리집 냉장고를 부탁해 이벤트'는 여름철 올바른 냉장고 관리로 냉장고 속 미세 세균과 바이러스로부터 가족들의 건강을 지키자는 취지로 7월 한 달 동안 매 주 금요일마다 냉장고 정리 관련 정보를 제공한다. 7월 첫째 주에는 냉장고 공간 사용법, 둘째 주에는 냉장고 식품 보관법, 셋째 주에는 세균 없는 친환경 냉장고 청소 법, 넷째 주에는 냉장고 정리 10계명 등 알찬 정보를 제공할 계획이다.

또한 매 주 미션을 달성한 사람 중 총 20명에게는 냉장고 정리에 꼭 필요한 '냉장고 정리를 부탁해 세트'를 비롯한 다양한 선물도 제공할 예정이다. 여름철에 꼭 필요한 락앤락 제품들로 구성된 '냉장고 정리를 부탁해 세트'는 냉장고 문짝 정리 용기 '인터락'과 사면 결착 형 친환경 신소재 밀폐용기 '비스프리', 생계란을 담아 보관할 수 있는 '계란 케이스' 등 락앤락의 인기 제품들로 구성했다.

출처: 컨슈머치, 2015.07.02. 기사편집

chapter

10 개성과 라이프스타일

제1절 개 성

1. 개성의 의의

이 세상에 똑같은 사람은 없다. 외모도 다르고, 행동하는 것도 다르다. 사람들은 같은 문제를 갖고 각각 다른 생각을 하고 판단을 하게 된다. 개개인에 따라서 생각과 반응이 다른 이유는 주변 환경의 영향뿐만 아니라 개인적 특성에 의해서도 영향을 받기 때문이다. 개성은 연구자의 관점에 따라서 조금씩 차이를 두고 연구되는데 유전이나 유아기의 경험에 의해서 개성이 형성된다는 관점과 살아가면서 사회적 또는 환경적인 영향에 의해서 형성된다는 관점이 있다.

많은 연구가들에 의해 내려진 개성의 정의를 검토하면 다음과 같은 세 가지 측면의 공통점을 발견하게 된다.

첫째, 사람들이 '공통적으로 보유'하고 있는 어떤 내적 특성에 대해서가 아니라 '개인 간의 차이'를 설명해 주는 내적 특성에 초점을 맞추고 있다.

둘째, 상황의 변화에 따라 다양한 행동변화를 유발시키는 성향에 대해서가 아니라 '일관된 행동변화'를 유발시키는 내적 성향을 찾으려는데 초점을 맞추고 있다.

셋째, 인간의 태도나 사고방식에 영향을 주는 개성의 인지적 측면보다 인간의 행동양식에 영향을 주는 개성의 행동적 성향에 초점을 맞추고 있다.

그러므로 개성이란(personality)이란 환경적 상황에 대응하여 일관되게 반응하는 개인 내적 속성으로, 개인의 기본적이고 일반적인 행동양식을 결정하는 주된 동인이다. 아울러 개성은 소비자의 마음속에 존재하며 쉽게 파악할 수 없지만, 개성이 외적 행동의 근간으로서 외적행동에 강한 영향을 미치기 때문에 마케팅담당자들은 표적고객의 개성을 잘 파악하고 흐름을 이해하여 제품에 대한 전략을 수립하고 개발하여야 한다.

사례 10-1

성격에 대한 유전의 영향

일란성 쌍둥이는 이란성 쌍둥이보다 성격적 특성에서 더 닮는 경향이 있습니다. 비록 이 사실은 유전의 영향을 암시하고 있지만 환경과 유전의 영향을 분리하기가 어렵습니다. 일란성 쌍둥이는 이란성 쌍둥이보다 더 동일하게 보이기 때문에 그들의 현재 부모나 주위 사람들에 의해 더 동일하게 취급을 받으며 더 유사한 환경을 경험합니다.

현재 Minnesota 대학에서 진행 중인 프로젝트는 평균 6주가 된 30쌍의 일란성 쌍둥이를 별도로 분리하여 다른 가족에게 양육시켜 유전과 환경의 영향력을 연구하고 있습니다.

쌍둥이는 유아기의 경험, 공포, 취미, 음악적 재능, 사회적 태도 및 성적 관심과 같은 주제에 질문을 받는 긴 면접에 참여했습니다. 다양한 의학적 및 심리적 검사가 또한 시행되었습니다. 수집된 다양한 양의 자료를 수년 동안 분석하였으며, 이 중 적어도 20쌍의 쌍둥이는 결론이 도출되기 js에 계속해서 연구되고 있습니다. 그러나 예비적 발견의 결과, 놀랄만한 유사한 점들이 지적되고 있습니다.

47세의 Oskar Stohr와 Jack Yufe는 매우 현저하게 다른 배경을 갖고 있는 쌍둥이였습니다. 유태계 아버지의 독일계 어머니로 Trinidad에서 태어났으며 출생 후 바로 떨어져 살았습니다. 어머니는 Oskar를 독일로 데리고 가서 거기에서 천주교인으로서 외할머니에 의해서 양육되었으며 그의 아버지와 남은 Jack은 유태계로서 자라났으며 이스라엘의 키부츠에서 젊은 시절을 보냈습니다. 가족은 결코 편지 왕래를 안했으며 두 형제는 지금 아주 다른 삶을 영위하고 있습니다. 연구에 참여하기 위하여 쌍둥이가 처음 만났을 때 놀랄만한 유사한 점들이 분명히 나타났습니다. 두 명 다 턱수염을 하고 있었으며 철제 안경을 쓰고 있었습니다. 그들의 매너와 기질은 매우 비슷했으며 어떤 특이체질을 공유하고 있었는데 둘 다 모두 향내 나는 음식과 달콤한 술을 좋아하고 화장실을 사용하기 전에 화장실의 물을 내리고, 버터를 바른 토스트를 커피에 담가 먹기를 좋아했습니다. Oskar는 부인에게 큰 소리를 지르는 경향이 있었으며 Jack도 역시 마찬가지였습니다.

쌍둥이 사이의 성격적 유사성은 많이 발견되고 차이점은 크지 않았다는 것을 알 수 있었지만 예비적 발견은 조사자를 놀라게 하였습니다. 쌍둥이들의 능력과 성격검사의 결과 점수는 한 사람이 검사를 두 번 실시해도 점수는 비슷했습니다. 쌍둥이로부터 얻은 자료를 분석해보면 가장 큰 일치는 능력 검사의 점수, 뇌파의 유형, 사회성 및 에너지의 수준에서 나타났습니다.

출처: 오영애, 『소비자행동론』, 청목출판사, 2010. p.329, 재인용

2. 개성이론

1) 정신분석이론

Freud의 정신분석이론은 인간의 행동을 지배하는 근본적인 동기는 무의식적 요소라고 하였다. 즉, 개성은 원초아(id), 자아(ego) 초자아(superego)의 세 가지 요소로 구성되어 이 요소간의 상호작용이 무의식적인 동기를 유발하며 무의식적인 동기는 인간 행동으로 구체화된다는 것이다.

① 원초아

원초아(id)는 개성의 잠재의식적 부분을 나타내고 기본욕구들의 심적 에너지의 원천이다. 원초아의 에너지가 증가하면 긴장을 하게 되고, 이렇게 되면 현실적 가능성이나 도덕성을 고려하지 않고, 긴장을 해소하기 위하여 자신의 만족만을 추구하는 판단을 하게 된다. 즉, 원초아는 인간의 생리적·본능적 욕구의 즉각적인 충족을 추구하는 것이다. Freud는 원초아의 충동을 성적본능과 공격적 본능으로 보았다. 원초아는 성격형성의 기초가 된다.

② 자아

자아(ego)는 개인의 의식적인 자제력을 나타내는 요소로서, 원초아의 본능적 충동과 초자아의 윤리적 금지 사이를 중재하는 것이다. 따라서 자아는 원초아의 쾌락적 수요가 사회적으로 허용되는 범위 내에서 충족되도록 한다.

또한 자아는 학습과 경험에 의해서 환경에 적절하게 대항할 수 있는 개인

의 능력과 사고를 만들어주며, 원초아와 초자아가 서로 상반되는 관계에서 갈등이 심화되면 자아가 조정하는 역할을 담당한다.

③ 초자아

초자아(superego)는 사회적 가치관과 내부화를 통해 개인의 심리구조상 도덕적, 윤리적 영역을 나타낸다. 이는 사회제도를 혼란시키는 원초아의 표출을 통제하고 개인의 목표보다 사회의 목표를 중요시하는 자아를 형성하도록 하는 역할을 한다. 즉, 사회적 동물로서 지켜야 할 도덕, 윤리, 규범에 맞도록 인간의 본능적, 이기적 행동을 규제하는 기능을 하고 있다.

소비자행동의 동기 연구가들(motivation researchers)은 소비자들의 은폐되어 있는 구매동기를 조사·연구하기 위하여 Freud의 정신분석론을 많이 이용한다. 동기조사는 원초아와 초자아가 무의식적인 동기를 창출하여 개인행동의 상당수가 이러한 무의식 동기의 결과로서 나타난다고 하였다. 광고에 있어서의 환상적 소구 혹은 성적 소구 등이 정신분석이론의 한 예이다.

2) 신프로이드 이론

신프로이드 이론은 사회적 정신분석이론이라고도 하며, C. Jung, A. Adler, E. Ericson, E. Fronm과 같은 학자들에 의해 연구되었다. 이들은 Freud의 본능과 성적 욕구에 대해서 문제점을 지적하였고 보다 폭넓은 사회적 관계가 인간의 개성에 더 많은 영향을 미친다고 주장하였다. 신프로이드 이론과 Freud 이론의 차이점은 다음과 같다.

첫째, 신프로이드 이론은 Freud 이론과는 달리 인간의 성격형성에는 생물적 본능보다는 사회적 욕구의 역할이 더 중요하다고 본다.

둘째, 신프로이드 이론에서는 인간행동의 동기로서 Freud이론이 중시하고 있는 본능적이고 무의식적인 동기보다는 의식적 동기를 훨씬 더 중요시한다.

(1) Horney의 개성이론

Karen Horney는 인간의 불안감을 강조하여 연구하였는데 특히 부모와 자녀의 관계에서 존재하는 심리적인 긴장과 갈등, 불안감 등을 해소하는 방법을 터득하고 학습해 가는 과정에서 개성이 성립된다고 주장하였다.

Horney는 이러한 관점에서 사람의 개성은 3가지의 타입 중 하나로 분류된다고 하였다.

① **순종형**(compliant) : 타인지향적인 사람들로서 타인으로부터 애정과 사랑을 받고 인정받기를 원하는 유형
② **공격형**(aggressive) : 권력욕이 강하고 타인보다 뛰어나려고 하고 타인들로부터 존경받고 싶어 하는 도전적인 성격의 유형
③ **고립형**(detached) : 타인들과 일정한 거리를 두어 타인과의 교분을 회피하고 독립적이며 의무에서 자유로워지기를 원하는 자기만족형의 유형

Horney이론은 주로 소비자들의 상표선호성향을 조사·연구하는데 유용하게 이용되고 있다.

소비자는 제품을 구입하고 관심을 가질 때 과거의 경험이나 기억뿐만 아니라 미래에 대한 인지도도 포함되어 있다는 것이다. 그러므로 제품을 개발하고 마케팅을 할 때는 소비자들이 현재의 욕구와 개인적 성장발전에 기여할 수 있는 부분을 간과해서는 안 된다. 소비자행동을 연구한 J. B. Cohen은 대인관계를 강조했던 Horney의 주장을 기초로 CAD(Compliant-Aggressive-Detached) scale을 개발하였다.

(2) Cohen의 개성측정척도(CAD scale)

Joel. B. Cohen은 Horney의 개성이론에 준거하여 개성의 유형을 순종형·공격형·고립형으로 분류하고, 특정 개인이 어느 유형에 속하는가를 식별할 수 있는 성격측정 도구인 CAD척도를 개발하였다.

CAD(Compliant-Aggressive-Detached)척도란 Horney가 분류한 세 가지 개성유형의 첫머리자를 결합한 것으로서, 35문항의 리커트 척도로 된 개성측정 도구이다. Cohen은 CAD척도를 이용하여 대학생들을 대상으로 그들이 선호하는 제품이나 상표가 개인의 개성에 따라 차이가 있는지의 여부를 조사하였다. 조사 결과 학생들의 개성유형에 따라 선호하는 상표나 제품에 분

명히 차이가 있는 것을 알 수 있었다.

3) 특성이론

(1) 특성이론의 의의

특성(자질)이론(trait theory)에 의하면 개성은 일반적으로 반응하는 선유경향인데, 이 선유경향(predispositions)은 사람들이 가지고 있는 특성들의 조합으로 형성된다. 이러한 특성은 개개인마다 공통적으로 갖고 있으나 정도의 차이가 있기 때문에 개인마다 성격이 달라진다. 이 이론에 의하면 사람들이 공유하고 있는 여러 자질 중에 특히 어떤 유형의 특성을 상대적으로 많이 보유하고 있는가에 따라 개인의 개성이 결정된다는 것이다. 또한 개인이 보유하고 있는 특성은 행동에 직접적으로 영향을 줄 뿐만 아니라 행동에 상당히 일관성 있게 영향을 미친다. 특정인의 행동성향을 측정하면 그에게 내제된 특성과 개성을 추정·식별할 수 있다.

(2) 특성의 측정방법

오늘날 CPI(California Psychological Inventory)나 EPPS(Edwards Personal Preference Schedule)와 같은 표준화된 개성검사가 개발되어 개성을 검사하고 있다. 이들은 특성항목별로 세분되어 있는 문항에 대한 응답자의 특성을 분석하고 그의 개성을 식별해 낸다.

특성이론은 개인 간의 성격 차에 대한 양적인 측정 및 분석을 가능하게 하여 개성연구에 대한 기여도가 크다고 평가되고 있다. 그러나 개성의 측정기법마다 개성변수(특성)의 종류와 수가 일치하지 않아서 분석결과의 타당성을 평가하는 데 문제가 있는 것으로 지적되고 있다.

Koponen은 EPPS를 이용하여 소비자 패널 구성원을 대상으로 연구를 하였다. 이 연구보고서에서 남성들의 공격성, 성적 우월성 등과 같은 개성변수와 흡연행위 간에는 상관관계가 있는 것으로 나타났다.

그러나 F.B.Evans는 EPPS를 사용하여 자가용 승용차의 상표선택행동과 개성 간에는 상관관계가 없는 것으로 나타났다. Evans는 '포드자동차'와 '시보레 자동차'를 소유하고 있는 소비자들의 개성을 측정·분석하였다. 당시 포드 상표의 소유자는 보다 활동적이고 진취적인 개성을 가졌으며, 시보레 상표의 소유자는 보수적이고 근검절약형의 개성을 가진 것으로 상표이미지를 구축하고 마케팅전략상 시장을 세분화하고 있었다. Evans는 이러한 자동차 회사의 마케팅전략을 증명하려고 하였다. 그러나 조사 결과 개성변수 측면에서는 두 상표의 소유자 간에는 뚜렷한 차이점이 없는 것으로 밝혀졌다. 오히려 소득수준, 연령 등 인구통계적 변수와 승용차의 사용기한 등 기타 변수 포함하여 12개의 개인 외적 변수가 승용차의 상표선택행동에 상관관계가 높은 것으로 나타났다.

최근에는 개성 측정도구로서 성실성, 외향성, 신경증, 친화성, 개방성의 5개의 요인으로 구성되어 있는 5요인모델(Big 5)이 주목받고 있다. 이 모델은 가장 간명하고 종합적인 개성 분류체제로 받아들여지고 있으며 다수의 실증연구에 의해서 측정항목의 타당성과 신뢰성이 입증되어 널리 사용되는 성격측정도구이다.

3. 개성과 소비자행동

1) 소비자 개성주의와 마케팅

개성과 소비자행동이 상관관계가 있다고 발표된 연구보고서도 있지만 대부분의 연구결과를 종합해 보면 소비자의 개성과 행동 간의 관계는 매우 미약해서 사실상 소비자행동을 이해하고 예측함에는 개성변수의 실용적 가치가 다른 변수에 비해 상대적으로 낮다는 것이다.

소비자행동에 대한 개성변수의 설명력과 예측력이 낮은 이유는 다음과 같다.

첫째, 개성변수가 소비자의 구매 및 소비자행동에 영향을 주고 있는 많은 변수 가운데 하나임에는 틀림없지만, 개성변수보다는 오히려 인구통계적 변수나 상황적 변수가 소비자들의 상표 및 점포선택행동에 더 많은 영향을 주기 때문이다.

예를 들면, A와B의 개성유형이 같은 공격형이라고 해도 A가 60세, B가 20세라면 그들이 선호하는 제품이나 상표, 점포 등이 동일하지 않을 가능성이 매우 높다.

둘째, 개성과 소비자행동 간의 관계를 조사·분석한 연구보고서마다 서로 상이하고 일관성 없는 결론을 보이고 있는 이유가 소비자의 개성을 측정하고 조사하는 방법 자체에 문제점이 있었기 때문이라고 보는 견해도 있다.

심리학분야에서 개발된 인성테스트 기법이 주로 이용되었고 그나마 개성 측정도구가 표준상태로 사용되지도 않았으며 소비자행동 조사자에 의해 임의로 변형되어 사용되었기 때문에 조사결과의 타당성에 문제가 있었던 것으로 지적되었다.

최근 소비성향이 변화하면서 소비자행동에 많은 변화가 일어나고 있다. 개인주의가 팽배해지면서 개성과 즐거움 그리고 편리성을 추구하는 경향이 뚜렷해지고 있으므로 다음과 같이 개성을 강조하는 마케팅전략이 필요하다.

첫째, 제품의 기능보다는 디자인이나 스타일에 초점을 맞춘 제품전략이 요구된다.

둘째, 제품 및 서비스에 대한 고객별 맞춤형전략과 차별화된 광고전략이 요구된다.

사례 10-2

아디다스, 오직 나만을 위한 단 하나의 신발 제작

커스터마이즈 서비스, '마이 아디다스' 온라인 론칭

스포츠 브랜드 아디다스가 세상에 단 하나 밖에 없는 나만을 위한 신발을 직접 디자인할 수 있는 커스터마이즈 서비스, '마이 아디다스(mi adidas)'를 아디다스 공식 온라인 스토어를 통해 론칭 한다고 10일 밝혔다.

지난 2004년 국내 아디다스 오프라인 매장을 통해 첫 선을 보였던 '마이 아디다스(mi adidas)'는 복잡한 제작 과정을 최소화하고 온라인 플랫폼을 통해 개인의 개성을 빠르고 손쉽게 표현 할 수 있다는 것이 특징이다.

이번 서비스는 축구화, 농구화, 러닝화 등 퍼포먼스 제품들을 비롯하여, 최근 폭발적인 인기를 끌고 있는 아디다스 오리지널스의 슈퍼스타, 스탠스미스 등 소비자의 취향에 따라 폭넓은 선택이 가능하도록 했다.

제작방법은 본인이 원하는 신발을 선택한 후 제품의 갑피, 안감, 힐 컵 등의 컬러를 각자 기호에 맞게 선택하기만 하면 된다. 끈, 인솔 등 디테일 한 부분까지 색상을 선택할 수 있고, 신발에 따라 소재, 디자인 패턴 등까지도 각자의 취향대로 고를 수 있다.

또한, 좀 더 개인에게 특화된 제품을 완성하기 원한다면 자신의 이니셜이나 좋아하는 숫자 등을 삽입할 수 있으며, 제작된 디자인은 페이스북, 트위터 등 자신의 SNS를 통해 공유도 가능하다.

제작기간은 4-6주 정도가 소요되고, 가격은 기존 제품에서 10~15%정도만 추가 부담하면 된다.

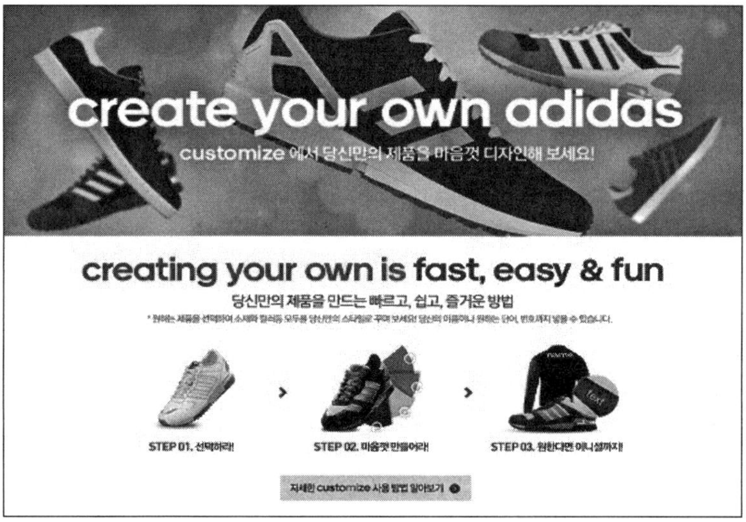

출처: 컨슈머치, 2015.04.10. 기사편집

2) 개성변수와 시장세분화전략

소비자행동 연구가나 마케팅담당자들은 시장세분화의 기준으로 개성변수의 유용성에 대하여 많은 관심을 가져왔다. 그러나 기존 연구결과들을 보면, 화장품이나 주류 등과 같은 특정제품에 한해서만 세분화수단으로 유용할 뿐 대부분의 제품들에 대하여서는 그 실용가치가 크지 않았다.

R. L. Ackoff와 J. R. Emshoff는 Anheuser-Busch사의 의뢰를 받아 이 회사의 주종상품인 맥주의 세 가지 상표 Budweiser, Michelob, Busch가 판매

되고 있는 각 세분시장의 특성을 조사하였다. 맥주음주자의 개성 프로필을 개발하고 개성유형에 따라 피로회복형, 사교적 음주형, 탐닉적 과음형, 폭음형 등 네 가지 유형의 맥주소비자를 식별하였다.

표 10-1 맥주음주자의 개성별 유형

맥주음주자 유형	인구통계 특성	개성유형	음주행동의 특성
피로회복형 (reparative drinker)	중년층	• 타인지향적: 타인을 위해서라면 야망을 희생하려 함	• 주로 일과 후에 가까운 친구들과 마심 • 취하지 않게 자제 • 타인에게 봉사한 데 대한 자기보상 수단
사교음주형 (social drinker)	청·장년층	• 의욕적임: 자신이 원하는 것을 얻기 위해 타인을 이용하려함 • 야망은 아직 실현시키지 못했지만 기대가 큼	• 주말에 많이 마심 • 많은 사람들과 관계를 유지하기 위해 마심 • 음주량을 통제할 줄 앎
탐닉과음형 (indulgent drinker)	모든 연령층	• 자신을 실패자로 생각 • 자신이 실패에 대해 환경과 타인을 비난	• 과음: 현실 도피형으로 주로 혼자서 마심
폭음형 (ocean drinker))		• 자신을 실패자라고 생각하나, 그 실패의 책임이 자신의 부족함 때문이라고 생각함	• 과음하며, 자시니의 결점을 위장하기 위해(남에게 간파되지 않게 하기 위하여) 술을 마심 • 혼자 마시지 않음

Ackoff와 Emshoff는 예비적 실험조사에서 맥주를 즐겨 마시는 250명의 소비자를 선정하여 설문조사를 통해 네 가지 개성집단으로 분류하였다. 그리고 4개의 가상적 상표를 만들고 그 각각의 상표에 적합한 TV광고 메시지를 개발한 후 조사대상에게 보여 주었다. 동일한 맥주를 각각 다른 용기에 넣고 각 상표를 붙인 다음 그들에게 시음하게 한 다음 그 중에서 가장 좋아하는 상표를 선정하도록 하였다. 사실은 맛이 동일한 맥주였는데도 응답자의

대부분이 자신들의 개성유형과 일치하는 이미지의 상표를 선택한 것으로 나타났다. 이런 예비조사를 한 후 Anheuser-Busch사의 맥주 시장 소비자에 대한 본조사를 실시하였다. 1,200명의 맥주음주자를 대상으로 실시한 결과, Anheuser-Busch사의 세 가지 상표의 맥주가 각각 서로 다른 개성집단에 소구되고 있음을 알 수 있었으며 각 개성집단은 매체습성도 서로 다른 결과가 나왔다. 화장품, 주류회사들 가운데 개성변수를 기준으로 시장을 세분화하는 사례가 많아지고 있으나 개성이 시장세분화 수단으로서 유용하다는 실증적 증거가 미약하다는 사실을 유의해야 한다.

첫째, 개성을 기준으로 식별된 세분시장에서 동질적인 인구통계적 특징을 발견하기가 쉽지 않으므로 대중매체 등을 통하여 그 세분시장에 효율적인 접근이 어렵다는 약점이 있다.

둘째, 개성변수에 의해 세분된 시장은 그 크기가 비교적 작아 접근하기에 비경제적이고 비실용적이라는 문제가 있다.

셋째, 개성이 달라도 유사한 제품이나 상표를 선호하는 소비자가 많이 있으므로 개성과 소비자행동 간의 상관관계가 명확히 판명되지 않기 때문에 굳이 개성변수를 이용할 필요가 없고, 오히려 소비자행동에 직접적인 영향을 주는 것으로 밝혀진 라이프스타일 변수나 인구 통계적 변수를 이용하는 것이 더 유용하다.

사례 10-3

기분 따라, 취향 따라 색다르게...자동차업계 '컬러 마케팅' 확대

자동차 업체들의 컬러마케팅이 익스 테리어(외장) 에서 차량 인테리어로 확대되고 있다. 그간 주로 외장에 다양한 컬러를 시도했지만 소비자들의 반응이 신통치 않았음을 감안해서다.

11일 글로벌 자동차 페인트 업체인 엑솔타 및 관련업계에 따르면 국내 소비자들은 차량 색상으로 여전히 무채색을 선호하는 것으로 나타났다. 국내 차량 중 흰색의 점유율은 34%였으며, 은색·회색·검은색이 각각 15%를 차지했다. 이 같은 현상은 중고차로 내놓을 때 수요가 많은 무채색이 더 비싼 가격을 받는 것과도 관련 있다. 이에 따라 자동차 업체들은 외장 색상 대신 인테리어에서 '컬러 마케팅'으로 차별화를 시도하고 있다. 특히 젊은 소비자들이 많이 구매하는 소형차와 준준형차 등의 신차를 중심으로 이러한 마케팅이 뚜렷해지고 있다.

쌍용자동차는 13일 출시하는 소형 스포츠유틸리티차량(SUV) 티볼리에 국내 최초로 '6컬러 클러스터'를 적용한다. 운전자의 취향에 따라 미터 클러스터(계기판)를 레드·블루·스카이 블루·옐로·화이트·블랙의 6가지 컬러 중 자유롭게 선택할 수 있다. 쌍용차 관계자는 "클러스터는 운전자 정면에 위치해 차량 내부에서 가장 오랜 시간 마주하게 되는 공간이다"며 "그날의 기분에 따라 자유롭게 분위기를 바꿀 수 있어 운전자를 비롯한 탑승객의 시각적인 만족감이 높을 것으로 기대한다."고 밝혔다.

볼보자동차코리아는 지난 8일 출시한 V40 크로스 컨트리에 '인테리어 라이팅 패키지'를 적용했다. 레드 선셋·토스카 화이트 등 7가지 컬러의 무드등으로 다양한 분위기를 연출할 수 있으며, 실내 온도에 따라 램프 색상이 바뀌도록 설정할 수도 있다.

출처: 아시아투데이, 2015.01.02. 기사편집

제2절 라이프스타일

1. 라이프스타일과 사이코그래픽스

1) 라이프스타일의 의의

라이프스타일(Life Style)은 특정사회 전체 또는 특정 부분이 지니고 있는 차별적이고 특징적인 생활양식 즉, 살아가는 방식이라고 할 수 있다. 라이프스타일은 소비자가 살아가면서 사회적 상호작용을 통하여 형성된 개인 고유의 내재적 특성의 함수인데, 개인의 가치, 동기, 감정, 개성, 인구통계적 특성, 가족, 준거집단, 사회계층, 문화 등을 반영한다.

J. F. Engel은 라이프스타일이 동기와 학습, 사회계층, 인구통계변수 등의 다양한 변수들의 함수일 뿐만 아니라 개인의 가치체계와 개성이 반영되는 복합적 개념의 성격을 띠고 있다고 하였다. 라이프스타일은 가치관이나 개성보다 시대상황에 따른 지속기간이 상대적으로 짧기 때문에 마케팅전략 변수로 이용할 경우 주의해야 한다. 최근에는 라이프스타일 분석을 위해 사이코그래픽스 조사방법이 활용되고 있다.

2) 사이코그래픽스

(1) 사이코그래픽스의 필요성

사이코그래픽스는 소비자의 심리적인 상태를 묘사하기 위한 것으로 라이프스타일을 측정하는 방법이다. 최근에는 가치나 개성 등의 소비자의 심리적 내면세계와 소비자가 특정제품의 용법에 대해 어떠한 태도나 감정을 도출하게 되는지에 대한 보다 광범위한 개념까지 포괄한다.

사이코그래픽스는 심리나 정신을 나타내는 Psycho와 윤곽이나 도식을 뜻하는 Graphics의 합성어로서 다양한 상황이나 욕구, 자극 하에서 구매나 소비과정에서 소비자의 심리상 발생하는 일련의 절차에 대한 묘사로 이해할 수 있다.

한편, 인구통계적 기준에 따라 마케팅활동을 수행하는 데는 점차 세분화되어 가는 각 소비자 유형의 실체를 파악하는데 한계가 있으며, 시장의 복잡성이나 역동성을 효과적으로 설명해주는 유용성있는 정보가 제공되지 못하고 있다. 따라서 소비자의 라이프스타일 등을 연구하는 사이코그래픽스 연구가 필요하게 되었다.

(2) 사이코그래픽스 조사

사이코그래픽스 조사(psycholgraphics research)란 소비자행동의 본질적 측면을 좀 더 명확하게 이해하기 위해 행동에 투영된 심리적·정신적 특성을 양적으로 측정·분석하기 위한 조사방법이다. 사이코그래픽스 조사에서는 소비자들의 욕구, 필요, 동기, 관심, 태도, 신념, 개성, 가치 등에 대한 다양한 설문을 가지고 대규모 표본조사를 통해 소비자의 심리적 특성을 양적으로 측정·분석한다. 그러므로 사이코그래픽스 조사의 설문내용은 개성조사나 모티베이션 조사에서 이용하는 설문내용과 유사하지만 조사방법에는 다음과 같이 큰 차이가 있다.

첫째, 모티베이션 조사에서는 상담과 같은 주관적 조사방법을 택하지만, 사이코그래픽스에서는 대규모표본을 대상으로 객관적 측정을 한다. 따라서 심리적 특성에 대한 질적 정보대신 양적 정보를 제공한다.

둘째, 소비자의 심리적 측면을 행동과 관련시켜 측정함으로써 개성조사에서와는 달리 추상적인 정보가 아닌 구체적인 정보를 얻을 수 있다.

사이코그래픽스 조사는 소비자의 심리적 특성에 대한 계량적 접근을 가능하게 할 뿐만 아니라 인구통계적 변수처럼 심리묘사적 변수도 소비자행동과 연관시켜 분석할 수 있는 장점이 있다.

3) 라이프스타일 연구와 사이코그래픽스의 관계

라이프스타일 연구와 사이코그래픽스 조사는 이론적 배경이 상이함에도 불구하고 사이코그래픽스와 라이프스타일에 대한 조사를 동시에 실시하는 것이 가능할 뿐만 아니라 더 유용한 것으로 평가되고 있다.

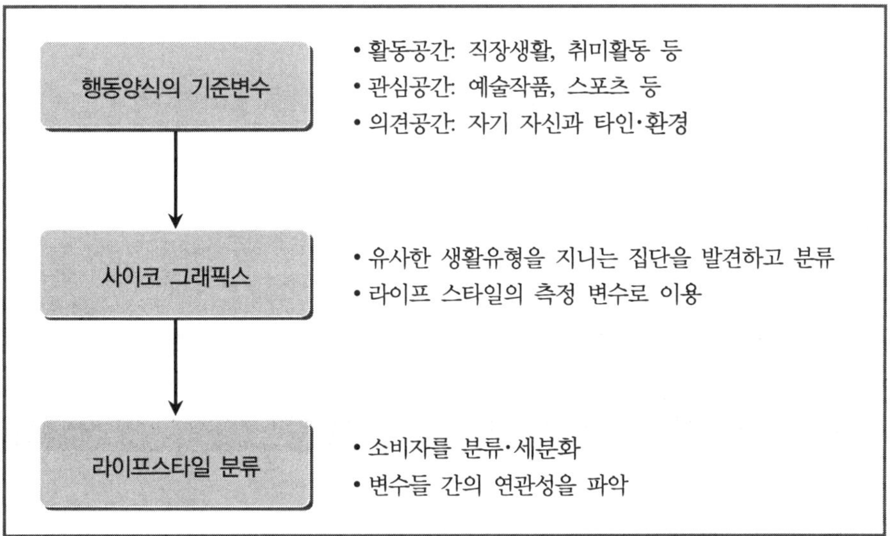

그림 10-1 라이프스타일 연구의 진행과정

표 10-2 라이프스타일 측정을 위한 사이코그래픽스 변수

요 인	특성변수	사례 1	사례 2
문화적 요인	가치(관)	가족의 생존	물질주의와 행복한 삶
인구통계적 요인	성(性) 지리적 변수 가구상태	직업여성 도시외곽거주 이혼가정	독신남성 극히 도외적인 삶 이혼결손가정
경제적 요인	교육수준 직업	일반고교 졸업 공장 근로자	의과대학 졸업 정신과 의사
심리적 요인	개성 자기개념	거칠고 신경질적 비판적, 열심히 일함	현학적, 자기도취적 재치, 박식함

라이프스타일 분석에 가장 많이 이용되고 있는 AIO조사도 사이코그래픽스의 대표적인 측정기법의 하나이다. AIO(activities, Interests, Opinions)는 라이프스타일의 유형을 세 가지 차원에서 파악하고자 하는 방법이다. 또한 시장세분화에 가장 널리 이용되고 있는 VALS프로그램도 사이코그래픽스와 라이프스타일을 연계시킨 대표적인 라이프스타일 접근방법 중 하나이다.

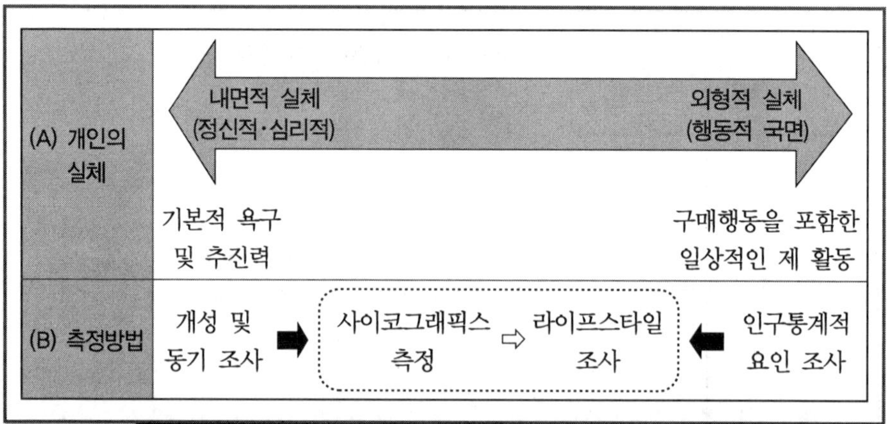

그림 10-2 사이코그래픽스와 라이프스타일의 관계

사례 10-4

남자의 지갑이 열린다

여성의 전유물로 여겨졌던 주방용품을 구입하는 남성이 늘고 있다. 인터넷 쇼핑몰 11번가에서 올 1월 주방가전 매출을 분석한 결과, 남성 매출이 지난해 동기 대비 65% 증가하며 전체의 54%를 차지했다. 가장 인기 높은 품목은 전기레인지로 매출이 81% 올랐다. 기름을 안 쓰는 튀김기, 과일이나 채소를 말릴 수 있는 식품 건조기도 각각 52%, 76% 상승했다. 인터넷 쇼핑몰 G마켓에 따르면 올 2월 조리도구 부문의 남성고객 숫자가 작년 동월 대비 72% 증가했다. 채칼은 17%, 앞치마는 15% 늘었고 특히 마늘 다지기는 300%나 신장했다.

이처럼 요리에 관심을 갖는 남성이 늘어난 원인으로 방송의 영향력이 거론된다. 하지만 전문가들은 변화한 사회상을 방송이 반영했을 따름이라고 진단한다. 전통적인 성 역할에 대한 인식이 바뀌면서 살림에 적극적으로 참여하는 남성이 증가한 데다, 만혼과 독신 풍조 속에 1인 가구 남성이 많아진 게 근본적 이유라는 것이다.

가정을 가진 남성이 주방용품과 육아용품의 주요 소비층으로 부각됐다면, 결혼 전인 남성은 의류·잡화·화장품 등의 시장에서 여성의 지위를 넘보고 있다. 관련 업계에서는 자신을 가꾸는 데 아낌없이 투자하는 20~30대를 가리켜 젊고(young), 도시에 사는(urban), 남성(male)을 뜻하는 '여미족(Yummy)'이라 부르며 이들을 겨냥한 판촉에 여념이 없다. 여미족은 종류가 단순한 남성화장품으론 성에 차지 않는다. 11번가에서 작년 하반기 여성화장품을 구매한 남성은 전년 동기보다 9% 늘어 전체 매출의 36%를 차지했다. 팩, 마스크, 클렌징, 필링, 색조, 노화방지 등 종류도 다양하다.

출처: 연합뉴스, 2015.03.20. 기사편집

2. 라이프스타일의 측정

1) AIO조사법

AIO조사법은 소비자의 활동(activities), 관심(interest), 의견(opinion)에 대한 항목을 수십개 또는 수백개로 표현하여 이에 대한 응답자의 동의 정도를 측정하는 방법이다. 이 방법은 특정상품이나 상표를 대상으로 사용자와 비사용자의 전형적 라이프스타일을 규명하는데 초점을 두고 있기 때문에 대개 사용량 및 사용빈도를 기준으로 대량사용자, 중간사용자, 소량사용자 중 하나로 구분한 후 AIO의 세 차원에서 그 특성변수를 확인하여 각각에 대한 전형적 프로필을 구축한다. 따라서 AIO조사법은 소비자의 라이프스타일을 파악하여 시장세분화의 유용한 기초자료로 활용될 수 있기 때문에 수익성 높은 표적시장을 선택할 때 자주 사용된다.

(1) 활동(activities)

명백하게 외부로 표출되는 행동으로 쉽게 관찰된다. 소비자의 관찰가능한 일상의 제반 행동이 측정대상이다. 소비자가 무엇을 하면서 어떻게 그들이 시간을 소비하는가를 알아보기 위한 것이다.

(2) 관심(interest)

특정대상, 사건 또는 화제에 대하여 강력하면서도 지속적인 주의를 기울이는 정도를 의미한다. 소비자가 좋아하고 중요하게 여기는 것이 무엇인가를 알아보기 위한 것이다.

(3) 의견(opinion)

특정 질문의 형식으로 주어지는 자극상황에 대한 소비자의 반응을 의미하는 것으로서 언어 또는 문자에 의한 응답을 말하며, 타인의 행동이나 태도에 대한 평가, 미래의 예측, 여러 가지 현실문제에 대한 견해 등 소비자의 신념, 해석, 기대, 평가 등의 내용을 기술한 것이다.

라이프스타일을 조사할 때에는 AIO변수 외에 나이, 소득, 교육수준, 생활주기상의 단계 등과 같은 인구통계적 특성을 측정에 포함시켜 조사하면, 라이프스타일을 기준으로 한 시장세분화와 표적시장의 특성을 분석하는 일이 용이해진다.

AIO의 진술항목은 일반적 AIO와 특수AIO(specific AIO) 항목으로 구분된다. 일반적 AIO는 소비자행동이나 지각과정에 영향을 미치는 일반적인 생활패턴이나 기초개념을 구분하는 데 이용될 수 있는 항목이며, 특수 AIO는 특정제품이나 특정상표와 관련된 활동·관심·의견을 측정하는 항목이다. 따라서 특정 제품이나 상표에 대한 태도, 사용빈도, 정보원천으로서의 매체 등과 같은 진술이 포함된다. 특수 AIO 항목은 상품이나 상표의 실제 소비자 선택행위를 예측하는 데 이용하고, 일반적 AIO는 전반적인 소비자행동을 이해하는데 이용되는 것이 효과적이다.

AIO조사에서는 AIO변수들에 대한 다양한 문항들을 리커트 척도로 구성된 설문으로 제시하며 요인분석법(factor analysis)이나 교차분석법(cross-tabulating)등에 의해 분석된다.

표 10-3 AIO변수

활 동 (A : Activities)	관 심 (I : Interests)	의 견 (O : Opinion)
• 일	• 가족	• 자신
• 취미	• 가정	• 사회문제
• 사회활동	• 직장	• 정치문제
• 휴가	• 지역사회	• 기업
• 오락	• 레크레이션	• 경제
• 클럽활동	• 유행	• 교육
• 지역사회 활동	• 음식	• 제품
• 쇼핑	• 매체	• 장래
• 스포츠	• 성취	• 문화

William D. Wells와 Douglas J. Tigert는 6점척도로 된 300개의 AIO문항으로 설문조사를 실시한 후 응답내용을 요인분석법에 의해 분석한 결과

<표 10-4>에 예시된 것과 같은 22종의 라이프스타일 유형을 식별할 수 있었다고 한다.

표 10-4 AIO 조사에 의한 라이프스타일 유형

- 가격 의식형(Price Conscious)
- 유행 의식형(Fashion Conscious)
- 가정 충실형(Homebody)
- 지역 사회 봉사형(Community Minded)
- 자녀 중심 생활형(Child Oriented)
- 전형적 주부형(Compusive Housekeeper)
- 자신 충만형(Self-confident)
- 의견 선도형(Self-designated Opinion Leader)
- 가사혐오 주부형(Dislike Housekeeping)
- 재봉일을 좋아하는 유형(Sewer)
- 통조림 제품 사용자(Canned Goods User)
- 절식주의자(Dieter)
- 재정적 낙관주의자(financial Optimist)
- 외상거래 애용자(Credit User)
- 스포츠 애호가(sports Spectator)
- 요리 애호가(Cook)
- 정보 탐색형(Information Seeker)
- 신상표 선호형(New Brand Tryer)
- 수입 만족형(Satisfied with Finances)
- 청결형(Wrapper)
- 시야가 넓은 사람(Wide Horizons)
- 예술열광자(Arts Enthusiast)

2) VALS 프로그램

VALS(values and life styles)는 가치(value)와 라이프스타일(life style)의 머리글자를 딴 약어로서 인구통계적인 자료나 소비통계뿐만 아니라 전체적으로 개인을 조명한다는 점에서 많은 상업적인 유용성을 인정받고 있다. 이러한 VALS에는 초창기의 VALS1, 1988년에 수정되어 나온 VALS2가 있으며 이밖에도 인터넷 사용자를 분류하는 iVALS(Internet VALS), 일본인의 생활을 분류하는 jVALS(Japan VALS) 등이 있다.

VALS프로그램은 SRI International(경영 컨설팅회사)의 Arnold Mitchell에 의해 개발된 라이프스타일 분석방법으로 시장세분화기준과 표적시장의 특성을 분석하는데 매우 유용하게 이용되고 있다.

SRI연구팀은 개인의 라이프스타일은 그의 욕구나, 가치, 개성 등에 따라 다르게 개발되는 것으로 보고, 소비자의 욕구, 필요 등에 대한 광범위한 조사를 통해 다양한 라이프스타일을 식별해 내려 했다. SRI에서는 소비자들의 욕구, 필요, 가치 등에 관한 800여 개의 문항으로 1600명의 소비자를 대상으로 3년 동안 설문조사를 실시하고, 다변량분석(multivariate statistical analysis)에 의하여 다양한 라이프스타일을 식별하고 이렇게 식별된 9종의 라이프스타일은 최근 소비자들의 구매행동양식을 설명하고, 세분하고, 이해하는데 유용하게 이용되고 있다.

표 10-5 VALS 분석에 의한 라이프스타일 분류

기본 욕구 충족형 소비자 (Need-driven consumers)	외향적 소비자 (Outer-directed consumers)
내향적 소비자 (Inner-directed consumers)	통합형 소비자 (Integrated consumers)

기본 욕구 충족형 소비자(Need-driven consumers)

	생존 위주형(Survivors)	생계 유지형(Sustainers)
라이프 스타일 특징	• 사회에의 적응력 낮음 • 생존을 위해 고군분투함 • 매사를 욕망의 지배를 받음	• 안전에 대한 관심이 높음 • 의존적임 • 제반 사회·경제·정치 제도 등에 비판적임
구매 행동의 특징	• 가격을 매우 중요하기 여김 • 즉각적 욕구충족을 위해 비계획적 구매를 자주함	• 가격중시 • 신중한 구매결정

외향적 소비자(Outer-directed consumers)

	순응형(Belongers)	경쟁형(Emulators)	성취형(Achievers)
라이프 스타일 특징	• 사회규범에 매우 순응적 • 관습, 전통 등을 존중 • 과거에 대한 동경심 높음	• 야망이 큼 • 신분의식적, 과시적 • 경쟁심이 강함	• 리더십이 강함 • 유물주의적임 • 성취, 성공, 명예에 대한 욕구 강함
구매 행동의 특징	• 가족 중심의 구매 • 대규모 대중시장을 애호	• 재력 과시 위한 구매 • 모방을 좋아함 • 유행을 추종함	• 성공 과시 위한 구매 • 고급상품을 취급하는 점포 애호

◎ **내향적 소비자(Inner-directed consumers)**

	개인주의형 (I-am-me)	경험주의형 (Experiential)	사회인식형 (Socially conscious)
라이프 스타일 특징	• 개인주의 • 극적인 것을 좋아함 • 충동적인 편임	• 경험 중시 • 활동적 • 인화 중시	• 사회적 책임감 강함 • 도량은 좁은 편임 • 내적 성장 도모 • 비교적 안이한 삶을 영위
구매 행동의 특징	• 제품에 호기심 많음 • 취미를 과시 위한 구매	• 조립품 구매선호 • 점포 직접 방문, 제품 직접 관찰	• 검소, 절약 • 환경에의 관심 높음

◎ **통합형 소비자(Integrated consumers)**

라이프 스타일 특징	• 정신적 성숙 • 사회 및 환경에의 적응력 높음 • 자아 실현의 욕구 강함 • 국가적, 세계적 시각에 준하여 행동
구매 행동의 특징	• 자아표현(Self-expression)을 위한 구매 • 생태학적 영향에의 관심 높음

사례 10-5

신 소비계층 '액티브 시니어'

건강하고 활동적인 연장자를 뜻하는 이른바 '액티브 시니어(active senior)'는 미국 시카고 대학교의 버니스 뉴가튼 심리학과 교수가 처음 주창한 개념이다. 50대 이상 중산층으로 은퇴 이후에도 경제력을 바탕으로 본인의 건강, 미용, 여가생활에 적극적인 소비를 하기 시작하는 이들이다.

첫째, 풍부한 경제력과 높은 구매력: 실제로 가구주 연령이 50대인 가구의 소비 지출 비중은 국내 전체 소비의 22.5%에 이른다. 또, 통계청의 2012년 가계금융 복지조사에 따르면 30대의 자산은 2억2,000만 원 선인 데 비해, 50대는 4억2,000만 원, 60대 이상은 3억 원으로 나타났다.

둘째, 보다 능숙해진 IT 활용 능력: 불과 몇 년 전만 해도 50대 이상의 IT 활용률은 극히 낮았다. 하지만 PC 사용이 일반화되고 스마트폰이 보급되면서 액티브 시니어들이 점차 IT 기기에 적응했고 인터넷과 모바일 쇼핑에 눈을 뜨기 시작했다. 소셜커머스 업체 T사에 따르면 50대 이상 고객의 객단가(고객 1명이 평균적으로 구매하는 금액)는 12만7,432만 원으로, 20대(8만3,193원), 30대(11만2,644원), 40대(12만1,043원)를 제치고 1위를 기록했다. 홈쇼핑 업체 G사는 아예 지난해 50·60대를 겨냥한 인터넷 쇼핑몰을 론칭했다. 기존 홈페이지보다 글자와 상품 사진을 크게 배치한 것이 특징이다.

셋째, '젊음 지향': 외국의 한 학술지(Journal of Consumer Marketing)에 실린 서드베리와 심콕의 2009년 연구에 따르면 시니어 소비자는 자신의 나이를 실제 나이보다 6~12년 젊게 인식한다고 한다. '시니어 투어' 보다 '챔피언 투어', '50세 이상을 위한 메이크업' 보다 '열 살 젊어지는 메이크업'이란 표현을 쓰는 것이 더 효과적인 것도 이 같은 이유다.

출처: 매경이코노미, 2014.10. 기사편집

3. 라이프스타일과 마케팅전략

1) 시장세분화

마케팅담당자에게는 무엇보다 어떤 시장을 목표로 마케팅활동을 전개할 것인가를 결정하는 것이 중요하다. 기업이 객관적이고 과학적인 시장세분화를 통한 표적시장을 선정하기 위해서는 라이프스타일의 변수가 중요한 역할을 수행한다. 왜냐하면 소비자들의 구매 및 소비행동은 그들이 일상적인 생활양식이나 가치관 등과 밀접히 관련되어 있기 때문에 소비자들의 라이프스타일을 분석하면 그들의 구매행동 유형을 효율적으로 세분화할 수 있기 때문이다.

라이프스타일 분석에 의한 시장세분화는 심리적 만족이라는 기능을 수행하는 제품류, 그 효과를 객관적으로 평가하기 곤란한 제품군, 특정한 세분시장만을 대상으로 개발되어 고가품이면서 동시에 상징성이 강한 제품류에 효과적으로 적용될 수 있다.

다음은 미국의 콜게이트사가 라이프스타일을 기초로 치약시장을 3개의 세분시장으로 구분한 것이다.

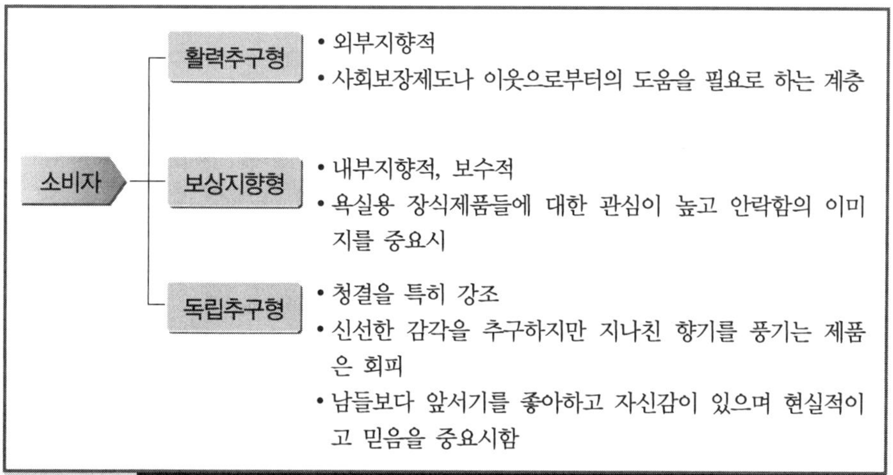

그림 10-3 소비자세분화

4. 제품 포지셔닝과 광고전략

라이프스타일 변수는 소비자의 욕구와 사회적 역할이라는 측면에서 보다 현실적인 정보를 제공할 수 있다. 따라서 관련분야의 신제품을 출시할 때 제품을 소구해야 하는 표적시장의 유형과 특성을 보다 확실하게 파악할 수 있다. 가능성이 가장 높은 표적시장에 대하여 자사제품을 포지셔닝하거나 기존의 재품을 재포지셔닝 시키는 전략도 가능하게 되는 것이다. 특히 매출이 감소하는 제품에 대한 표적시장의 라이프스타일을 파악하게 되면 자사상표와 경쟁상표 간의 시장특성을 식별할 수 있게 되어 보다 유리한 시장에 자사상표를 소구하는 재포지셔닝전략도 가능하게 된다.

Ford사는 Pinto를 재포지셔닝 하는데 라이프스타일 정보를 이용한 적이 있다. 원래 Pinto는 시장도입 당시 광고에서 "고장염려가 없고, 작고 낭만적(carefree, small and romantic)"인 자동차로 소구되었었다. 그러나 Pinto의 구매자들은 자동차의 실질적 효능을 중시하는 실리적인 유형의 사람들로서 광고에 대한 영향을 받지 않은 것으로 밝혀졌다. 따라서 Ford사는 Pinto를 "성능 좋고, 경제적인 교통수단"으로 재포지셔닝 하였다.

사례 10-6

홈플러스 문화센터, 틈새시간 활용 이색강좌 개설
12~16시 직장인, 주부, 할맘·할파파 등 대상
"Good afternoon 꿀타임 런치 클래스"

바쁜 일상 속에서도 자투리 시간을 쪼개 문화와 여가생활을 즐기는 라이프스타일이 트렌드인 요즘, 자투리 시간 활용족을 위한 강좌를 개설하였다.

꿀타임 런치 클래스는 오후 12시~4시 틈새 시간에 개설된 강좌로 직장인을 대상으로 하는 '런치 강좌', 주부 대상 '브런치 강좌', 손자손녀 육아에 지친 할맘, 할파파를 대상으로 한 '화려한 외출 강좌' 등 전국1,000여 개 강좌를 마련했다.

직장인 대상 '런치 강좌'는 점심도 해결하고 요리도 배울 수 있는 '혼밥족, 직장인을 위한 점심 쿠킹클래스', '나도 바리스타, 런치 커피 드립 강좌', 점심시간을 할애해 자기계발을 할 수 있는 '점심시간 쪼개어 배우는 외국어' 등이 개설돼 있다.

자녀 등교, 등원 후 자투리 시간을 활용할 수 있도록 주부와 육아 맘을 대상으로 브런치 강좌도 선보인다. '자녀 하교 전 1석2조 스터디 클래스', '자투리 시간에 엄마도 스펙 쌓기' 등 주부의 자기계발을 위한 강좌와, '힐링 타임 요가', '블링블링 셀프 네일' 등 육아에서 벗어나 나를 위한 여유를 찾을 수 있는 힐링 강좌 등이다. 또한 맞벌이 부부 대신 육아를 책임지고 있는 조부모님, 소위 '할맘', '할파파'들이 손자손녀의 하원 전 자투리 시간을 활용 할 수 있도록 '활력을 불어넣는 오후의 노래교실', '추억의 명화! 감성을 깨우는 명화감상' 등 시니어 강좌도 준비했다.

출처: 컨슈머치, 2015.05.21. 기사편집

3) 한국인의 라이프스타일과 제품전략

한 조사보고서에 의하면 한국인들의 개인적 관심사는 남녀불문하고 대부분의 사람들이 자신의 건강, 가정, 그리고 자녀교육에 유난히 높은 관심을 가지고 있다. 사회봉사활동이나 환경, 국가적인 정치·경제문제 등에 높은 관심을 보이는 사회의식형이나, 패션, 오락, 식도락 등을 추구하는 감각적 쾌락추구형에 비해 자신의 건강과 가족문제에 최우선적 비중을 두는 생존적 자기중심형의 라이프스타일을 가진 사람들이 많은 것을 볼 수 있다 물론 성별 또는 연령별로 차이가 있지만 한국의 소비자들은 건강에 대한 관심이 가장 높은 것을 알 수 있다. 특히 중장년층의 경우 건강식품에 대한 선호도가 매우 높은 편이다.

사례 10-7

한국인의 개인 관심사 1위는 '건강'

한국인의 개인 관심사는 20여 년째 '건강'이 1위를 지키는 가운데 노후문제, 재테크, 취업 등에 대한 관심이 점차 증가하는 것으로 조사됐다.

제일기획은 13일 전국 6대 도시에 거주하는 13~59세 남녀 3,800명을 대상으로 조사한 '2013 대한민국 소비자 라이프스타일 보고서'를 발표했다.

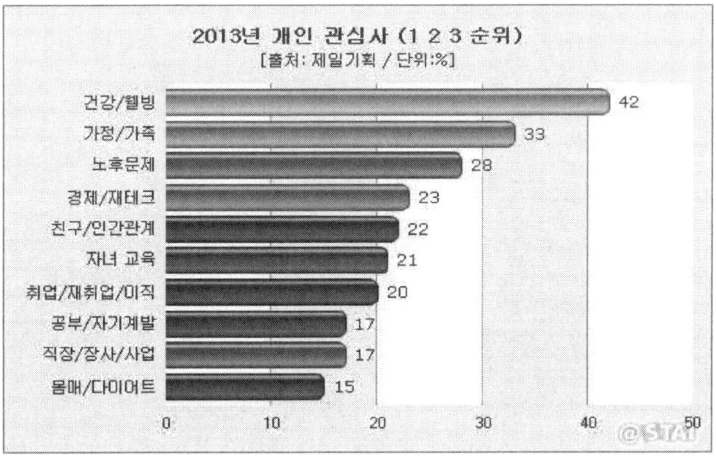

'2013년 개인적 관심사'에 대한 설문조사에서 '건강·웰빙'이 42%로 1991년 이래 계속 1위를 차지했다. 그 다음으로는 '가정·가족' 33%, '노후문제' 28%, '경제·재테크' 23%, '친구·인간관계' 22% 등의 순이었다.

'경제·재테크 분야 인식'에 대해서는 84%가 '돈은 인생에서 중요하다'고 응답했으며, '사회적 지위는 조금 낮아도 돈을 많이 벌면 성공한 것이다'라고 생각하는 사람은 68% 이었다.

'집에 대한 인식'에서는 '내 집 마련은 반드시 필요하다'가 70%, '집은 투자보다는 거주의 목적이 더 크다'라는 응답이 60% 이었다.

또한 '가족관에 대한 인식'에서 '내 인생에서 가족이 제일 중요하다'(82%), '사회가치관' 질문에서 '우리 사회는 능력이 없으면 살아가기 힘든 곳이다'(67%) 등의 응답도 주목할 만했다.

출처: 데이터뉴스, 2014.01.14. 기사편집

PART 5

환경적 영향요인의 이해

chapter

11 가족과 준거집단

제1절 가 족

1. 가족의 소비자사회화

1) 가족의 의의

가족이란 혈연, 결혼, 또는 입양에 의해 맺어진 2인 이상의 집단을 말한다. 또한 가족은 한 개인이 소속하는 최초의 일차적 집단이며 인간이 사회생활을 하는데 필요한 기초적인 능력을 개발하는데 중요한 역할을 수행한다.

소비자행동 측면에서 가족이 중요시되는 이유는 2가지로 요약될 수 있다.

첫째, 소비자사회화기능 수행이다.

가족은 인간의 성장과 사회화의 가장 기초적 집단이며 부모는 그 사회의 문화에 기초한 가치관과 행동양식을 기준으로 자녀를 양육한다. 소비자는 언제, 무엇을, 왜 어떻게 구매하고 소비해야 하는가를 일차적으로 가족 속에서 학습하게 된다.

둘째, 가족은 그 자체가 하나의 독립된 경제 또는 소비 단위로서 의사결정을 위한 행동의 주체이다.

가족은 많은 제품을 구성원들이 공동으로 사용하는 단일의 집단적 소비단위이고, 또한 제한된 소득으로 구성원 개개인의 다양한 욕구를 최대한 충족시켜야 하는 공동체적 경제단위이다. 하나의 독립된 경제소비단위로서 가족의 구매결정행동은 소비자행동 측면에서 매우 중요한 의미를 갖는다.

2) 가족의 소비자사회화

소비자구매의사결정은 가족구조나 경제상황, 가족수명주기상의 단계에 따라서도 달라질 수 있다. 가족은 경제적 안정과 재무적 욕구충족의 기본단위이며, 혈연관계에 의한 강한 정서적 공감대를 기초로 구성되기 때문에 가장 원초적이며 감성적인 관계를 지닌다.

소비자사회화란 어린아이가 성장하면서 소비자로서의 필요한 제반 기술·지식·태도 등을 습득해 가는 과정이라고 하며, 가족은 소비자사회화 과정에서 특히 다음과 같은 방식으로 영향을 준다.

① 부모는 수없이 많은 실제 소비상황에서 아이들에게 전형적인 '소비자 모델'로 작용한다.
② 소비 및 구매에 관련된 많은 문제에 관해서 '부모-자녀' 간에 오가는 의견교환 과정에서도 소비자사회화 현상은 발생한다.
③ 자녀가 한명 이상일 때 자녀 간의 상호작용도 사회화 과정에 중요한 영향요인으로 작용한다.
④ 아이들이 용돈을 받기 시작하면 그때부터 아이들은 직접 소비자로서의 경험을 하게 된다.

가족은 다양한 방법으로 구성원들을 소비자로 사회화시킨다. 어린 자녀들뿐만 아니라 성인도 가정 내에서 지속적인 사회화 과정을 통해 본인 특유의 소비나 구매행동 스타일을 형성하고 변경하게 된다.

사례 11-1

TV 예능 프로그램에서 시작된 '가족 코드' 식품업계까지 … '가족 마케팅'이 대세

요즘 가족 예능 프로그램이 대세다.

육아 예능에서부터 부모와 자녀 간의 이해와 소통을 담아낸 프로그램까지 가족 예능이 재미와 잔잔한 감동을 이끌어내며 시청자들의 마음을 사로잡고 있다. '가족'이라는 소재가 인기를 끄는 이유는 많은 사람들이 공감하는 문제를 다루거나 대리만족을 줄 뿐 아니라 사회의 결핍요소를 건드리면서 침체된 사회분위기, 경제 불황 속에서 편안함을 주고 긴장을 이완시키기 때문이라는 분석도 있다.

가족 예능뿐 아니라, 최근에는 식품업계에서도 가족 코드를 담은 '가족 마케팅'이 유행처럼 번지고 있다. 식품 브랜드들은 가족 스토리를 담은 TV광고를 런칭하는가 하면 가족을 키워드로 한 제품들도 잇따라 출시하면서 훈훈한 감성으로 소비자들에게 다가가고 있다.

농심 켈로그 콘푸로스트는 최근 '아빠와 함께 나가서 놀자'는 메시지를 담은 광고를 런칭했다. 광고는 아빠와 시간을 보내고 싶어 하는 아이들의 마음을 담아서, 아이가 야외에서 아빠와 함께 신나게 스케이트보드를 즐기고 좋아하는 시리얼도 함께 먹으며 즐거운 추억을 만든다는 내용으로 꾸며졌다.

CJ제일제당의 즉석밥 브랜드 햇반은 엄마의 마음을 담은 TV광고를 선보였다.

"마음이 놓이다, 햇반이 놓이다"라는 메시지를 앞세운 이번 광고는 햇반 컵반을 맛있게 먹는 배우들의 모습을 보여주면서 이를 흐뭇하게 바라보는 엄마의 모습과 연결하여 햇반이 엄마가 차려준 든든한 한끼임을 자연스럽게 보여주는 내용으로 구성됐다.

출처: 머니위크, 2015.06.03. 기사편집

2. 가족생활주기

1) 가족생활주기의 의의

가족은 시간이 지남에 따라 변하게 되는데 가족구조와 가족구성원의 역할 변화를 설명하는 개념이 가족생활주기(FLC: family life cycle)이다. 즉, 가정이 형성되기 시작하고, 가정이 성장, 성숙한 다음 그 가정이 소멸하기까지의 과정을 가족구성원의 역할구조에 변화를 일으키는 사건중심으로 분류한 개념이다.

가족생활주기 개념이 마케팅 분야에서 관심을 얻고 있는 주된 이유는 생활주기변수가 단일의 인구통계적 변수에 비해 훨씬 명확하게 소비자행동 유형의 특성을 설명해주기 때문이다.

가족생활주기 개념은 결혼여부, 자녀의 나이, 가장의 수입유무 등 인구통계적 변수를 결합하여 가족의 상황을 여러 유형으로 분류한 복합적 개념이므로, 생활주기 상의 각 단계별로 가족이나 가족구성원의 구매 및 소비패턴을 식별하는 데 유용성이 매우 높다. 즉, 생활주기변수는 동일한 연령이나 비슷한 소득수준의 소비자라도 결혼여부나 자녀의 수 등이 그들의 소비행동을 다르게 한다는 사실을 설득력있게 설명한다.

마케팅담당자들은 시장세분화, 표적시장의 확인 그리고 표적시장에 적합한 제품이나 서비스를 개발하려고 할 경우 특히 가족생활주기 개념을 많이 이용한다.

2) 가족생활주기 모델

가족생활주기를 구분하는 단계는 학자들마다 제안하는 모델이 약간씩 다르지만 전통적인 모델(FLC)에서는 대개 8~9단계로 구분하고 있다.

FLC의 상이한 단계에 있는 가족은 각각 그들의 욕구, 필요, 가처분소득의 규모 등이 서로 달라서 그들이 구매하는 제품은 물론 취미, 오락 활동, 그리고 소비패턴까지도 다르다. 이와 같이 FLC단계에 따라 가족의 소비패턴이 상이하다는 특성으로 인하여 가족이나 가족구성원의 소비행동유형을 분석하는데 FLC개념이 유용하게 이용된다.

최근의 급변하는 사회적 상황으로 인하여 기존의 FLC는 약간의 구조적 개선이 필요하다. 즉, 자녀가 없는 부부, 미혼모, 별거나 이혼한 가족, 어린 자녀를 둔 노부부, 늦은 나이에 결혼한 부부, 조손가정 등을 가족생활주기에 어떻게 포함할 것인가 하는 점이 중요한 문제로 대두되고 있다.

우리나라의 경우에는 실질적으로 가족유형이 대가족인 가정이 많고, 남아선호와 자녀과잉보호 등 부모와 자녀간의 관계에 특이성이 있으며, 자녀-부모간의 경제적 관계가 자녀의 결혼으로 종결되지 않는 점 등 서구의 가족특성과 많은 차이점이 있기 때문에 전통적인 가족생활주기 모델을 그대로 적용하기에는 문제점이 없지 않다.

그럼에도 불구하고 시장세분화에 가족생활주기(FLC)개념을 이용함으로써 얻을 수 있는 이점은 첫째, 가족구조에 관한 통계자료가 많으므로 세분시장의 규모를 파악하기 쉽고 세분시장에 접근하기가 비교적 용이하며, 둘째, 단일의 인구통계변수를 이용하는 것에 비해 세분시장의 소비행동패턴을 식별하기가 용이 하기 때문이다.

표 11-1 전통적 가족생활주기(FLC)

단계		특징
1단계	미혼기 (Single Stage)	• 부모, 형제를 떠나 새로운 가정을 꾸밀 수 있는 능력을 갖기 시작한 단계 • 수입은 적지만 지출도 적어 가처분 소득이 높음. 다양한 소비재와 서비스 구매 • 유행 민감 및 오락 지향적 • 의류, 여행, 레저, 취미 생활 등의 지출이 많음
2단계	신혼기 (Newly Married Couples)	• 생활 필수품은 혼수로 장만됨 • 자동차, 의류, 여행, 레저 등에 대부분 지출 • 아직 자녀가 없어 미래를 대비한 저축이 높은 편임
3단계	보금자리 1기 (Full Nest Ⅰ)	• 막내가 6세 이하의 가정 • 자녀 교육과 새로운 주택 마련 등의 지출이 큼 • 세탁기, 유아식, 장난감 등 구입

단 계		특 징
4단계	보금자리 2기 (Full Nest Ⅱ)	• 막내가 초등 학교에 취학하는 가정 • 가장의 사회적 지위나 직장에서의 지위가 안정된 단계 • 자가 소유의 주택 마련 비율이 증가하는 단계 • 자녀 중심의 구매 및 소비
5단계	보금자리 3기 (Full Nest Ⅲ)	• 부양 자녀가 있는 중·장년 부부의 가정 • 가계 전체의 소득이 가장 높은 단계 • 자동차, 고급 가전 제품, 여행, 레크리에이션 등에 지출
6단계	노부부 1기 (Empty Nest Ⅰ)	• 자녀의 결혼 등으로 부양 자녀가 없는 노년 부부의 가정 • 고정 생활비 감소, 저축 증가, 수입 증가 등으로 재정이 가장 만족한 상태(저축과 가처분 소득이 가장 높음) • 여행, 취미 생활 등에 주로 지출
7단계	노부부 2기 (Empty Nest Ⅱ)	• 가장 퇴직으로 소득이 감소하니 소비 지출도 낮은 단계 • 여행, 취미 생활, 건강 관련 제품 구매의 지출 증대
8단계	노부부 1기 (Empty Nest Ⅲ)	• 부부 가운데 한 사람만이 남게 되는 시기 • 애정과 안전에 대한 욕구가 강함 • 소득 격감 • 의료 서비스 및 건강 관련 제품 구매의 지속적인 구매

3. 가족구매의사결정

1) 가족구성원의 역할

여러 구성원들이 수행하는 가족의 역할들과 그들이 서로 간에 상호작용하는 방식은 그 가족이 어떤 소비재를 구입하고 사용하는지에 영향을 미친다. 가족구매에 참여하는 사람들의 역할은 조직구매자와 같이 제안자, 정보수집자, 영향력 행사자, 의사결정자, 구매자 그리고 사용자로 구분된다. 그러나 상황에 따라 이 모든 역할이 가족구성원 어느 한 사람에 의해 단독으로 수행되기도 하지만, 대개는 여러 구성원에 의해 분담·수행된다. 가족의 구매 및 소비행동과 관련하여 가족구성원이 수행하는 역할을 분류하면 다음과 같다.

(1) 제안자(initiator) : 특정 제품의 필요성을 인식하고 그 제품의 구매를 제안하는 사람

(2) 정보수집자(information gatherer) : 구매결정에 필요한 제반정보를 수집하고 제공하는 사람
(3) 영향력 행사자(influencer) : 구매결정을 하는 과정에서 직·간접으로 영향력을 행사하는 사람 즉, 상표의 비교·평가를 위한 평가기준을 마련하며 어떤 상표가 평가 기준에 가장 적합한지를 결정한다.
(4) 구매결정자(decision maker) : 구매할 제품, 상표, 구매장소, 구매시기, 구매예산 등에 관하여 최종적으로 결정을 내리는 사람
(5) 구매자(buyer) : 실제로 구매하는 사람
(6) 사용자(user) 또는 소비자(consumer) : 구매한 상품이나 서비스를 실제로 사용하거나 소비하는 사람

제품의 최종사용자가 그 제품의 구매결정권자나 실제 구매자가 아닌 경우도 많다. 예를 들어 장난감의 실제사용자는 어린이지만 실제로 구매하는 사람은 부모일 것이다. 이런 경우 아이들이 장난감 구매에 대한 제안자나 영향력행사자로서의 역할을 수행하기도 한다.

각 구성원의 역할은 그 구성원이 소속하는 가족의 구조적 특성이라든가, 구성원 자신의 성격, 그리고 구매할 제품의 특성 등의 요인에 의해 많은 영향을 받는다. 따라서 마케팅담당자는 우선 그의 제품특성과 관련하여 최종의사결정권자는 누구이며, 누가 정보를 제공하고 영향력을 행사하는가를 식별한 후 그들을 표적으로 하는 마케팅전략을 개발하여야 할 것이다.

2) 가족구매의사결정 모델

가족구매의사결정과정도 여러 단계의 의사결정과정을 거쳐서 이루어진다. 구매를 결정하고 실행하는 과정에서 가족구성원이 담당하는 역할을 도식화하면 [그림 11-1]과 같다.

제품이 가족구성원들에 의해 공동으로 사용되는 경우는 말할 것도 없고, 특정 구성원에 의해 개인적으로 사용되는 제품이라 하더라도 제품구매에 따르는 지각된 위험이 크고 중요한 제품인 경우에는 다른 구성원들과 공동으로 구매결정을 하게 된다. 이런 경우에도 가족구성원은 서로 역할분담을 하게 된다.

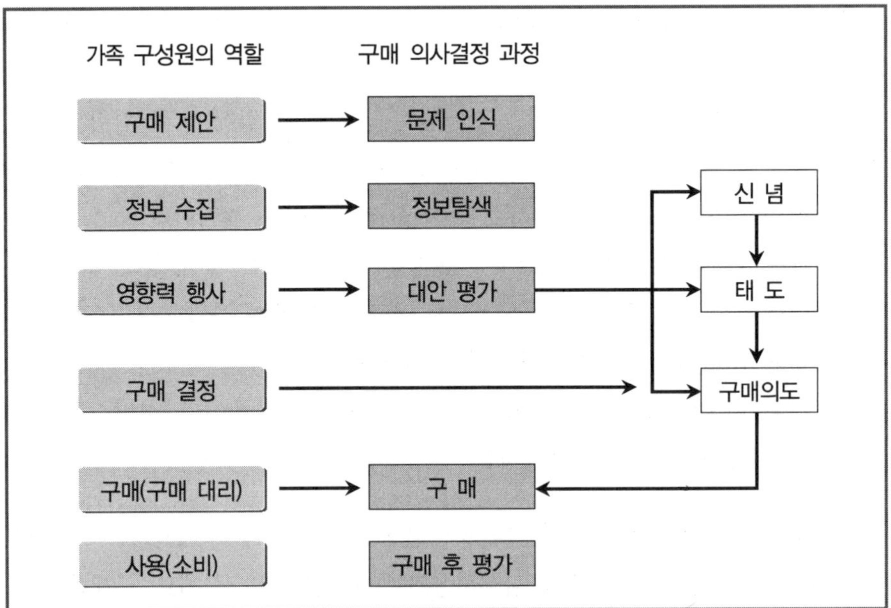

그림 11-1 의사결정단계별 가족구성원의 역할

3) 가족의 권력구조와 가족구매행동 유형

우리나라 가족구조는 가부장적 특성으로 인해 대부분 가장이 모든 문제에 대한 최종결정권을 갖는 경우가 많다. 그러나 최근에 이르러 우리나라도 가족의 권력구조에 많은 변화가 오고 있다. 즉, 아내에게도 상당한 결정권이 주어지고 있으며 자녀들도 자율적으로 결정을 할 수 있도록 자유재량권이 많이 주어지고 있다.

가족의 구매의사결정 형태는 부부간의 권력구조를 기준으로 네 가지 유형으로 구분한다.

① **자율적 결정형** : 제품에 대한 구매결정이 부부 각자에 의해 독립적으로 이루어진다.
② **남편주도적 결정형** : 제품구매에 대한 모든 결정권이 주로 남편에게 있는 경우이다.
③ **부인주도적 결정형** : 제품구매결정을 아내가 주도하는 유형

④ 공동결정형 : 부부가 서로 동등한 입장에서 영향력을 행사하고 주로 합의에 의해서 구매결정을 하는 것이다.

4. 가족구매행동과 마케팅

1) 광고 및 제품전략

(1) 광고

가족의사결정의 다양한 특징은 광고 메시지의 내용에 영향을 미친다. 만약 남편이나 부인 중 한 명이 의사결정에 더 많은 영향력을 행사한다면 광고메시지는 바로 그 영향력을 행사하는 당사자의 욕구에 소구하여야 한다. 만일 의사결정이 공동으로 이루어질 때에는 문제가 더 어려워진다. 남편과 부인이 추구하는 혜택이 서로 다른 경우는 각각 다른 광고메시지 채택여부가 문제가 되기 때문이다. 부모의 동의가 필요한 자녀들의 필요한 물건을 구입하는 경우에도 광고메시지에 부모가 원하는 내용을 강조하는 것이 효과적이다.

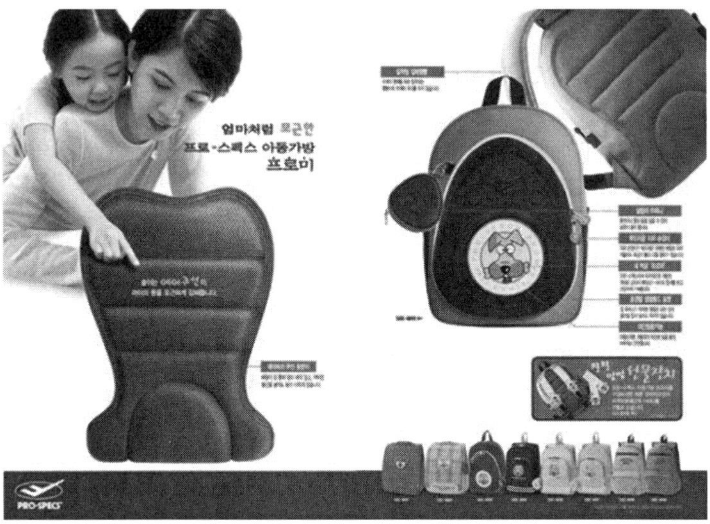

그림 11-2 영향력 행사자인 부모를 표적으로 한 가방광고

(2) 제품

가족의사결정에 문제되는 제품이 한 사람이 사용하는 것인지 여러 가족구성원이 사용하는 것인지의 여부는 중요하다. 가족구성원들이 공동으로 사용하는 경우, 어느 가족원의 욕구에 맞도록 제품의 특성을 부여할 것인가를 결정하는 문제는 매우 중요한 일이다. 동일한 제품이더라도 그 제품에 대한 가족구성원들의 요구가 각각 상이할 수 있기 때문이다.

이러한 경우, 마케팅담당자가 이용할 수 있는 제품개발전략의 하나는 가족구성원 중 최종구매결정에 가장 큰 영향력을 갖고 있는 가족원의 욕구에 맞도록 제품에 특성을 부여하는 방법이 있다. 유아용품, 생필품, 일용잡화품의 경우 제품의 실질적 구매자인 주부의 욕구와 취향에 맞도록 제품을 개발하고 주부를 대상으로 마케팅을 하는 방법이다. 치약과 같은 제품의 경우에는 전통적으로 전 가족을 고려하여 생산하며 광고는 어른들에게 소구하였다.

또한 가족구성원들의 다양한 요구에 맞도록 제품에 여러 특성을 부여하여 차별적마케팅을 하는 방법도 많이 이용되고 있으며, 높아진 자녀들의 영향력에 따라 그들의 욕구와 취향을 제품에 반영하고 직접 소구하는 촉진활동도 많이 하고 있다.

2) 한국의 가족구조와 마케팅

마케팅전략 개발에 영향을 줄 수 있는 요인으로 우리나라 가족구조의 변화를 살펴보면 다음과 같다.

첫째, 취업여성이 증가하고 여권 신장으로 인하여 전업주부의 수가 줄어들고 있으며, 가정 내에서 여성의 역할도 변하고 있다. 가족구매결정에 있어서 부인 주도적이거나 부인 자율적인 결정 빈도가 매우 높아지고 있다. 또한 여성들이 편의성을 추구함에 따라 인스턴트식품 같은 시간절약 상품에 대한 선호도가 높아지고 있으므로 이러한 변화에 대처할 수 있는 제품개발 및 판촉활동이 요구된다.

둘째, 자녀수가 감소하고 가족이 소규모화되면서 가족의 구매결정패턴에도 상당한 변화가 오고 있다. 구매 결정시 부부중심에서 자녀중심으로 변화하고 있다.

사례 11-2

삼포세대' 소비지도 바꾼다…소포장 사고, 자기 계발에 많은 투자

삼포세대가 늘어나면서 국내 소비시장의 판도가 바뀌고 있다. 삼포세대는 연애·결혼·출산을 포기하는 젊은 층을 가리키는 신조어다. 1인용 중심의 소비패턴을 보이며 자기 계발이나 자아실현 및 취미 등에 소득의 많은 부분을 투자하는 것이 삼포세대의 특징이다.

16일 한국투자증권 통계에 따르면 만 19~39세대의 성인미혼남녀 중 36%가 자신을 삼포세대에 속한다고 답했으며 출산>결혼>연애 순으로 포기의사가 높은 것으로 조사됐다. 통계청에 따르면 2014년 현재 한국 전체가구 중 1인 가구의 비중은 26.5%로 4분의1 수준이지만 2035년에는 이 비중이 34.3%로 상승할 전망이다.

가장 큰 원인은 고령화로 인한 1인 가구화, 삼포세대로 대표되는 젊은 층의 결혼기피 현상 때문으로 분석된다. 이들은 엥겔지수가 높지 않고 소득의 많은 부분을 자기개발, 미용·다이어트, 여가 및 취미활동 등에 투자한다는 공통점이 있다.

삼포세대는 소비시장도 바꾸고 있다. 1인가구는 소포장 식품, 반조리 식품 등 식생활에 있어 편의성을 가장 중시하는 것으로 조사됐다. 식품산업 전반적으로 회자되는 키워드는 '도시락'이다. 전국에 가장 촘촘하게 깔린 유통체인인 편의점에서 1인용 식사를 전략적 상품으로 내세우기 시작했다.

주택 산업도 1인용 주거 콘셉트에 맞춰 발 빠르게 변화하고 있다.

또한 소비의 큰 부분을 가족이 아닌 스스로를 위한 고차원적 소비에 지출할 적극적인 의향이 나타나는 추세다. 여행사에서는 홀로 여행을 즐기는 싱글족을 겨냥해 동행 없이 혼자여행해도 추가비용 부담을 줄인 패키지 여행상품을 선보이고 있다.

쇼핑의 판도도 바뀔 전망이다. 박 연구원은 "1인 가구 및 캥거루족이 여럿이서 하는 오프라인 쇼핑보다 나혼자 하는 온라인 쇼핑의 형태를 선호하면서 온라인 쇼핑시장이 지속적으로 성장할 것"이라고 내다봤다.

출처: 아시아경제, 2015.07.16. 기사편집

제2절 준거집단

1. 준거집단의 개념

1) 준거집단의 의의

Hebert Hyman은 준거집단(reference group)이란 개인이 자신의 상대적인 사회적 위상(relative social standing)을 정립하기 위하여 자신과 비교되는 집단을 의미한다고 정의하였다. 즉, 준거집단은 개인의 행동에 직·간접적 영향을 미치는 개인이나 집단으로서 집단에 규범과 가치를 제공하며 구성원 개개인의 사고방식과 행동방식에 영향을 미친다. 그러므로 소비자가 자신의 태도와 행동을 타인과 비교하기 때문에 준거집단을 이해하는 것은 소비자행동 연구에서 필수적이라고 할 수 있다. 이는 준거집단의 영향이 소비자 자신의 뚜렷한 목적이나 의도 또는 의식적인 노력 없이도 발생하며, 소비자가 준거집단과 직접적인 대면관계를 유지하지 않아도 소비자가 준거집단의 영향을 받을 수 있기 때문이다.

아울러 준거인(a reference person)은 타인의 행동에 직·간접적으로 영향을 미치는 사람을 말한다.

2) 준거집단에 영향력을 미치는 사회적 힘

준거집단은 구성원들에게 그 집단의 규범과 가치에 순응하도록 영향을 미치는데 이 영향력은 한 사람이 다른 사람에게 미칠 수 있는 잠재적 영향인 집단의 사회적 힘에서 발생된다.

French and Raven은 사회적 힘의 원천으로 다음 <표 11-1>과 같이 제시하였다.

표 11-1 준거집단의 사회적 힘의 원천

강제적 힘	구성원에게 공포 및 물리적 위협을 가하는 힘
보상적 힘	상대방에게 가치 있는 것을 제공할 수 있는 능력에서 나오는 힘
합법적 힘	집단 내에서 영향력 있는 지위나 역할을 담당함으로써 얻게 되는 공식적인 권한에서 나오는 힘
전문적 힘	전문적 지식이나 경험으로부터 나오는 힘
준거적 힘	구성원이 특정한 다른 구성원에 대한 존경, 그 개인의 태도나 행동을 본받고 싶어 하는 열망에서 나타나게 되는 힘

3) 사회적 영향력

한편 준거집단은 다음과 같은 사회적 수용 과정에 따라 그 영향정도가 달라지게 되는데 집단 구성원들이 내재화되었을 경우 그 준거집단의 응집력과 영향력은 커지게 된다.

H. C. Kelman은 사회적 영향력이 형성되는 과정에서 특히 순응, 동화, 내재화의 세 과정이 중요한 역할을 하고 있다고 한다.

① 순응

순응(compliance)이란 개인이 특정한 규범이나 가치를 따를 때 보상을 제공하며 따르지 않는 경우에는 처벌을 강제할 수 있는 힘을 지닌 집단의 기대에 추종하는 현상이다. 따라서 내적 공감이 없으면서도 타인으로 부터 호의적인 반응을 얻기 위하여 단순히 행동측면에서의 수용상태를 말한다.

② 동화

동화(identification)란 개인이 집단이나 타인과의 관계를 기준으로 자신을 파악하며 나아가 타인이나 특정 집단의 특성·태도를 자신에게 부여하여 그들과 일체감을 얻고 우호적인 관계를 유지하기 위한 성향을 의미한다. 동화는 타인과의 동질성을 추구하기 때문에 타인의 영향을 적극적이고 긍정적으로 수용하며, 타인이 원하는 대로 행동하고 사고방식이나 규범까지 동조하려는 경향이 있다.

③ 내재화

내재화(internalization)란 개인이 특정 형태의 영향력이 자신의 가치를 극대화시킬 수 있다고 지각하여 이를 수용하게 되는 현상으로서 이러한 영향력은 자신의 목표를 달성하는 도구라고 여기는 소비자의 지각으로부터 나온다. 이 경우 개인은 타인의 기대에 부응하도록 행동하며 그의 가치나 규범을 자신의 가치체계 속에 내재화시킨다. 내재화는 사회적 영향이 가장 완벽하게 적용된 현상이다.

사례 11-3

값은 비싸지만 외제품이라야… "남들 보는 눈이 달라져요"

몇 년 전 '카푸어'(Car Poor)라는 신조어가 화제가 된 적이 있다. 카푸어란 자신의 소득에 비해 비싼 '과시용' 수입차를 무리하게 구입한 뒤 비용을 감당하지 못해 생활에 어려움을 겪는 사람들을 일컫는다.

지금까지 개발된 탈것들 중 이동수단보다는 재산으로서의 의미가 더 크게 평가받는, 어찌 보면 존재 목적이 전도된 대표적인 이동수단이 자동차이다. 그래서일까 우리나라에서 외제차는 부유함의 상징으로 자신의 부를 과시하는 대표적인 수단이 되었다.

메르세데스 벤츠, BMW, 폭스바겐 등 이름만 들어도 알 만한 외제차 브랜드를 붙인 장난감 전동차들이 공원을 달리고 있다. 실제 수입차 브랜드에서 생산하는 자동차는 아니지만 가격은 만만치 않다. 외제차 브랜드가 찍히지 않은 전동차의 경우 10만원 대지만 여기에 수입차 로고가 붙으면 가격은 4배에서 5배로 뛴다.

고가의 명품 유모차에 대한 부모의 사랑도 지속적으로 이어지고 있다. 수입 유모차를 선호하는 데에는 과시 심리가 작용한다는 의견이 있다.

전문가들은 이러한 소비 행태를 '나와 제품을 동일시하는 경향' 때문이라고 말한다. 도시화가 진행되면서 사람들은 익명성을 띠게 됐고 상대방을 평가할 수 있는 요소로 외형으로 드러나는 것에 대한 의존도가 높아졌다. 이 때문에 비싼 브랜드를 소비하면서 제품이 나를 나타낸다고 여기는 것이다. 남에게 보여 지는 속성이 높은 물건일수록 비싼 브랜드를 소비해 나를 차별시킬 수 있다는 소비자의 심리도 작용한다.

출처: 매일신문, 2014.07.05. 기사편집

2. 준거집단의 유형

1) 1차집단과 2차집단

- **1차집단(primary group)**은 구성원끼리 직접 대면적 상호작용(face-to-face interaction)을 통해 자주 접촉하기 때문에 개인의 행동에 가장 큰 영향력을 미치게 되는 집단이다. 1차 집단의 구성원들은 신념이나 행동면에서 상호간에 유사성이 많기 때문에 상당한 응집력을 가진다.
- **2차집단(secondary group)**은 구성원끼리 가끔 만나는 집단으로 서로의 생각이나 행동에 미치는 영향력이 작은 편이다. 지역단체, 협회, 가끔 모이는 클럽 등의 일반적인 사회집단이다.

2) 공식집단과 비공식집단

- **공식집단(formal group)**은 조직적 구조와 기능이 명확하게 정의되어 있고, 구성원의 명단이 있으며 조직 구조가 기록되어 있는 집단으로 교회, 학교, 회사, 노동조합 등이 포함된다. 공식집단은 집단의 목적에 위배되는 행동을 규제하는 묵시적 규범이나 명시된 규정에 의해 구성원들의 행동을 제약한다.
- **비공식집단(informal group)**이란 조직구조가 명확하지 않으며 우정이나 친교 등으로 자연스럽게 생기는 집단이다. 공식집단 내에는 많은 비공식집단이 존재한다. 즉, 회사라는 공식집단 내에 구성원들의 취미, 학연, 지연 등에 따라 각종 동호회 모임이 있는데 이러한 집단들은 비공식집단에 속한다.

3) 회원집단과 비회원집단

① 회원집단

회원집단(membership group)이란 개인이 실제로 소속하고 있는 집단이다. 소비자는 나이, 성별, 교육수준, 결혼상태 등에 의해 특정집단의 회원자격을 자연히 얻기도 하고, 특정 목적을 위해 집단을 형성하거나 기존의 조직집단에 접근하여 구성원자격을 얻기도 한다. 개인의 연령, 신분, 성별 등에 의해 자동적으로 소속되는 집단을 자동회원집단(automatic membership group)이라고 한다. 회원집단은 그 집단에 대한 구성원의 태도여하에 따라 밀착집단과 거부집단으로 구분할 수 있다.

- **밀착집단(contactual group)**이란 집단구성원이 집단의 가치와 규범에 긍정적인 태도를 갖고 그에 순응하는 행동을 수행함으로써, 집단과 구성원들 간에 응집력이 높은 집단이다.
- **거부집단(dissociative group)**이란 집단의 구서원이 집단의 규범에 순응하지 않고 상반된 행동을 함으로써 소속을 거부하는 집단을 말한다.

② 비회원집단

비회원집단(nonmembership group)은 개인이 소속해 있지 않은 집단이다. 그러나 개인은 그가 소속해 있지 않은 집단으로 부터도 영향을 받을 수 있다. 특히 소속하기를 원하는 집단으로부터는 많은 영향을 받는다. 희구집단과 회피집단으로 나뉜다.

- **희구집단(aspirational group)**은 현재 소속하고 있지 않지만 소속하기를 원하는 집단을 말한다.
- **회피집단(avoidance group)**이란 소속하고 싶지도 않고, 영향받고 싶지도 않는 집단이다. 소비자는 특히 희구집단의 영향을 많이 받는다. 상당히 많은 소비자들이 소속될 가능성이 거의 없는 경우에도 희구집단을 준거대상으로 하고 그 집단구성원의 라이프스타일이나 행동양식을 모방하려는 경향이 있다.

3. 준거집단영향의 유형

준거집단이 모든 제품이나 상표에 동일한 영향을 주는 것은 아니다. 과거 구매경험이 있었던 경우에는 준거집단의 영향이 낮아지듯이 준거집단의 영향은 다양한 형태로 나타난다. 준거집단의 영향에 대한 유형을 살펴보면 다음과 같다.

1) 정보적 영향

소비자는 관찰에 의해 제품의 특성을 평가하기 어려울 때 신뢰성이 높은 정보원천으로부터 영향을 받을 가능성이 커진다. 이때 전문가 등의 신뢰성이 높을수록 영향력이 커진다. 예를 들어 광고에 등장하는 모델이 그 분야의 전문가라고 지각될 때 이들이 제공하는 정보의 영향이 커지게 된다.

2) 규범적 영향

규범적 영향은 실용적 영향이라고도 하며, 이는 소비자가 보상을 기대하거나 처벌을 피하기 위해 다른 사람들의 기대에 순응하고자 할 때 발생된다. 즉, 구성원이 자신의 행동에 대해 보상이나 처벌이 가해질 것으로 지각될 때, 자신의 행동이 집단에서 쉽게 관찰된다고 믿을 때, 다른 사람들의 기대에 순응하려는 욕구가 클 때 더욱 커진다.

3) 가치표현적 영향

집단의 구성원들은 심리적으로 특정 집단과 연관을 가지려는 욕구를 가지고 있으며, 그러기 위해 특정 집단의 규범·가치·행동을 따른다. 그렇게 함으로써 타인의 눈에 비친 자아 이미지를 유지하고 강화 및 보존할 수 있으며, 또한 자신이 존경하는 사람과의 일체감을 느끼고자한다.

4. 준거집단 영향력의 결정요인

제품의 특성이나 집단의 성격 그리고 소비자의 특성 등에 따라 준거집단의 영향력에 차이가 있다.

1) 제품유형별 준거집단 영향력의 차이

제품특성에 따라 준거집단 영향력에 대한 소비자의 민감도에는 차이가 있다. 일반적으로 특이성이 현저한 제품을 구매할 때 소비자는 준거집단의 영향에 더 예민하게 반응한다.

Francis S. Bourne은 준거집단에 대한 여러 연구를 살펴 본 후 집단규범에 일치하려는 압력은 배타적이며 가시적인 제품인 경우에 더 크다고 하였다. 배타적 제품이란 사치품으로 소수의 사람만이 갖고 있는 제품을 뜻하며, 가시적 제품이란 사람들에게 보이면서 소비하는 제품을 의미한다. 그러나 가시성이 높아도 이미 널리 보급된 제품은 특이하다고 할 수 없으므로 이런 제품의 구매결정에는 준거집단의 영향력이 작용하지 않는다.

Bourne은 제품의 특이성을 평가하는 기준으로 ① 가시성(visibility), ② 배타성(exclusivity)을 들고 있다. 제품유형별 준거집단영향에 대한 민감도의 차이를 살펴보면 <표 11-3>과 같다.

표 11-3 제품유형별 준거집단 영향력의 차이

		제품 구매 여부에 대한 준거집단 영향력	
		생필품: 약함(−)	사치품: 강함(+)
상표 선정에 대한 준거집단 영향력	공개적 사용: 강함(+)	• 품목: 손목시계, 자동차, 남성 의류 등 • 영향력: 제품 구매 여부에 대한 준거집단의 영향력은 약하나, 상표 선택에 대한 영향력은 강함	• 품목: 골프용품, 스키용품, 요트 등 • 영향력: 제품 구매 여부에 대한 준거집단의 영향력과 상표 선택에 대한 영향력이 모두 강함
	사적 사용: 약함(−)	• 품목: 침대 메트리스, 냉장고, 램프 등 • 영향력: 제품 구매에 대한 영향력도 약하고, 상표 선택에 대한 영향력은 약함	• 품목: 비디오, 게임기, 제빙기, 쓰레기 처리기 등 • 영향력: 제품 구매 여부에 대한 영향력은 강하나, 상표 선택에 대한 영향력은 약함

그러므로 마케팅담당자는 자사제품을 구매하는 소비자들이 어느 준거집단으로부터 어느 정도 영향을 받는지 파악할 필요가 있다.

2) 집단 및 집단구성원의 특성에 따른 영향력 차이

① **집단구성원 간의 지리적·사회적 근접성** : 구성원들이 지리적으로 근접해 있거나 구성원 상호간 사회적 교류가 빈번한 집단일수록 구성원들은 집단의 영향을 크게 받는다.

② **집단구성원의 인구통계적 특성** : 나이가 어리고 경험이 적은 학생들은 제품에 대한 친숙도가 낮고 정보가 부족하여 다른 학생들에 대한 의존도가 높기 때문에 주부들보다 상표선정에 준거집단의 영향을 더 많이 받는 것으로 나타났다.

③ **소비자 개인의 인구통계적 특성** : 나이, 성별, 결혼상태, 교육이나 소득수준 등에 따라 준거집단의 영향을 수용하는 정도와 태도에 차이가 있다. 젊은층은 노인층에 비해 준거집단의 영향을 크게 받으며 여성은 남성보다 준거집단의 영향을 더 받는다.

④ 소비자 개인의 개성 : 일반적으로 외향적이거나 타인지향적인 소비자는 준거집단의 영향에 민감하게 반응한다. 또한 소비자가 집단의 규범에 대하여 긍정적인 태도를 갖고 있거나 집단에 소속하고 싶은 욕구가 강한 경우 집단의 영향을 크게 받는다.

5. 준거집단과 마케팅전략

마케팅담당자는 준거집단을 이용하여 소비자들이 자사제품을 구매하는데 영향을 미치고자 한다. 그 방법을 살펴보면 다음과 같다.

첫째, 소비자들이 소속하기를 희구하는 집단의 성원 중에 영향력 있는 사람을 광고모델로 선정하여, 준거집단들이 자사제품을 선호하고 있음을 잠재고객에게 확인시킴으로써 판매촉진을 위한 이상적인 분위기를 조성하는 것이다.

둘째, 광고에 신뢰성 있는 전문가를 등장시켜 전문가가 제품을 사용하고 성능을 보장하는 광고를 제시함으로써 소비자들의 구매행동에 영향을 시도하는 방법을 사용하기도 한다.

셋째, 영업사원을 이용하여 직접 판매를 한다.

넷째, 가정주부와 같은 일반소비자를 광고에 등장시켜 자사제품의 이점에 대해 증언하도록 한다.

사례 11-4

스타들이 모바일로 몰려온다... 개인 동영상에 쇼핑 추천까지

스타들이 방송사가 아닌 모바일로 몰려들고 있다. 스마트폰 동영상으로 인기 가수나 배우의 1인 라이브 동영상을 볼 수 있고, 좋아하는 연예인이 상품을 추천해 주는 맞춤형 쇼핑몰도 생긴다.

인터넷 업체들이 모바일 시장을 넓히기 위해 인기 연예인과 일반 사용자를 친한 친구처럼 연결해주는 새로운 마케팅을 잇따라 도입하는 것. 연예인들도 팬들과 거리를 좁히겠다며 새로운 마케팅에 적극 동참하고 있다.

새로운 모바일 서비스가 자리를 잡으면 대형 방송사의 쇼 프로그램이나 드라마가 아니라도 스마트폰 하나로 전세계 다양한 팬을 확보할 수 있게 된다는 점에서 전 세계 한류문화 확산에도 기여할 것이라는 기대가 확산되고 있다.

네이버, 8월 스타 1인 동영상 서비스 'V' 출시

'V'는 기존 서비스와는 차별화되는 '셀러브리티의 개인 방송 생중계'를 중심으로 하는 모바일 애플리케이션(앱) 서비스다. 글로벌 이용자를 주 타깃으로 하기 때문에 우선은 한글이 아닌 영어 버전으로 출시될 예정이다.

사용자는 'V'를 통해 평소 쉽게 접하기 어려운 스타들의 일상생활과 다양한 모습을 생생한 영상으로 볼 수 있다.

멜론, 스타 추천 맞춤형 쇼핑몰 선봬

음악사이트 멜론은 빅데이터를 기반으로 이용자와 연예인을 연결하는 '멜론쇼핑' 서비스를 시작했다. 이용자가 즐겨 찾거나 좋아하는 연예인의 관련 상품을 추천해주는 신 개념 쇼핑서비스다.

연예기획사들은 상품 구매력이 있는 이용자를 선별해 상품을 추천 노출하고, 이용자는 멜론의 빅데이터 큐레이션 서비스를 통해 자신이 좋아하는 연예인의 매장 등을 30개까지 추천 받을 수 있다. 이로써 언제 어디서든 원하는 스타의 기획상품(MD)을 접하고 구매할 수 있게 되는 것이다. 현재 YG엔터테인먼트, 브랜뉴뮤직, 매직스트로베리사운드 등 30개 기획사가 멜론쇼핑에 입점해 100여개의 아티스트 매장에서 총 3000여 종의 상품을 판매중이다.

업계 관계자는 "단순한 소통을 넘어 기술의 힘을 빌려 스타와 팬들의 교감을 넓힐 수 있는 통로가 많아지고 있다"며 "연예기획사들도 보다 많은 콘텐츠를 마련할 수 있도록 노력해 팬과 스타 모두 윈윈하는 환경을 조성해야 한다"고 말했다.

출처: 파이낸셜뉴스, 2015.07.03. 기사편집

6. 의견선도자와 구전광고

구전커뮤니케이션(word-of-mouth communication)이란 특정 주제에 관한 개인들 간의 의사소통을 말하며, 소비자들은 그들 상호 간에 빈번한 의사소통을 하는 과정에서 구매 행동에 영향을 받기도 한다.

1) 구전커뮤니케이션의 중요성

소비자들은 제품과 서비스에 대한 많은 정보를 사람들 상호 간의 의사소통을 통하여 교환하고 있음을 알 수 있다. 이때 한 사람이 다른 사람에게 영향을 미친다는 측면에서 이를 사람 상호 간의 의사소통 또는 구전커뮤니케이션(word-of-mouth communication)이라고 한다.

점점 대규모의 매스마케팅 기법을 이용하지 않고 개인적인 인적 네크워크를 통해 마케팅담당자가 원하는 정보를 소비자들에게 전하는 버즈(buzz)마케팅이 주목받고 있다. 버즈마케팅이란 '입소문 마케팅'이나 '구전마케팅'과 일맥상통하는 것으로 인터넷이 발달하면서 생겨난 바이러스 또는 바이어럴(viral)마케팅을 포괄한다. 이는 상품을 이용해 본 소비자가 주위 사람들에게 직접 전파하도록 유도하기 때문에 광고비가 거의 들지 않으면서 기하급수적인 파급효과를 볼 수 있다는 장점이 있다.

구전이 소비자행동에 특히 중요한 이유를 요약하면 다음과 같다.

첫째, 상업광고는 일방적 커뮤니케이션인데 비하여 구전은 쌍방적 커뮤니케이션이기 때문에 그 효과가 매우 크다.

둘째, 소비자는 구전을 통해 보다 신뢰성 있는 정보를 얻을 수 있다. 마케팅기관들은 그들의 목적인 영리추구를 위하여 정보를 주지만 가족, 친구, 친지들은 그러한 목적이 없기 때문에 믿을 수 있는 정보원이 된다.

셋째, 소비자는 구전을 통해 정보를 보다 경제적으로 얻을 수 있다. 구전정보는 일반적으로 제품을 실제 사용해 본 적이 있는 주변사람들로부터 얻기 때문에 신뢰성이 있으며, 자신이 실제 사용경험을 얻는데 소요되는 시간과 돈을 절약할 수 있는 이점이 있다. 따라서 소비자들은 구전에 의한 정보를 중요하게 여기며, 실제 구매행동을 할 때 구전의 영향을 많이 받는다. 특히 정보원이 신뢰할 만한 경우에는 구전의 영향력은 매우 크다.

사례 11-5

소비자를 굶겨라? 못 구해서 입소문… '희소성'의 힘

지난해 전국을 달콤함에 안달케 했던 '허니버터칩' 열풍을 유자가 이어받았다. 이번에는 술이다. 롯데주류에서 출시한 '순하리'다. 인기는 SNS에서 먼저 실감할 수 있었다. 페이스북과 인스타그램 등 각종 SNS에는 인증샷이 등장했다. 각자 "어느 매장에서 구했다"며 "지금 가면 살 수 있을 것"이라는 정보를 주고받는 모습이다.

업체에서는 생산 공장까지 늘려가며 공급에 힘쓰고 있지만, 여전히 소비자들은 구매 실패를 외치고 있다. 허니버터칩 대란 당시도 끝내 해당 제품을 구하지 못한 소비자들은 유사 상품으로 아쉬움을 달래거나 직접 만들기에 나섰다. 품귀 현상에 익숙해진 소비자들은 이번에도 직접 만들기에 나섰다. 기존에 판매되는 저도수 소주에 유자 음료를 섞어 먹는 것이다. 한 누리꾼은 "구하지 못하면 만들어 먹겠다"며 제조법을 소개했다. 각종 인터넷 게시판에는 소주와 유자 음료, 탄산수를 섞는 등 다양한 방법의 레시피가 게재돼 있다.

◎ **굶주림과 입소문 마케팅의 합작…희소성의 힘**

허니버터칩과 순하리처럼 새로 나온 제품이 인기라는데 구하기 마저 어려운 상황은 소비자의 소비심리를 자극한다. 대체, 어떤 제품이기에 이렇게 유명한지, 실제로 대란이 일어날 만큼의 제품인지 확인하고 싶기 때문이다. 게다가 구하기 어렵다는 제품을 손에 넣게 되는 성취감 역시 구매욕을 부르는 요소다.

출처: KBS뉴스, 2015.06.03. 기사편집

2) 의견선도자의 의의 및 유형

사람마다 개성이 다르고 라이프스타일이 다르기 때문에 소비자행동을 수행함에 있어서 주로 타인에게 의존하거나 또는 자신의 경험이나 정보를 타인에게 알려주거나 조언을 하는 사람이 있다.

의견선도자(opinion leader)란 자신이 소유한 지식이나 경험, 정보 등을 제공함으로써 타인에게 직·간접으로 영향력을 행사하는 유형의 사람을 말한다. 즉, 인적 커뮤니케이션을 통해 조언과 충고, 다양한 정보를 제공함으로써 타인의 행동과 태도에 상당한 영향력을 미치는 사람이다.

Fred D. Raynolds와 William R. Dardem은 개인이 지니고 있는 정보탐색성향과 의견선도성향의 강도에 따라 소비자를 네 가지 유형으로 구분하였다.

① **사회적 일반형**(socially integrated): 의견선도성(opinion leadership)도 강하고, 정보탐색성향도 강한 사람으로서 다른 사람에게 영향을 주기도 하고, 다른 사람으로부터 영향을 쉽게 받기도 한다.

② **사회적 자유형**(socially independent): 의견선도성은 강하나 정보탐색성향은 낮은 사람이다. 타인에게 정보를 제공하며 영향력을 행사하기 좋아하지만, 자신은 타인으로부터 영향을 받지 않는다.

③ **사회적 의존형**(socially dependent): 의견선도성이 낮아 다른 사람에게 영향을 받는 편에 속하며 다른 사람으로부터 정보를 얻고 도움이나 조언을 얻으려 한다.

④ **사회적 고립형**(socilly isolated): 다른 사람에게 영향력을 행사하려 하지도 않고 다른 사람으로부터 조언이나 도움도 받지 않으려고 한다.

네 가지 유형 중 사회적 일반형과 자유형에 속하는 사람들이 주로 의견선도자의 역할을 하고 있다. 사회적 의존형은 의견추종자가 되며, 사회적 고립형은 사실상 구전망(web of word of mouth)에서 제외된 사람들이다.

마케팅담당자는 이와 같은 분류를 제품의 특성과 연계시켜서 의견선도자의 특성을 이해해야 한다. A제품의 의견선도자가 B, C, D 등 여러 종류의 제품에도 중복하여 의견선도자가 되는 경우의 비중은 상대적으로 적은 것으로 나타났다. 즉, 의류패션에서의 의견선도자가 퍼스널 컴퓨터 기종에서도 의견선도자가 된다는 것은 분명치 않다.

3) 의견선도자의 특성

(1) 일반적 특성

의견선도자와 의견추종자는 태도, 습관, 라이프스타일, 인구통계적 특성 등에서 유사성이 많은 것으로 밝혀진 바 있다.

상호동질성을 갖는 이유는 개인 간의 일상적인 커뮤니케이션은 주로 사회적으로 근접한 사람들이거나, 준거집단 구성원들 사이에서 이루어지기 때문에 개인 간 영향력의 전이도 배경, 태도, 언어, 관습 등이 유사한 사람들 사이에서 빈번히 일어나기 때문이다. 또한 매체 이용 면에서도 이들은 매스미디어에 더 많이 노출된다. 신문, 잡지, 책, TV, 라디오 등의 매스미디어로부터 정보 얻기를 좋아하고 이를 추종자에게 전달하는 것을 좋아한다.

(2) 제품관련 특성

의견선도자들은 제품부류에 관해 관심이 많고, 실제로 제품에 관한 지식이 매우 풍부하며, 제품에 대한 정보수집에 적극적이다. 또한 관심 있는 제품, 신제품이나 상표에 대하여 전문잡지, 각종 인쇄매체 등을 통해 신뢰성 있는 정보를 얻으려 한다.

자녀가 많은 주부일수록 가사제품에 대한 의견선도자가 되기 쉽다는 특수한 예가 있으며 유행상품이나 고가격의 상품인 경우 주로 사회경제적 위치가 비교적 높은 젊은 여성들이 의견선도자의 역할을 한다.

또한 의견선도자는 제품의 평가에 대하여 자기확신적(self-confident)이다. 이러한 확신은 제품에 대한 많은 관심과 지식에 의해 형성된다. 또한 이들은 사회적으로 활동파들이며 타인과 의사소통하려는 의지가 강한 특성을 갖고 있다.

(3) 라이프스타일 특성

라이프스타일 변수가 개성이나 인구통계적 변수보다 의견선도자를 식별하는 데 더 유용하다는 의견도 있다. 대체로 이들은 동호인이나 사교클럽 같은 각종 단체활동이나 사회활동에 참여도가 높고, 독립적인 성향을 보이며, 가격이나 스타일에 관심이 많고, 유행에도 민감한 특성을 갖고 있다.

4) 의견선도자와 구전광고전략

(1) 의견선도자의 식별 및 활용

기존의 의견선도자를 발견하고 확인하는 것뿐만 아니라 의견선도자로서의 특성을 지닌 사람들을 직접 고용하거나 관련시킴으로써 의견선도자를 창출할 수 있다. 요즘 기업들은 빠르게 변화하는 소비 트렌드를 한발 앞서 찾아내기 위하여 '트렌드 헌터(trend hunter)'제도를 도입하고 있다. 이는 기업과 관련된 해당 분야에서 의견선도자의 성격을 지닌 소비자를 통해 소비 트렌드를 앞서 파악하고, 이를 제품이나 서비스 개발에 반영하기 위한 것이다. 또한 이들을 통하여 제품의 구전효과까지 고려하고 있다. 정기적인 모임을 통해 새로운 유행이나 제품 아이디어, 개선점 등을 수렴하고 자사제품에 대한 마니아 집단을 구성하고 이들을 중심으로 호감을 확산하는 방법으로도 이용하고 있다.

의견선도자가 식별되면 그들을 자극하는 몇 가지 전략을 활용할 수 있다.

첫째, 대중매체나 우편을 통해 그들에게 부가적인 정보를 제공하여 그들로 하여금 구전자료를 확보할 수 있도록 해야 한다.

둘째, 잠재적 의견선도자에게 자사제품을 직접 사용해 볼 기회를 제공하기 위하여 견본 등을 보내는 것도 효과적이다.

셋째, 예상된 의견선도자를 판매원으로 고용하거나 그들을 대상으로 특별 할인판매를 실시하는 방법도 있다. 의견선도자들이 할인된 가격의 제품을 사용해보고 난 후 주변사람들에게 구전 할 가능성이 높기 때문이다.

(2) 구전커뮤니케이션의 자극

인터넷 상에서 글과 사진, 그림 등을 자유롭게 올리는 블로그 서비스나 SNS가 크게 성장하면서 업체들이 자체 블로그인 기업홈페이지를 통하여 인터넷 구전통로로 적극 활용하고 있다. 각종 블로그들은 네티즌들의 활용도와 충성도가 높으며 블로그 간 연결이 간편하여 빠른 시간 내에 정보가 확산·전파된다.

온라인 상 뿐만 아니라 오프라인 상에서도 "동호회" 회원들의 입소문을 관리하기 위한 활동이 활발하다. 예를 들면, 자동차 동호회의 영향력이 커지면서 국내외 자동차 제조회사들이 동호회를 관리하는데 한층 강화하고 있다. 자동차의 준전문가에 미치는 동호회 회원들이 동호회 홈페이지나 구전을 통해 내린 평가가 해당 차량의 매출에 적지 않은 영향을 미치기 때문이다. 이렇듯 동호회 회원들의 구전을 통해 신규고객이 창출되며 이들은 제2의 세일즈맨으로서의 역할을 수행하고 이를 무시할 수 없으므로 이들의 중요성이 더욱 인식되고 있다.

사례 11-6

동호회원·블로거들이 기아차 심장부에 뜬 까닭

"소극적 홍보론 수입차 공세 못 막아"

27일 경기도 화성시에 위치한 현대기아차 남양연구소 충돌시험동. 일반인 40여명이 보는 앞에서 '5, 4, 3, 2, 1' 카운트다운이 끝나자마자 신형 K5 차량이 시속 40km로 전방 50m 앞에 설치된 전봇대에 부딪혔다. 충돌 각도는 기둥 측면과 75도, 미국 도로교통안전국(NHTSA)이 공인한 기준이다. 차체는 운전석이 있는 좌측 부분이 찌그러졌지만 사람 모형(더미)이 두동강 나거나 조각나지도 않았다. 충돌 실험을 현장에서 지켜본 자동차 전문 블로거 A씨는 "인터넷에 '국산차에 사용하는 강판이 부실하다'는 의견이 많아 실제로 확인해보고 싶었다"면서 "실제로 보니 강판은 생각보다 훨씬 더 단단했고 휠과 바퀴도 형체 그대로였다"고 설명했다.

자동차 관련 인터넷 동호회원 35명, 자동차 블로거 5명 등 총 40명을 대상으로 기아차가 올 7월부터 출시하는 '신형 K5'를 선공개하였다. 이들 40명 모두 온라인에서는 '자동차 전문가'로 불리는 여론 주도층이다.

이들은 화성공장 생산 라인에서 조립되는 K5의 강판이 튼튼한지 직접 두들겨 보고, 국산차 가운데에선 최초로 적용한 '휴대폰 무선충전 시스템'을 즉석에서 시험해 보기도 했다.

기아차가 이례적으로 신형 K5를 인터넷 여론 형성층에 우선적으로 공개한 이유는 더이상 1990년대 식 '소극적 커뮤니케이션' 방식으로는 '안티 팬'을 설득할 수 없다고 판단했기 때문이다. 기아차 관계자는 "최근 들어 지속되는 수입차 공세의 근본적 원인은 결국 온라인에서 퍼지는 국산차에 대한 부정적 여론이 큰 역할을 차지하고 있다"면서 "예전의 일방적인 홍보 스타일로 소비자들과 접촉해선 떠나가는 30대 고객을 붙잡을 수 없다"고 설명했다.

현대차는 올 2월에 현대차 안티 모임으로 유명한 '보배드림' 회원 30여명을 모아 파주 헤이리에서 신차 'i40' 시승회를 별도로 개최하기도 했다. 지난해 7월에는 "'제네시스' 수출용 차와 내수용 차가 다르다"는 오해를 불식시키기 위해 인터넷 동호회 리더 20여명 앞에서 충돌 실험을 했다.

기아차 국내영업본부 서비스판촉실장은 "사회가 다원화하면서 신문·방송 등 언론과의 소통만으로는 여론 설득 측면에서 부족하다고 판단하고 있다"면서 "전문 블로거를 비롯한 인터넷 여론 형성층과 '페이스 투 페이스(대면)' 접촉을 통해 오해가 있다면 풀고 문제가 생기면 투명하게 공개하겠다"고 설명했다.

출처: 중앙일보, 2015.05.28. 기사편집

(3) 구전의 통제

구전은 기업입장에서 볼 때, 반드시 긍정적인 측면만 있는 것이 아니라 부정적인 측면도 포함하고 있다. 구전을 통하여 제품의 단점, 서비스부족, 고가격, 불친절한 판매원 등에 대한 내용이 소비자에게 전달되기 때문이다. 기업이나 제품에 대한 부정적인 구전은 확산속도가 빨라서 치명적이며 때론 와전되거나 진원지가 불분명한 경우도 많다.

이러한 부정적 구전을 해소하는 가장 좋은 방안은 신뢰할 수 있는 회사의 직원을 통해서 문제점을 즉각적으로 인정하고 받아들이는 것이다. 부정적 구전은 스스로 없어지는 것이 아니라는 점을 명심하고 문제가 신속하게 해결될 수 있도록 하는 것이 차후의 재난을 막을 수 있는 방법이다. 광고를 하거나 웹사이트를 이용하거나 또는 관련단체 및 제3자를 활용하여 소비자를 효과적으로 설득시켜야 한다.

사례 11-7

평판도 관리해야 하는 시대 '평판관리 전문가'

중국 정부의 지원과 '투자의 귀재' 워런 버핏의 투자로 전기차 시장의 신데렐라로 부상하던 중국의 자동차회사 비야디(BYD)가 뜻밖의 암초에 휘청거리고 있다. 온라인을 중심으로 회사에 대한 부정적인 뉴스가 돌았기 때문이다. 유가 하락으로 전기차에 대한 수요가 감소할 것으로 전망되는 상황에서 버핏이 지분을 매각했다는 루머가 퍼지면서 주가가 급락한 것이다. 여기에 회사 CEO의 건강이상설과 체포설이 돌면서 사태는 더욱 악화되었다. 비야디 측은 긴급회의를 열고 모든 루머가 사실이 아니라고 강변하였지만, 시가 총액 2조4000억원이 공중으로 사라지는 것을 막을 수는 없었다.

위의 사례에서 볼 수 있듯이 루머의 힘은 실로 대단하다. 말의 힘에서 비롯되는 온라인 평판의 중요성은 기업에도 마찬가지로 적용된다.

구전마케팅(word-of-mouth marketing)이란 기업 또는 해당 기업의 제품이나 서비스에 대한 정보와 평가가 소비자의 입에서 입으로 전달되는 마케팅 방식을 말한다. 실제로 구전과 광고의 영향력을 비교한 한 연구 결과에 따르면, 대부분의 제품 유형에서 구전이 광고보다 소비자의 의사 결정에 더 큰 영향을 미치는 것으로 나타났다.

위의 사례에서 볼 수 있듯이 부정적인 구전은 기업의 평판을 떨어뜨리고 매출을 악화시켜 기업의 운명을 좌지우지하기도 한다. 이러한 경우 기업들은 내부적으로 대처할 수도 있지만, 외부의 힘을 빌려 부정적인 구전의 확산을 차단하고 평판을 관리하고자 노력하기도 한다. 이때 개입되는 것이 바로 평판관리전문가이다.

평판관리전문가란 기업이나 개인의 평판을 관리해주는 컨설턴트로, 온라인을 중심으로 의뢰인의 부정적인 평판을 제고하고 개선하는 역할을 수행한다. 또한 긍정적인 평판에 대해서는 이를 유지하고 부각시키고자 노력한다.

우선 평판관리전문가는 의뢰인에 대한 온라인상의 검색 결과를 정기적으로 모니터링하고, 이를 취합하여 관리한다. 또한 의뢰인의 평판을 우호적으로 만들기 위해 스토리텔링이 있는 긍정적인 내용의 글을 올리거나 배포하고, 이러한 웹페이지를 연동시켜 부정적인 평판을 줄여나간다. 제품의 경우 소비자들에게 무료로 제품을 제공하고 사용 후기를 작성하게 함으로써 제품을 홍보하기도 한다. 한편 부정적인 의견에 대해서는 다양한 방법으로 대처해나간다. 부정적인 의견이 검색 결과 상 후순위로 밀리도록 긍정적인 의견을 게재하거나 보도 자료를 배포하고, 악성 댓글이나 기사에 대해서는 삭제를 요청하거나 법적인 조치를 취해 해결한다.

출처: 한국경제, 2015.01.02. 기사편집

chapter

12 사회계층과 문화

제1절 사회계층

1. 사회계층의 의의와 특성

사회계층(social class)이란 사회구성원이 사회적으로 향유하는 명성, 신망, 권력 등의 차이로 인해 형성되는 사회적 신분계층을 말한다. 즉, 사회구성원들의 부나 권력 또는 권위 등에 의해 사회계층이 형성되는데 같은 사회계층에 속한 구성원들은 그들의 직업, 재력, 교육수준 등 유사한 사회·경제적인 특성을 갖고 있기 때문에 신념이나 가치관, 사고방식, 교양, 라이프스타일이나 태도 또는 행동에서 유사하다.

사회계층은 다음과 같은 특성이 있다.

첫째, 사회계층은 신분이 있으며 서열화 되어 있다.

신분(status)이란 개인 간의 상대적인 사회적 지위를 말한다. 일반적으로 개인의 사회적 지위는 그의 개인적인 특성에 의해 결정된다. 권력이 많거나 다른 사람들이 존경하는 직업을 가진 사람들은 타인에 의해 높은 신분으로 지각되고, 사회 속에서 대우를 받는다. 또한 사회계층은 서열화 되어 있어서 낮은 계층으로부터 높은 계층으로 단계화할 수 있다. 특정 사회계층의 구성원들은 다른 사회계층에 속한 구성원들이 자신들보다 신분이 더 높다거나 낮다는 것을 지각할 수 있다. 같은 사회계층에 속한 구성원들은 동질적으로

서로를 수용하므로 불편함 없이 사회적 활동에 참여할 수 있다.

사회계층 서열의 특징으로 인하여 소비자들은 자신이 속한 사회계층 구성원들이 선호하는 제품을 구매하기도하며 반대의 상황에서는 제품을 회피하기도 한다.

둘째, 사회계층은 개인의 규범, 태도 및 행동의 준거체계 기능을 한다.

동일한 사회계층에 속한 소비자들은 유사한 가치관과 신념 그리고 소비형태를 갖고 있다. 따라서 이들은 유사한 제품들을 구매하는 경향이 있고 동일한 형태의 점포를 애용하며 동일 종류의 매체에 민감하다. 중류층은 하류층에 비해 좀 더 합리적이고 미래지향적이며 국가관·사회관이 뚜렷하다. 사회계층구조의 하층부에 속하는 구성원들은 소득과는 관계없이 미래의 경제적 안전을 위한 계획보다는 충동구매를 하는 경향이 있다.

셋째, 사회계층은 계층 간 사회적 교류를 제한한다.

소비자들은 자신들과 같은 가치관이나 소비행태를 가진 사람들과 교류를 하며 빈번히 접촉하는 경향이 있다. 자신들이 속한 사회계층 구성원들과 교류의 범위는 넓히게 되며 다른 사회계층의 소비자들과는 교류의 범위가 좁아지게 된다. 따라서 동일한 계층 구성원들 간에는 선호하는 상표나 제품, 그리고 애호하는 점포 등이 유사하다.

넷째, 사회계층은 동태적이다.

사회계층은 시간의 경과에 따라 변하며 신분이 상승하거나 하락할 수가 있으므로 계층 구조가 달라질 수 있다. 우리나라와 같이 교육열이 높은 문화권에서는 교육을 통한 사회계층 변화가 더욱 현저하다. 또한 사회 전체적으로 그 나라 사회계층의 특성은 시간과 상황의 변화에 따라 변화하기도 한다. 즉, 급속한 경제성장과 산업화 과정에서 중산층의 구성원 수가 변할 수 있다.

다섯째, 사회계층은 다차원적이다.

사회계층이란 직업, 소득, 교육, 주거지역 등 어느 하나의 요인에 의해 결정되는 것이 아니라 여러 요인들이 복합적으로 작용하여 결정되어지는 다차원적인 특성을 갖고 있다. 사회계층과 가장 큰 관계가 있는 요인으로는 직업을 들 수 있는데, 일반적으로 직업은 교육이나 소득과 밀접한 관계가 있다.

사례 12-1

권력의 상징 '매니큐어'

형형색색의 아름다움, 매니큐어의 어원은 라틴어이다. '손'을 의미하는 단어 '마누스'와 '돌보다'를 뜻하는 '큐어'가 합쳐진 말로 매니큐어는 사실 손톱에 칠하는 염료가 아니라 손톱을 포함해 손 전체를 관리하는 것을 의미한다.

이런 매니큐어는 기원전 3000년경 고대 중국에 이미 등장하였다. 중국에서는 고무와 계란 흰자, 밀랍 등을 이용해 손톱을 염색했는데 주로 왕족들이 손톱을 붉게

또는 검게 칠하며 자신의 권력을 과시하였다. 또한 당시 손톱의 길이 역시 높은 신분의 상징이었기 때문에 긴 손톱을 강조하고 보호하기 위해 금속을 덧씌우기도 했다.

손과 발의 관리를 중시했던 고대 이집트에서도 매니큐어는 역시 계급을 구별하는 수단으로, 염료가 비쌌기 때문에 밝고 진한 색상을 칠한 사람들은 높은 신분으로 여겨졌고 옅은 색상은 비교적 낮은 신분을 나타냈다고 한다. 여성들에게 손톱이 주로 미를 뽐내는 방편이었다면 남성의 손톱은 힘과 용맹의 상징이었기 때문에 로마에서는 전투를 앞둔 군 사령관들이 양의 피와 기름을 섞어 만든 염료로 손톱과 입술을 동일하게 칠함으로써 승리를 기원했다고 한다.

경제학에서는 불경기일수록 저렴한 립스틱 매출이 급증하는 현상을 '립스틱 효과'라고 하는데 최근에는 사람들이 매니큐어를 바르면서 많은 돈을 들이지 않고도 심리적 만족을 느끼려고 하는 '매니큐어 효과'가 나타나고 있다.

출처: EBS NEWS, 2015.05.21. 기사편집

2. 사회계층의 측정 및 분류

사회계층을 측정하는 방법에는 3가지가 있는데 어떤 방법이 정확하게 사회계층을 측정한다고 말 할 수 없지만 근사치는 제시한다고 할 수 있다.

1) 주관적 측정법

주관적 방법(subjective method)이란 사회구성원 개개인으로 하여금 자신이 어느 계층에 속한다고 생각하는가에 대한 질문을 하고 자신이 어느 계층에 속하고 있다고 인식하고 있는지 직접 평가하게 하여 계층구조를 파악하는 방법이다. 이러한 측정법은 응답자들 스스로가 중류층이라고 답변하는 경

우가 많기에 그 유용성이 떨어진다는 비판이 있다. 오늘날 이 방법은 잘 사용하고 있지 않지만 사회계층에 대한 주관적인 인식은 자아 이미지의 반영이기 때문에 사용하는 제품과 연관이 있다.

2) 평가적 측정법

평가적 측정법(reputational method)이란 사람들에게 자기 자신이 아닌 다른 사람의 사회적 지위를 평가하게 하여 계층구조를 파악하는 방법으로 다음과 같은 두 가지 방법이 있다.

첫째, 응답자에게 평소에 그가 잘 알고 있는 다른 사람의 사회적 지위를 평가하도록 한다. 즉, 특정지역사회를 잘 아는 몇몇 평가자에게 의뢰하여 그 지역사회의 구성원들을 계층화하도록 하고 그 평가자들의 평균치로서 계층구조를 확정한다. 그러나 평가결과에 평가자의 주관적 견해가 개입될 가능성이 있다는 문제점이 있다.

둘째, 평가자에게 평소에 잘 알지 못하는 다른 사람의 사회적 지위를 평가하게 하는 방법이다. 평가자에게 평가대상이 되는 사람의 몇 가지 사회·경제적인 특성을 제시하고 그에 기초하여 평가하게 한다.

3) 객관적 측정법

객관적 측정법(objective method)은 여러 가지 객관적인 자료를 가지고 사회계층을 평가하는 방법이다. 사회구성원을 분류하기 위한 객관적 기준으로는 직업, 교육, 소득, 가족배경, 소유재산 등 개인의 사회적 지위에 영향을 미치는 요인이라면 어떤 요인도 사용될 수 있다.

객관적 측정법에서는 계층측정기준으로 단일변수를 사용하기도 하고 여러 변수를 결합하여 복수의 변수를 사용하기도 한다.

(1) 단일변수지표

단일변수지표(single-item indexes)는 사회계층을 파악하기 위하여 하나의 변수로만 사회계층을 파악하는 방법이다. 단일변수로 많이 이용되는 요인은 직업, 소득, 교육 등이 있는데, 이 중에서도 직업이 가장 많이 이용되고 있다.

직업은 소득이나 교육수준과 밀접히 연관된 복합적 성격의 변수로서 사회적 지위를 파악하기가 용이하며, 유사한 직업을 가진 사람들은 사고방식이나 행동양식이 유사하고 여가시간 활용이나 라이프스타일이 유사하다. 직업으로 분류한 연구들을 살펴보면 대부분 상위에 있는 직업은 소득도 높고 정규교육도 많이 필요한 것으로 나타나며, 하위에 평가된 직업들은 소득도 낮고 정규교육도 덜 필요한 직업인 것으로 나타났다. 이러한 면에서 직업과 소득과 교육 간에는 밀접한 상관관계가 있는 것을 알 수 있다.

(2) 복합변수지표

복합변수지표(multiple-item indexes)란 둘 이상의 사회·경제적 요인들을 체계적으로 결합하여 지표화하고 이에 의해 계층을 파악하는 방법을 말한다. 한 나라의 사회계층구조는 조사자의 측정목적이나 측정방법에 상이한 양상을 보인다.

사회계층의 가장 고전적인 지표로는 Waner의 지표를 들 수 있다. Waner의 ISC(index of status characteristics)는 직업, 소득의 원천, 주거형태, 주거지역(이웃의 질) 등에 가중치를 부여하여 측정하였다. Coleman & Rainwater는 힘과 권위를 기초로 사회계층을 구분하여 Waner의 지표를 수정하여 제시하였다.

일반적으로 Waner의 6분법이 가장 많이 이용되고 있지만 최근에는 상류층, 중류층, 노동자층, 빈민층(하류층)으로 세분되는 4분법도 많이 이용되고 있다. 최근 산업사회에서는 소득 및 교육수준의 전반적인 향상으로 계층 간 격차가 완화되어 다수집단으로의 구분은 사실상 실용적인 의미가 별로 없기 때문이다.

Warner

상의상 상의하	귀 족 신흥재벌
중의상 중의하	전문직과 경영자 화이트 칼라 노동자
하의상 하의하	블루 칼라 노동자 미숙련 노동자

Coleman-Rainwater

상류	상의상	귀족
	상의하	신흥 재벌
	중의상	전문직, 경영자
중산층		사무원, 숙련 기술자
노동층		숙련 노동자
하류	하의상	미숙련 노동자
	하의하	정부 구호 대상자

Gilbert-Kahla

상류	자본가계급
	중산층
중류	중산층
	노동층
하류	빈곤 노동층
	빈민층

그림 12-1 사회계층 구조의 유형

사례 12-2

중산층, 1990년 '4인가구 - 고졸 - 외벌이'에서 2014년 '3인가구 - 대졸 - 맞벌이'로

한국의 중산층은 1990년만 해도 고졸에 외벌이가 대세였지만 작년에는 대졸에 맞벌이로 바뀐 것으로 조사됐다.

현대경제연구원이 최근 내놓은 '우리나라 중산층 삶의 질 변화' 보고서에 따르면 중산층 가구의 대표가구가 1990년에는 4명이었지만 2000년에는 3.6명, 2010년에는 3.4명, 작년에는 3.3명으로 계속 줄어들고 있는 것으로 나타났다.

고령화에 따라 중산층 가구주 나이 역시 1990년에는 38.2세였지만, 2000년에는 43.0세, 2010년에는 47.2세로 늘었다. 작년에는 48.3세로 1990년에 비해 10살 가까이 늘어났다. 가구주중 대졸(재학 포함)이상의 비중은 1990년에는 20.1%에 불과했지만 지난해에는 48.9%로 급증했다.

여성의 사회진출이 늘면서 중산층 가구 중 맞벌이 가구와 여성 가구 수도 크게 늘었다. 1990년 맞벌이 가구 비중은 15.1%에 그쳤지만 작년에는 36.3%로 크게 늘었다. 여성가구 비중 역시 같은 기간 11.1%에서 15.3%로 늘었다. 아울러 은퇴가 늘어나면서 중산층 중 무직 가구 수의 비중은 1990년 2.2%에서 작년에는 10.0%로 급증했다.

출처: 헤럴드경제, 2015.05.23. 기사편집

3. 사회계층과 마케팅전략

1) 소비자행동에 대한 영향요인으로서 사회계층개념의 한계성

첫째, 사회계층개념의 복합적인 성격 때문에 파생하는 문제점이 있다.

어떤 개인이 직업에서는 높은 점수가 나오고 교육에서는 낮은 점수가 나타나는 경우에 사회계층 불일치(social class incongruence)가 나타난다. 이러한 사회계층 불일치에 의해 사회계층지수가 왜곡되는 경향이 있다. 예를 들면, 병원에서 인턴의사들은 직업에서는 높은 점수를 받으나 소득에서는 낮은 점수가 나타난다. 그러나 급료가 좋은 기술근로자의 경우 직업에서는 낮은 점수를, 소득에서는 높은 점수를 받아 이 두 부류는 다른 사회계층이 된다.

그러나 그들은 서로 다른 가치관과 태도, 그리고 구매행동을 보이게 되므로 같은 사회계층이라고 구분하는 데는 무리가 있다.

또한 동일계층에서도 평균이상의 소득이 있는 사람을 과대특혜층(over-privileged)이라고 하고, 평균이하의 소득이 있는 사람들은 과소특혜층(under privileged)라고 한다. 과대특혜층과 과소특혜층의 소비 및 구매행동이 동일하다고 할 수는 없다.

표적집단 내에서 사회계층부조화가 빈번히 나타난다면 다항목지수보다 단일항목지수를 사용하는 것이 유용하다.

둘째, 소비자가 현재와 과거에 소속한 사회계층이 다른 경우, 어떤 계층을 행동의 영향변수로 보아야 하는가에 대한 문제점이 있다.

어린 시절 가족에 의한 사회화과정을 통해 형성된 소비성향, 쇼핑습관, 구매행동양식 등이 성인이 된 후에도 상당부분 유지된다. 따라서 현재의 지위보다 과거의 지위가 현재의 구매행동을 더 잘 설명하여 주는 경우도 있기 때문에 현재의 사회·경제적인 지위뿐만 아니라 과거의 사회·경제적 지위도 사회계층의 측정치에 고려되어야 한다는 문제가 있다.

소비자들의 행동은 상기의 문제점 외에도 다른 많은 요인들에 의해 영향을 받기 때문에 소비자행동을 이해하고 예측하기 위해 사회계층개념을 사용하고자 할 때는 신중한 주의가 필요하다.

2) 사회계층과 시장세분화

소비자행동 변수로서 사회계층을 사용하는데 문제점도 있으나, 세분시장의 행동적 특성을 이해하고 예측함에 있어서는 사회계층간의 차이가 충분히 크기 때문에 중요한 전략적 요소가 된다. 이러한 관점에서 마케팅담당자들은 시장을 세분화하고 세분된 특정시장을 표적으로 하여 마케팅 믹스 전략을 개발하기 위해 사회계층 개념을 많이 이용한다.

사회계층간에는 의류, 가구, 가전제품, 레저용품, 금융상품 또는 식료품을 구매하는 경우에도 상당한 차이가 있다. 또한 매체이용 습성, 광고에 대한 반응, 선호하는 제품이나 상표 등에서도 제각기 특성이 있기 때문에 이들을 심도 있게 분석·파악한다면 표적시장전략을 효율적으로 개발할 수 있다.

각 계층의 핵심적 시장특성을 요약하면 다음과 같다.

- **상류층**: 상류층은 사치성 고가품의 가장 의미 있는 표적시장이다. 시장도입의 초기과정에 있는 내구성고가품의 경우에도 상류층은 표적시장으로 매우 의미가 크다. 또한 상류층은 중산층을 대상으로 하는 광고에서 준거집단으로 이용되기도 한다. 이는 상류층을 이용하여 중산층의 모방구매를 유도하기 위한 것이다.
- **중산층**: 중산층은 제품의 실용성, 내구성 등 품질을 상당히 중요하게 여기며 비교적 합리적인 구매행동을 한다.
- **하류층**: 가구나 의복류 그리고 사치성 제품 등의 구매는 거의 없으므로 이러한 제품 종류의 마케팅담당자에게는 표적시장으로서 별로 의미가 없는 계층이다. 그러나 T.V. 같은 가전제품이나 식료품 등에는 관심이 많으므로 중저가의 가전제품이나 생필품시장으로는 좋은 표적시장이다.

광고는 실생활과 연결시켜 이해하기 쉽게 하는 것이 효과적이며 오락성이 강한 잡지 같은 인쇄매체를 이용하는 것이 좋다. 그러나 인쇄매체보다는 전파매체를 이용하는 것이 더 바람직하다.

시장세분화를 효율적으로 하기 위해서는 몇 가지 점에 유의해야 한다.

첫째, 사회계층은 시장세분화를 위한 최적의 변수는 아니다.

둘째, 특정 제품이나 상표가 선호되고 있는 사회계층을 먼저 식별하고 그 계층의 행동적 특성을 제품이나 상표특성과 연관시켜 분석하는 것이 중요하다.

셋째, 시장세분화 기준으로 사회계층 변수의 사용과 함께 가족생활주기나 라이프스타일 등의 변수를 같이 고려하는 것이 효과적이다.

사례 12-3

배달의 민족, "우리가 어떤 민족입니까"

'배달의민족', 톡톡 튀는 광고…젊은 층 끌어들여

우아한형제들의 '배달의민족' 애플리케이션은 주문 금액 기준으로 1조원 규모로 성장한 국내 음식배달 앱 시장에서 월간 순 방문자 수 267만명으로 1위를 달리고 있다. 요기요 배달통 등 경쟁 업체에 비해 두 배 가까이 많은 방문자 수다. 인터넷 업계는 배달의민족의 시장 점유율을 50~60% 정도로 추정하고 있다.

배달의민족이 국내 음식배달 시장을 장악한 데는 톡톡 튀는 광고 마케팅의 힘이 컸다. "우리가 어떤 민족입니까"라는 문구로 배우 류승룡을 앞세워 제작한 광고는 젊은 층 사이에서 큰 인기를 끌며 화제를 모았다. 다양한 동·서양화를 패러디한 코믹한 광고 등도 좋은 반응을 이끌어내며 배달의민족 인지도를 높였다.

배달의민족은 배달 음식을 주문하는 사람들이 주로 가족이나 조직 안의 '막내'라는 점에 착안해 젊은 층을 타깃으로 다양한 마케팅 전략을 펴고 있다. 젊은 직장인이 많은 판교에서 근무하는 사람들의 사연을 담아 주변 지하철역에 광고를 내주는 등 차별화된 시도를 하고 있다.

출처: 한국경제, 2014.12.26. 기사편집

제2절 문화

1. 문화의 본질

1) 문화의 의의와 특성

문화(culture)란 특정 사회구성원으로서 터득한 지식, 신념, 도덕, 법, 습관 등을 모두 포함하는 복합적 개념으로, 그 사회 특유의 역사적 전통 뿐만 아니라 종교적, 지역적, 기질적, 민족적 제 요인이 상호 작용하여 나타나는 사회현상을 의미하는 광범위한 개념이다. 기술적 관점에서 문화의 개념은 사회적 학습을 통해 사회구성원들이 공유하는 그 사회 특유의 생활양식이며, 규범적 관점에서 문화의 개념은 특정사회의 핵심적 가치체계가 행동적 표현으로 구체화된 그 사회 특유의 생활양식으로 정의한다.

소비자행동에 중요한 영향을 미치는 문화는 다음과 같은 특성을 가지고 있다.

첫째, 문화는 학습되고 후천적으로 습득된다.

문화는 타고나거나 본능적인 것이 아니라 어린 시절부터 학습된다. 이러한 문화의 학습은 부모나 형제로부터 행동양식을 배우는 공식적 학습과 친구나 매스 미디어 등을 통한 비공식적 학습 그리고 교육기관에서의 학습을 통한 기술적 학습으로 분류된다. 자신의 문화를 학습하는 것을 문화화(enculturation)라 하며, 다른 문화를 배우는 것은 문화변용(acculturation)이라고 한다.

둘째, 문화는 사회적 유산이다.

문화는 인간이 창조하여 세대 간에 전승시킨 사회적·역사적 유산이다. 현재의 문화는 선대로부터 내려온 삶의 지혜가 축적된 결과이며, 여기에 새로운 지혜가 가미되어 후대에 전승되어 진다. 핵심적인 문화적 가치는 사회적 차원에서 특별한 상황변화가 없는 한, 시대를 초월하여 상당한 세월동안 크게 변하지는 않는다. 다만 시간이 지나면서 양적으로나 질적으로 문화적 특성이 성숙되는 것으로 볼 수 있다.

셋째, 문화는 인간의 행동을 제약한다.

문화는 사회구성원의 행동기준이 된다. 문화는 이상적인 행동의 표준이나 패턴을 포함하기 때문에 특정 상황 하에서 사회구성원들이 올바르고 적절하게 생각하고 느끼고 행동할 수 있도록 한다. 이와 같이 행동, 사고, 느낌에 관하여 집단이 공유하고 있는 이상적 패턴을 규범이라고 한다. 실제의 행동이 규범에서 벗어날 때 어떤 형태의 압력이나 제재를 가하기 때문에 개인은 자신의 행동을 사회가 기대하는 것에 일치시키려고 노력한다.

넷째, 문화는 환경적응적이고 동태적이다

문화란 사회구성원들로 하여금 사회전체의 욕구를 충족시킬 수 있는 행동을 하도록 지원하는 기능을 수행한다. 문화적 규범이 사회의 욕구를 따르지 못하면 그 규범은 변화가 요구된다. 문화는 정체되어 있는 것이 아니라 세대에서 세대로 전승되어 가는 과정 중 새로운 것이 보태어지고 낡은 것이 퇴색하면서 끊임없이 변한다.

다섯째, 문화는 사회구성원에 의해 공유된다.

문화란 개인이 가지고 있는 어떤 특정 신념이나 가치, 관습이 아니라 사회구성원들의 사회생활을 통해 만들어지는 것이며 공유되는 것이다. 다수의 사회구성원들로 하여금 문화적 제 특성을 공유할 수 있도록 하는 일차적 매개변수는 공통의 언어를 들 수 있다. 일반적으로 공통의 언어를 사용하는 성원들 간에는 의사소통이나 사회적 교류가 활발히 이루어지기 때문에 문화적 특성의 보편화가 가능하고 용이하다.

또한 대중매체의 발달도 많은 구성원들로 하여금 문화적 특성을 공유하도록 하는 데 공헌한다. 대중매체의 발달로 문화적 요소가 인적교류에 의해 전파되고 보편화 되던 때보다 빠르고 광범위하게 확산되면서 문화적 특성을 공유하는 구성원의 수가 급속히 증가하는 경향을 보인다.

2) 문화의 분류

(1) 물질문화

물질문화(material culture)란 우리가 일상생활에서 사용하는 모든 물리적 유형재와 그것을 이용하는 기술적인 방법에 관한 문화를 말한다. 사람들의 일상생활과 관련된 물리적 측면을 총칭하는 개념이 물질문화이다. 물질문화는 유용성이 수준을 평가하는 기준이므로 사회 간 우열의 평가를 쉽게 할 수 있다는 특징이 있다. 즉, 인간의 기본적 욕구를 충족시키기 위하여 어떤 재화나 도구가 사용되고 있으며, 어느 정도로 문명의 이기가 보급되어 있는가 등에 따라 그 사회의 물질문화 수준이 결정된다.

물질문화는 정신문화에도 상당한 영향을 미친다. 물질문화가 발달한 사회일수록 합리주의나 실용주의가 사회적 가치로 작용하지만, 그렇다고 해서 물질문화의 수준이 그 사회의 정신문화의 성숙도와 항상 정비례하지는 않는다.

(2) 비물질문화

비물질문화(non-material culture)란 인생의 목표와 방향, 그리고 행동의 준칙과 방식에 관한 문화를 말한다. 즉, 미신·사상·관습을 비롯하여 예절·법률·제도 등 정신적·행동적 측면의 생활양식을 비물질문화라고 한다. 일반적으로 비물질문화는 정신문화(또는 가치문화)와 행동문화(또는규범문화)로 구분한다.

① 정신문화(mental culture)는 삶의 의미와 인생의 목표, 그리고 행동 방향에 대해 부여하는 가치, 신념, 태도에 관한 문화이다. 이상적인 인생 설계에 대한 그 사회의 보편화된 신념 및 가치체계를 정신문화라고 한다.

② 행동문화(normative culture)란 대다수의 사회구성원이 인정하고 기대하는 행동양식이다. 민습, 원규, 법률, 제도 등이 행동문화를 구성한다.

- **민습(folkways)** : 전통적으로 계승되어 습관화된 행동이다. 민습을 따르지 않는다고 법적 제재가 따르는 것은 아니지만, 상당한 구속력을 가지

고 그 사회 구성원들의 행동을 제약하는 특성이 있다.

- **원규(mores)** : 민습보다는 상위의 규범체계로서 보다 지속적이고 권위적이며 신성화 되는 규범이다. 일반적으로 그 사회의 지배적인 종교적 신념이나 도덕·윤리와 관련이 있다. 부모에 대한 효도, 스승에 대한 존경, 노인에 대한 우대 등을 들 수 있다.

- **법률이나 제도** : 민습이나 원규와는 달리 명백하게 공식화된 행동규범으로서 사회구성원들의 행동을 제약한다. 법률은 의식적으로 계획되어 성문화된 규범이며 현대사회에서 가장 중요한 문화규범의 위치를 차지하고 있다.

2. 하위문화

하위문화(subculture)는 보다 크고 복잡한 사회 안에서 다른 영역과 구별이 되는 부분으로 존재하는 독특한 문화집단이다. 특정 하위문화의 구성원들은 같은 사회의 다른 구성원들과 구별이 되는 가치·관습을 가지는 경향이 있다. 그러나 전체사회의 지배적인 문화적 신념이나 가치, 행동양식들은 대부분 고수하고 있다.

동일사회의 성원이면서도 학생과 교수, 청년층과 노년층, 불교와 기독교 신자들은 각각 그들의 가치세계가 다르고 그로 인해 행동양식에도 차이를 보인다.

따라서 이들 상이한 집단의 이질적 특성을 대학문화, 청소년문화, 유교문화 등으로 표현하고 있다. 이처럼 하위문화는 인종, 종교, 연령, 성별, 지역, 교육, 정치성향 등 여러 차원에서 식별할 수 있다.

하위문화 집단별로 구매 및 소비행동, 미디어 습성 등이 상이하다는 사실은 하위문화권을 기준으로 시장을 세분화할 수 있다는 것을 시사한다. 그러나 그 문화권의 시장규모가 수익성을 충분히 낼 만큼 크지 않다면 세분시장으로서의 가치는 반감된다. 그러므로 하위문화개념을 세분시장전략에 이용하기 위해서는 관심 있는 하위집단의 시장규모를 확인하는 것이 중요하다. 아울러 효과적인 촉진활동을 위해서는 표적집단에 접근할 수 있는 매체와 적합한 프로그램을 선정하고, 소구력있는 모델과 문안을 개발·활용하는 것이 무엇보다 중요하다.

3. 비교문화

1) 비교문화의 특성

문화란 결국 인간이 그들의 욕구충족을 위해 만들어 낸 것이며 어느 사회에서나 문화창조의 목적과 방향은 같다. 따라서 문화의 구성면에서 유사한 점이 적지 않다. 각 사회들 간의 문화적 보편성과 이질성은 다음과 같다.

① **문화적 보편성**: 일반적으로 인간의 기본적 욕구를 충족시키기 위하여 창조되는 관행이나 제도는 지역·역사·인종 등을 초월하여 많은 사회에 공통적으로 존재한다.

또한 그들의 본질적인 성격도 상당한 유사성을 보이는데 이러한 문화창조의 본질적 특성을 문화적 보편성이라고 한다.

표 12-1 문화의 대표적 공통요소

• 예절	• 민속 게임	• 신화와 전설
• 축연	• 운동 경기	• 우상
• 절기	• 춤추기	• 종교적 의식
• 장례	• 몸치장	• 신분적 계급
• 선물	• 음악	• 해몽
• 금기 음식	• 덕담	• 개인 성명

② **문화적 이질성**: 기본적인 문화요소는 대부분의 사회에서 공유되지만, 구체적인 행동양식이나 부여하고 있는 문화적 가치는 사회마다 다소간 차이가 존재한다. 따라서 각 사회의 인종·역사·지역적 특성이 서로 달라 구성원들의 행동을 지배하는 전통적 사고와 가치체계가 상이하게

형성됨으로써 발생하며, 지배적인 문화적 가치의 차이에 의해 종교의식, 결혼·장례절차, 금기사항 등에서 차이가 발생한다. 이를 문화적 이질성이라고 한다.

표 12-2 미국과 동아시아 국가의 문화적 차이

미 국	동아시아 국가
• 복리를 재산보다 중시	• 재산를 복리보다 중시
• 소비를 미덕시	• 저축과 절약을 중시
• 개인중심적	• 가족·조직 중심적
• 미래지향적이고 진보적 가치 존중	• 전통적 가치 존중
• 핵가족	• 대가족: 가족간 관계 중시
• 합리주의, 평등주의	• 엘리트 주의, 권위주의
• 개인간 충돌 보편화—변호사 많음	• 개인 충돌 회피—변호사 이용도 낮음
• 단순한 사회적 관계	• 복잡한 사회적 관계
• 비공식적인 것을 선호	• 의례적인 형식을 선호
• 교육을 개인의 성공을 위한 투자로 생각	• 교육을 가족의 명성을 위한 투자로 생각

2) 비교문화 연구의 필요성

오늘날처럼 세계시장을 무대로 마케팅활동을 하는 마케팅기관에서는 비교문화연구가 필수적이다. 특정 사회구성원들의 소비나 구매행동패턴이 문화적 환경과 관계가 깊은 것으로 밝혀졌으므로 문화 간 특성의 차이에 대한 인식이 없으면 문화충격(culture shock)으로 인하여 마케팅을 성공적으로 수행할 수 없다. 그러므로 해외시장진출에 앞서 해외시장국의 문화적 특성에 대한 면밀한 조사가 있어야 한다.

해외시장국의 물질문화 수준을 파악해야 한다. 물질문화수준은 그 나라에서의 마케팅활동에 기회가 될 수도 있고 제약조건이 될 수도 있기 때문이다.

잠재적 해외시장국들의 문맹율, 언어 등에 대한 조사도 필요하다. 한 나라의 언어가 다른 나라의 언어상 좋지 못한 뜻이 될 수도 있기 때문이다. 따라서 상표명, 포장, 광고 등의 전략 수립에 절대적으로 필요하다.

해외시장국의 종교, 미신, 전통관습에 대한 이해가 필요하다. 나라마다 금

기사항이 다르므로 사전에 파악하여 대응할 전략이 필요하다.

해외시장국의 지배적인 사회적 신념과 가치에 대한 충분한 이해가 있어야 한다. 제품의 핵심적 개념이 그 사회의 문화적 가치와 부합되지 않으면 그 제품의 시장도입은 실패할 것이다.

해외시장국 소비자들의 구매행동양식에 대한 이해도 필요하다.

최종구매결정자는 누구이며, 구매결정과정에서 자녀들의 영향력은 어느 정도이며, 구매결정에 필요한 정보는 누가 어디에서 얻는가 하는 문제들에 대한 이해가 없이는 광고나 촉진전략을 효율적으로 수립할 수 없다.

3) 문화적 차이와 소비자행동

(1) 소비자행동에 대한 문화의 영향

① 문화는 사회성원들의 소비패턴에 영향을 준다.

소득수준이 비슷하고 지리적으로 근접해 있는 국가 간이라고 해도 생활습관이나 종교 등 문화적 특성으로 인해 동일제품이라도 소비수준과 사용방법 등에 차이가 있다.

② 문화적 환경은 소비자들의 구매방법과 구매빈도에 영향을 준다.

물질문화가 발달한 사회에서는 온라인구매 등 무점포구매의 비율이 비교적 높게 나타난다.

③ 문화적 가치는 제품 및 상표를 선정하는 소비자 구매결정행동에 중요한 영향요인으로 작용하게 된다.

문화적 가치의 차이로 인하여 제품구매로부터 얻을 수 있는 편익에 차이가 있으므로 제품이나 상표를 평가하는 기준이 달라지기 때문이다.

사례 12-4

중국인 블로거 1억명 시대... 블로그 마케팅 중요성 커져

중국 보커(블로그) 사용자가 1억명을 넘어서 중국인의 소비에서 블로그의 영향력이 더 커질 것으로 보인다. 12일 중국인터넷정보센터와 코트라 등에 따르면 지난해 중국의 블로그 사용자는 1억896만명으로 전년보다 24.2% 늘었다.

온라인 쇼핑을 즐기는 중국인들이 개인 블로그에서 가장 많은 정보를 얻고 있어 중국 내 블로그 사용 인구 증가에 시장의 관심이 쏠린다.

이를 반영하듯 최근 중국 휴대전화 업체 샤오미 등 수많은 기업이 제품 리뷰나 홍보 활동을 위해 블로그를 주요 마케팅 수단으로 삼는 추세다.

한국의 온라인 쇼핑몰에서 직접 구매하는 해외 소비자의 절반은 중국인이다. 한국 기업의 중국 내 블로그 마케팅의 중요성이 대두하는 이유다. 중국에 진출한 이랜드나 미스터피자가 성공한 원인은 블로그나 맛집 애플리케이션을 통한 마케팅을 적절히 했던 영향도 컸다.

중국 언론 매체들은 중국 블로그가 입소문 마케팅의 진원지로 이용되면서 큰 영향력을 얻는 추세라고 전했다. 중국 소비자분석 보고서에 따르면 중국인은 온라인에서 파는 물건에 대한 불신이 심해, 블로그 등에서 다른 사람의 제품 후기를 보고 사는 경향이 강한 것으로 분석됐다.

코트라 측은 "중국 내 블로그 마케팅의 중요성이 갈수록 커지고 있다"면서 "블로그를 통해 적극적으로 홍보하고 소통하면서 부정적인 정보에 대해서는 적절한 대응이 필요하다"고 밝혔다.

출처: 경향 비즈앤라이프, 2015.06.12. 기사편집

4) 문화적 차이와 다국적 마케팅

① 마케팅전략의 표준화와 적응화

다국적 기업들은 적응화(또는 현지화) 전략이나 표준화 전략, 또는 그 중간형태의 결합된 마케팅 전략을 취하게 된다. 이러한 의사결정은 규범, 취향, 가치 등이 얼마나 동질적인가 그리고 국가 간의 문화적 차이가 얼마나 다른지의 여부에 의해 결정된다.

지역시장에서의 적응화(adaptation)전략은 각 시장국에서 제품의 시장 수용력을 보다 증대시킬 수 있다는 이점이 있으나 국가마다 각기 다른 전략실행

에 따른 비용문제가 발생하므로 어려울 수도 있다.

따라서 비용으로 인한 마케팅의 비효율성 때문에 다국적기업들은 마케팅 프로그램의 표준화(standardization)를 선호하는 경향이 있다. 소비자행동은 문화적 보편성을 가지므로 문화권이 달라도 표준화된 마케팅 프로그램으로 성공할 수 있다. 인간에게 내재하는 기본적인 욕구는 본질적으로 동일하기 때문에 이들 욕구에 소구하는 마케팅 프로그램을 개발한다면 성공할 수 있을 것이다.

일반적으로 표준화전략의 이점은 다음과 같다.

㉠ 생산 및 마케팅 비용을 절감할 수 있다. 제품차별화를 하기 위한 연구·개발비용을 절감할 수 있고 표준화로 인한 규모의 경제를 실현할 수 있다.

㉡ 표준화된 프로그램인 경우 판매원 훈련이 용이하고 광고개발·판촉활동 비용도 절감할 수 있다.

㉢ 다국적 기업으로서의 명성과 세계적인 상품, 상표로서의 이미지구축에 도움이 된다. 포장, 표찰, 상표명까지 포함하여 제품을 표준화하면 글로벌 상품으로서의 이미지를 쉽게 구축할 수 있다.

표준화전략과 적응화전략은 각각 상반되는 장·단점을 갖고 있으나 최근에는 표준화전략의 선호도가 더 높아지는 경향이 있다. 이는 글로벌화 되어가면서 지역별 문화적 차이가 점차 좁혀지고 있다는 사실에 기인할 수 있다.

② 다국적 마케팅 프로그램

㉠ 제품전략 : 제품의 품질수준뿐만 아니라 포장, 표찰, 보증 등도 시장국 소비자들의 수요 및 기호에 맞춘다면 보다 효과적으로 제품을 마케팅할 수 있을 것이다. 국제마케터들은 현지의 관습이나 취향을 무시하고 제품수정을 하지 않아서 실패를 경험하기도 했다.

포장의 크기나 형태 등은 시장국 소비자들의 쇼핑관습, 생활습성 등에 적합 시켜야 한다. 특히 식품류나 생활용품의 용기나 포장은 소비자들의 생활습성에 맞도록 개발하는 것이 중요하다. 상표 및 표찰의 경우 그 나라의 언어, 법, 미학적 기준 등을 고려하여 결정하여야 한다. 상표는 상대국의 언어로 발음했을 때 부정적인 현상이 발생하지 않도록 유의해야 한다. 그러나 동일제품에 대하여 시장국마다 상이한 상표를 사용하게 되면 글로벌 상표로서의 이미지 구축에 어려움이 따르고 마케팅 비용도 증대하게 된다. 따라서 세계 어느 곳에서나 쉽게 발음하고 기억하며 특별한 의미를 지니고 있지 않은 용어가 바람직하다.

표찰도 시장국의 문맹률, 교육수준, 미학적 기호 등을 고려할 필요가 있다. 문맹률이 높은 지역에서는 문자보다 도안에 의한 설명이나 표현이 더 효과적이다.

ⓛ 촉진프로그램 : 다른 문화권의 소비자에게 커뮤니케이션을 할 때에는 그 지역의 언어와 관습에 맞는 광고캠페인이나 촉진 메시지가 개발되어야 한다. 특히 광고의 경우 매체의 가용성, 매체별 선호도, 메시지의 소구력 등 여러 측면에서 면밀한 분석이 선행되어야 한다.

기업들은 자국 내에서의 광고에 사용된 주제나 상징이 외국에서는 수용되기 어렵다는 점을 인식해야 한다.

촉진메시지는 그 사회의 언어와 교육수준과도 일치해야 한다. 또한 촉진 커뮤니케이션에 사용되는 용어의 선정도 신중해야 한다. 광고메시지가 시장국의 언어로 되었다고 하더라도 유행어나 은어의 뜻과 같아서 뜻하지 않은 오류를 범할 가능성도 있다.

광고의 구성도 모델, 색채, 음악 등도 그 지역의 문화적 특성을 고려하면 큰 효과를 기대 할 수 있다. 색채의 경우, 미국에서는 핑크색이 여성적인 색으로 인식되지만 다른 많은 국가에서는 노란색이 여성적인 색으로 인식되기도 한다. 라틴아메리카 국가에서 보라색은 죽음을 연상하는 색이므로 상품광고에 금기시 되고 있다.

사례 12-5

LG전자, 金 선호 중동서 '골드 마케팅' 공략

LG전자가 금(金)을 선호하는 중동 소비자들의 성향을 고려해 현지에서 '골드 마케팅'을 전개한다고 3일 밝혔다. LG전자는 골드 색상을 적용한 TV와 에어컨, 스마트폰 등을 중동시장에서 연달아 내놓고 있다.

LG전자는 스탠드와 테두리에 로즈 골드 색상을 적용한 슈퍼 울트라HD TV를 최근 쿠웨이트와 카타르, 바레인 등 주요 중동시장에 출시했다. 지난달에는 스마트폰 G4 샤이니 골드를 중동시장에 내놨다. 금색 디자인에 3D 패턴의 세라믹 재질을 적용해 고급스러움을 더한 게 특징이다. LG전자는 지난해에도 골드 색상을 적용한 스마트폰 G3를 현지 시장에 출시해 큰 호응을 얻었다.

올해 초에는 황금색의 프레임 디자인을 적용한 에어컨 골드 플러스를 사우디아라비아에 출시하기도 했다.

LG전자 중동아프리카지역 대표(전무)는 "중동 소비자 선호에 맞춘 다양한 제품을 선보여 중동 시장 공략을 강화할 것"이라고 말했다.

출처: 연합인포맥스, 2015.07.03. 기사편집

4. 한국의 문화적 특성과 소비자행동

우리나라는 오랜 식민지 정책과 해방 후 유입된 서구문화의 영향으로 복합적인 문화구조를 형성하고 있다. 한국의 전통문화와 외래문화가 공존하는 이중구조적 특성이 있다. 한국의 문화적 특성을 보면 특히 물질문화 측면에서 서구문화를 많이 수용하고 있는 것으로 보여 진다. 그러나 행동문화는 아직도 전통가치가 우세하여 많은 부문에서 과거의 습관이나 전통적인 행동규범에 순응하려는 사람이 많다. 한국에서는 정신문화가 물질문화를 규제하지 못하고 오히려 물질문화를 중심으로 정신문화가 변형되고 있다는 점도 간과할 수 없는 특징 중 하나이다.

- **신분중시주의** : 사회적 신분이나 권위를 상징하는 제품과 서비스에 대한 수요가 많은 편이다.
- **타인지향적 형식주의** : 한국 사람들은 체면을 중시하고 비교적 허례허식이 심하며, 불필요한 구매행동이나 낭비적 소비행동이 문제가 되는 경우가 있다.
- **사대주의적 사고** : 외래문화를 숭상하는 경향 때문에 외국산제품이나 외국상표와 기술 제휴한 제품에 대한 선호도가 매우 높다.
- **향락주의적 사고** : 지속적인 경제성장으로 인해 소득수준의 향상, 소비자들의 라이프스타일이 서구화되면서 소비생활양식 변화가고 있다.
- **자녀중심주의** : 핵가족화되면서 자녀 중심적 성향이 강해지고 있다. 더 나아가 자녀수의 감소와 높은 교육열은 자녀의 과잉보호현상까지 초래하였다. 우리나라는 이외에도 노인을 우대하는 경노사상, 부모를 공경하는 효도사상 등 우리 특유의 문화적 특성을 많이 갖고 있다.

사례 12-6

문 여는 곳마다 북적… 까다로운 뉴요커 사로잡은 파리바게뜨

파리바게뜨, 미국 진출 10년… 현지화 전략 스토리

SPC그룹의 파리바게뜨가 미국 시장에서 베이커리 역사를 새롭게 쓰고 있다. 빵을 배우던 나라의 제빵 기업이 종주국인 미국에 진출해 '오봉팽', '파네라브레드', '프레따망제' 등 현지 베이커리 브랜드와 치열한 경쟁을 펼치고 있다.

◎ 문 여는 매장마다 북적…까다로운 뉴요커도 줄 선다

파리바게뜨가 미국 시장에 1호 매장을 낸 건 2005년. 현지법인을 설립하고 약 3년간 시장 조사, 트렌드 분석 등을 거쳐 로스엔젤레스(LA) 코리아타운에 문을 열었다. 미국에 진출한 지 10년을 맞는 올해 현재 파리바게뜨 매장 수는 총 43개다. 사업 초기엔 LA와 샌프란시스코, 샌디에이고 등을 거점으로 미국 서부에만 24개 매장을 냈다. 동부에서 사업을 시작한 건 2013년부터다. 당시는 미국에 진출한 지 8년이나 지난 시점이었지만 세계 경제·문화 중심인 뉴욕 맨해튼 시장에 도전하는 것은 쉽지 않은 결정이었다. 뉴욕은 다른 지역에 비해 매장 임대료가 월등히 비싼데다 까다롭기로 유명한 뉴요커들의 입맛을 사로잡을 수 있을지도 의문이었다.

◎ "미국인 입맛에 맞게"…철저한 현지화 통했다

뉴요커들이 파리바게뜨를 찾는 것은 무엇보다 품질 때문이다. 공장에서 만든 빵과 커피를 매장으로 배달하는 현지 베이커리 업체와 달리 각 매장에서 커피를 직접 뽑고 빵을 굽는 것이 주효했다. 다른 베이커리 매장 제품수가 100개 안팎인데 비해 파리바게뜨 메뉴가 300여 개에 달하는 것도 경쟁력으로 꼽힌다.

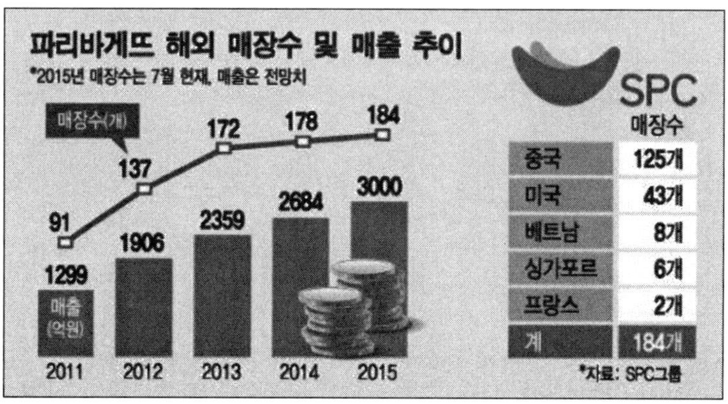

서 실장은 "가격은 오봉팽, 프레따망제와 비슷하게, 품질과 맛은 훨씬 더 좋은 제품을 내놓는 것이 파리바게뜨의 전략"이라며 "손님이 직접 제품을 고를 수 있는 한국식 진열 방식을 접목한 것도 인기 요인"이라고 설명했다. 관광 상권에는 케이크보다 샌드위치를, 주택가에는 식빵과 케이크를 더 많이 내놓는 상권별 특화 전략도 먹혔다. 파리바게뜨는 뉴요커들의 입맛에 맞춰 한국과 메뉴를 차별화했다. 팥이나 찹쌀로 된 제품 대신 샐러드와 샌드위치, 크루와상, 페이스트리, 도넛, 케이크 등 메뉴를 개발했다. 커피는 독자적으로 블랜딩하고 다양한 맛의 음료 신제품도 출시하고 있다.

출처: 머니투데이, 2015.07.03. 기사편집

• 참고문헌 •

김세범 외 4인 공저(2015), 『최신 소비자행동론』, 명경사.

김소영 외 3인 공저(2013), 『소비자행동의 이해와 마케팅 응용』, 형설출판사.

김영균(2014), 『전략적 소비자행동론』, 두남.

리대룡 외 2인 공역(2005), 『소비자행동론』, 브레인코리아.

박영봉(2007), 『소비자행동론』, 학현사.

오영애(2010), 『소비자행동론』, 청목출판사.

이학식 외 2인 공저(2015), 『소비자행동』, 집현재.

임종원 외 3인 공저(2007), 『소비자행동론』, 경문사.

윤명숙 외 3인 공저(2009), 『소비자행동』, 대경.

오영애 외 5인 공저(2007), 『마케팅의 이해』, 형설출판사.

Assael, Henry (1992). *Consumer Behavior and Marketing Action,* 4th ed., Boston, PWS-KENT Pub.

Blackwell, R. D., Miniard, P. W., & Engel, J. F. (2001). *Consumer behavior*, 9th, South-Western Thomas Learning, Mason, OH.

David L. Loudon and Albert J. Della Bitta (1993). *Consumer Behavior : Concepts and Applications,* 4th ed., N.Y. : McGraw hill Inc.

E. Galanter (1962). *Contemporary Psychophsics.* Holt, Rinehart, Winston.

Engel, J. F., Blackwell, R. D., & Miniard, P. W. (2005). *Consumer behavior*, 8th ed., New York: Dryder.

Fred, R., & William, D. (1974). Construing Life Style and Psychographics, in William D. Wells, ed., *Life style and psychographics*, Chicago: American Marketing Association.

H. H. Kassarjian (1971). "Personality and Consumer Behavior : A Review." *Journal of Marketing Research.*

Hansen, F. (1972). *Consumer choice behavior: A Cognitive theory*, N.Y.: The Free Press.

Henry, A. (1992). *Consumer behavior and marketing action*, 4th ed, Boston, Kent.

J. Jung (1978). Understanding Human Motivation : A Cognitive Approach. N.Y. : Macmillan.

J. Peter, J. P., & Olson, J. C. (1996). *Consumer behavior and marketing strategy*, 7th ed., Homewood, Illinois.

James F. Engel, Roger D. Blackwell, and Paul W. Miniard (1996). *Consumer Behavior,* 8th ed., The dryden Press.

Lewin, K. (1951). *Field theory in social science*, New York: Happer.

Loudon, D. L., & Della Bitta, A. J. (1993). *Consumer behavior: Concepts and applications*, 4th ed., N.Y.: McGraw_hill Inc.

Maslow, A. H. (1987) *Motivation and personality*, 3rd ed., New York: Harper & Row.

McGuire, W. J. (1976). Some Internal Psychological Factors Influence Consumer Choice, *Journal of consumer Research, Vol.* 2,1976.

Mowen, J. C. (1995) *Consumer Behavior,* 4th ed., Prentice-Hall, Inc. 1995.

Taylor, M. B. (1981). Product Involvement and Brand Commitment, *Journal of Advertising Research, Vol.* 21.

Wilkie, W. L.(1994). *Consumer behavior*, 3rd., N.Y.: John Wiley & Son, 1994.

Willaim D. W. nd George G. 1966). "Life Cycle Concept in Marketing Research" *Journal of Marketing Research,* Vol. 3.

Willam J. McGuire (1976). "Some Internal Psychological Factors Influencing Consumer Choice", *Journal of consumer Research,* vol. 2.

• 찾아보기 •

• ㅈ •

• ㅊ •

• ㅌ •

저자 약력

■ **김 은 희**

- 숭실대학교 대학원(경영학석사/박사)
- 숭실대학교 강사
- 서울과학기술대학교 강사
- 중소기업혁신전략연구원 연구위원
- 현재: 백석문화대학교 광고·마케팅학부 교수

<저서>

- 글로벌시대의 기업문화와 해외투자전략(공저)
- 2급 유통관리사
- 유통관리(공저)
- 사례중심 유통의 이해(공저)

사례중심 소비자행동의 이해

초 판 1쇄 발행 —— 2015년 8월 20일
초 판 2쇄 발행 —— 2016년 7월 30일
초 판 3쇄 발행 —— 2019년 2월 20일
지은이 —— 김 은 희
펴낸이 —— 전 두 표
펴낸곳 —— 도서출판 두남
서울시 강동구 성내로6길 34-16 두남빌딩
신 고 : 제25100-1988-9호
TEL : 02) 478-2065~7, 2311
FAX : 02) 478-2068
E-mail : dunam1@unitel.co.kr
http://www.dunam.co.kr

정가 20,000원

ISBN 978-89-6414-616-3 93320